KB253736

# 제조업의 디지털 경영전략

# 제조업의 디지털 경영전략

현대경제연구원 지음

http://www.book21.co.kr

21세기에 들어서면서 '디지털 혁명'이 우리 경제 사회에 크나큰 충격을 주고 있습니다. 컴퓨터와 인터넷의 급속한 발전과 확산으로 상징되는 디지털 혁명은 정보와 지식의 대량 축적 및 이의 신속한 공유와 활용을 가능케 합니다. 또한 인터넷상으로 정보 교류가 가능해지면서 가상 공간(cyber space)이라는 새로운 생활 공간이 생성되고 있습니다.

경제 사회 시스템의 효율성을 제고하고, 디지털 기술에 기반을 둔 새로운 시장과 산업을 등장시키기도 하는 등 디지털 혁명이 기존 경제 사회 시스템에 미치는 영향력은 매우 다양하고 광범위합니다. 그러나 계층간·지역간 디지털 불평등(digital divide)으로 인하여 또 다른 사회적 위화감을 초래할 우려도 낳고 있습니다.

디지털 혁명의 소용돌이 속에서 살아남기 위해서는 새로운 시장과 산업을 일으키는 것 못지 않게 기존 시장과 산업의 효율성을 향상시키는 것 또한 중요합니다. 특히 정보 인프라 확충과 e-비즈니스 활용과 같은 전통 산업 부문의 디지털화 방안이 다양하게 제시되고 적극적으로 추진되어야 합니다.

　기업 경영 방식 역시 이전과는 달라져야 합니다. 생산, 인사, 마케팅에서 연구 개발에 이르기까지 제반 경영 방식을 바꾸지 않는 기업들은 급변하는 디지털 기술 환경 속에서 경쟁력을 유지하기 힘들게 됩니다.

　이번 기회에 현대경제연구원에서는 국내 각 경제 부문에 있어 디지털 경제 시대에 적응해 나갈 수 있는 구체적인 방안들을 체계적으로 모아 하나의 책자로 만들었습니다.

　전통 산업과 디지털 기술의 융합, 대기업과 벤처 기업간 조화, 경영 혁신 전략들이 각 분야 전문가들의 심층적인 조사·연구 결과를 토대로 매우 알기 쉽게 정리되었습니다. 그간의 수많은 자료들이 디지털 혁명을 소개하는 데 치중하였다면, 이 책자는 새로운 경제 현상에 대한 명쾌한 개념 정리를 토대로 구경제와 신경제가 한데 어우러져 보다 큰 경제적 효과를 올릴 수 있는 데 초점이 맞추어져 있습니다.

　디지털 혁명의 실체를 파악하고 디지털 시대에 성공적인 변신을 추구하는 각계 각층의 독자들에게 본 책자는 적어도 올바른 방향타만큼은 제시해 주리라 믿습니다.

2000년 10월

현대경제연구원 원장 김중웅

# 서문

**굴뚝의 디지털화 : 디지털 경제와 전통 산업의 혁신 전략**

21세기를 맞이하여 인터넷 혁명으로 인한 '디지털 경제'가 새로운 경제 패러다임으로 자리잡아 가고 있다. 디지털 경제란 컴퓨터와 인터넷으로 대표되는 디지털 기술이 광범위하게 활용되면서 생산, 소비, 유통 등 경제 활동의 방식이 근본적으로 바뀐 경제 시스템을 말한다.

생산의 디지털화로 인해 기업 운영 방식이 디지털 기술에 의존하게 되고, 기존 제품에 디지털 방식이 결합된 제품이나 새로운 디지털 상품들이 속출하고 있다. 또한 소비의 디지털화가 진전되면서 소비자는 상점에서 직접 쇼핑하지 않고도 컴퓨터 모니터를 통해 물품을 구매할 수 있게 되었다. 그리고 시장과 유통이 디지털화되면서 가상 상점, 사이버 쇼핑몰, 가상 장터(e-marketplace), 심지어 가상 기업마저 생겨나고 있다.

최근 급속도로 나타나고 있는 근본적인 변화를 소개하고 설명하는 자료들은 무수히 많다. 하지만 디지털화라는 변화가 기존의 전통 산업이나 기업과는 어떤 관계가 있는지를 명확하게 보여 주는 자료는 많지 않다. 심지어 전통 산업을 '굴뚝 산업'으로 폄하하여 새롭게 등장하는 디지털 산업과 대비시키면서, 양자는 서로 융합할 수 없는 대상인 것처럼 간주하는 잘못된 인식도 존재하고 있다. 그러나 디지털화의 흐름은 그 주체가 누구냐에 관계 없이 어떻게 활용하느냐에 따라 경쟁력 강화의 기반이 될 수 있고 새로운 사업을 포착할 수 있는 다양한 기회를 제공하기도 한다.

본서는 이러한 흐름에 따라 전통 기업 혹은 산업이 디지털 경제라는 새로운 환경에 어떻게 대응할 것인가라는 고민을 중심으로 서술하였다. 실제 미국의 GE, 보잉, GM, 포드 등 전통 기업들이 디지털화라는 환경을 적극 활용하면서 인터넷 기업에 못지 않은 경쟁력 기반을 갖추고, 인터넷 기업들이 넘볼 수 없는 새로운 사업 영역을 개척하고 있는 사례들은 매우 중요한 의미를 지니고 있다. 디지털화는 굴뚝 산업과 굴뚝 기업이 수용하기 어렵고 융합할 수 없는 변화가 아니라, 새로운 기업으로 변신할 수 있는 도약대라는 것을 보여 주고 있는 것이기 때문이다.

본서는 크게 1부 디지털 경제의 해부와 2부 디지털 경영 전략으로 나뉘어 있고, 각각은 5개의 장으로 구성되어 있다.

1부에서는 디지털 경제를 보다 정확히 이해하는 데 초점을 맞추었다.

우선 1장 '디지털 경제 시대의 도래'에서는 디지털 경제가 무엇인지를 지식 기반 경제, 네트워크 경제, 정보 경제 등 유사 개념과 비교하여 설명하였다. 그리고 한국 경제의 디지털화 진전도를 국민 경제 수준, 산업 수준, 지역 수준별로 평가하고 이와 관련된 과제를 제시하였다. 또한 디지털 경제에 맞추어 새롭게 주목받고 있는 사업 모델들을 소개하였다.

2장 '전통 산업의 디지털 성장 전략'에서는 전통 산업이 디지털 시대에 대응하는 방식으로서 e-비즈니스에 대해 상세히 설명하였다. 전통 산업과 e-비즈니스의 결합 방향, 제조업의 e-비즈니스 성공 모델, e-비즈니스의 선점 및 성공 전략을 다루고 있다.

3장 '주요 산업별 e-비즈니스 전략'에서는 자동차, 중공업, 건설, 전자, 금융 등 주요 전통 산업에서 실제 추진하고 있는 국내외 e-비즈니스 사례들을 살펴보고 이에 대한 시사점을 정리하였다. 이와 더불어 e-비즈니스에서 나타나는 산업별 특성과 성공적인 구축 전략도 제시하였다.

4장 '성장 원천의 변화와 성장 주체간 협력'에서는 디지털 시대의 도래와 더불어 새로운 성장 원천으로 부상하게 될 산업과 미래를 위해 투자해야 할 산업을 구체적으로 추출하였다. 그리고 최근 일시적 위기를 겪고 있으나 디지털 시대의 성장 주체로 떠오르고 있는 벤처 기업의 사업 모델을 면밀하게 분석하고 대응 방안을 모색했다. 이와 더불어 전통적인 성장 주체라 할 수 있는 대기업과 벤처 기업간 협력 방안도 제시하였다.

5장 '디지털 시대 노사 관계의 변모'에서는 디지털 경제가 고용 구조, 노사 관계, 보상 체계 등 기업과 근로자간의 관계를 어떻게 변화시킬 것인가에 초점을 맞추어 분석하였다.

제2부에서는 디지털 경제 시대의 도래에 따라 기업 경영 부문에서 발생하게 될 새로운 변화와 이에 대한 대응 전략들을 다루고 있다.

6장 '새로운 경영을 요구하는 디지털 경제'에서는 디지털 경제의 도래로 인해 새로운 경영 방식, 새로운 경영 전략, 새로운 경영 패러다임이 필요하다는 것을 역설하고 있다. 여기에서는 미래 경영의 방향, 창조성 경영, 신뢰 경영 등 신개념 경영과, 기업의 새로운 경쟁 전략으로서 기업의 여러 가지 경쟁 우위 요소를 서로 융합시키는 '퓨전 경쟁 전략'을 소개하고 있다.

7장 '디지털 시대의 마케팅 전략'에서는 디지털 시대에 기업이 고객과 접촉하는 방식이 어떻게 바뀌고 있고, 기업은 어떻게 대응해야 하는가를 서술하였다. 특히 인터넷이 기업과 고객의 중요한 접촉 창구가 되면서 이를 마케팅에 활용하는 방안에 초점을 맞추고 있다.

8장 '디지털형 인적 자본의 확보와 관리'에서는 디지털 시대에는 기업이 요구하는 인재의 속성이 바뀌고 이들 인재를 관리하는 방식도 바뀌게 된다는 점을 강조하고 있다. 이러한 환경 변화에 맞추어 디지털 시대에 갖추어야 할 인재의 요건을 열거하는 한편, 확보한 인재를 체계적으로 관리하는 방식으로서 'e-HRM'을 소개하고 있다.

9장 '새로운 운영 시스템의 모색'에서는 디지털 시대에 기업이라는 조직이 경쟁력을 갖추기 위해 필요한 인사 조직 운영 전략을 다루고 있다. 조직 구성원의 주력으로서 새로운 N세대의 중요성이 부각되면서 이들의 속성에 맞는 운영 시스템을 모색해 보고, 조직의 활성화를 위해 '전략적 커뮤니티'라는 새로운 형태의 조직 운영 방식을 소개하고 있다.

마지막 10장 '디지털 CEO의 요건'에서는 디지털화라는 새로운 변화의 소용돌이 속에서 기업이 적극적으로 대응하기 위해서는 CEO의 역할이 매우 중요하다는 것을 강조하고 있다. 이와 더불어 디지털 시대에 맞는 CEO의 자질과 CEO의 자가 진단 모델을 제시하여 디지털 CEO의 가치를 평가할 수 있는 방법론을 제시하였다.

최근의 급변하는 경제, 경영 환경을 최대한 빨리 일반 대중에게 전달하고자 하는 욕심에 치우치다 보니 부족한 점도 없지 않았다. 하지만 새로운 환경 변화 속에서 새로운 경쟁력 기반을 구축해야 하는 경영자와 근로자뿐만 아니라 일반 독자들에게 앞으로 나아가야 할 방향을 제시하는 지침서 역할만큼은 할 수 있으리라 믿는다.

끝으로 어려운 여건 속에서도 여러 연구자들의 '졸고'를 엮어 감히 한 권의 책으로 출간할 수 있게 해준 21세기북스 사에 깊은 감사를 드린다.

2000년 10월
필자 일동

# 1

# 디지털 경제의 해부

# 디지털 경제 시대의 도래

## 1. 디지털 경제란 무엇인가

최근 '디지털 경제(digital economy)'라는 용어가 널리 쓰이고 있다. 도대체 디지털 경제가 무엇인가? 한 마디로 답하기가 쉽지 않지만, '디지털 기술의 활용을 통해 생산, 소비, 유통 등 경제 활동의 방식이 근본적으로 바뀌게 된 경제 시스템' 정도로 정의할 수 있다. 컴퓨터와 인터넷으로 대표되는 디지털 기술이 발달함에 따라 지금까지의 일상적인 거래가 신속하게 이루어지는 것은 물론, 생산 활동 또한 훨씬 효율적으로 변하고 있다. 심지어 인터넷을 통해 생산자에서 소비자에게 직접 유통되는 상품들도 등장하고 있다. 한 마디로 기존의 경제 행위 방식이 크게 변했을 뿐 아니라 새로운 상품, 기업, 시장이 등장하고 있다.

이에 덧붙여, '지식 기반 경제(knowledge-based economy)'와의 관계를 살펴보면, 디지털 경제가 지식 기반 경제의 인프라라는 측면이 강하다.

지식 기반 경제는 지식과 정보의 원활한 획득, 축적, 유통, 활용 능력을 바탕으로 성장하는 경제를 의미하는데, 이러한 지식과 정보의 획득, 축적, 유통, 활용은 디지털 기술이라는 물리적 기반이 뒷받침되어야 하기 때문이다. 따라서 디지털 경제는 지식 기반 경제가 정착되기 위한 충분 조건이라 할 수 있다.

## 디지털 경제와 산업 경제와의 차이

한편, 디지털 경제는 기술 혁신 측면에서 기존의 산업 경제와 대별되는 개념으로 파악할 수 있다. 지금까지의 경제 시스템은 18세기 후반에 시작된 산업 혁명을 시발점으로 하여 기계 기술을 바탕으로 현재까지 지속되어 온 산업 경제다. 이에 반해 디지털 경제는 20세기 후반 정보 기술의 혁신을 몰고 온 컴퓨터와 인터넷의 발전에서 비롯된, 이른바 '디지털 혁명'을 기점으로 현재 진행중인 경제를 가리킨다.

이러한 디지털 혁명이 가능하게 된 기술적 배경은 다음과 같다. 첫째, 정보 처리 기술의 발달을 들 수 있다. 마이크로프로세서의 발달로 인해 엄청난 양의 정보와 자료를 압축, 저장, 처리, 전달할 수 있게 된 것이다. 둘째, 인터넷을 이용한 네트워크 구축이다. 전 세계를 망라하는 전자 네트워크, 곧 인터넷이 구축되면서 정보가 매우 빠른 시간 내에 전 세계로 전달될 수 있게 되었다. 셋째, 정보에 대한 접근이 용이해졌다. 컴퓨터와 정보 통신 기술의 발달로 인해 정보 전달 기능을 갖는 컴퓨터, 텔레비전, 전화기, 프린터 등 여러 가지 정보 전달 매체들을 디지털이라는 단일 기술로 통합시키는 한편, 사용 방법도 매우 간편해져 누구나 쉽게 정보를 접하고 취급할 수 있게 된 것이다.

<table>
<tr><td colspan="3" align="center">디지털 경제와 유사 개념과의 비교</td></tr>
<tr><td>개념</td><td>내용</td><td>디지털 경제와의 관계</td></tr>
<tr><td>지식 기반 경제<br>(Knowledge-based<br>Economy)</td><td>지식과 정보의 축적, 공유, 활용 및 창조를 기반으로 성장하는 새로운 경제 원리 및 현상에 대한 포괄적인 개념</td><td>디지털 경제가 지식 기반 경제의 물리적 기반이 됨.</td></tr>
<tr><td>신경제<br>(New Economy)</td><td>정보 기술 혁명에 따라 모든 산업의 생산성이 향상되고, 이로 인해 저물가, 고성장이 장기간 지속되는 경제</td><td>새로운 디지털 기술 혁명에 의한 생산성 향상에 초점을 맞춘 개념</td></tr>
<tr><td>사이버 경제<br>(Cyber Economy)</td><td>컴퓨터 기술의 발전을 바탕으로 하여 인터넷 등 가상 공간, 가상 경제 주체의 출현과 거기에서 나타나는 여러 경제 행위(전자 상거래, 전자 금융 등)를 뜻함</td><td>새로운 경제 활동 영역이 된 가상 공간에 국한된 디지털 경제의 하위 개념</td></tr>
<tr><td>네트워크 경제<br>(Network Economy)</td><td>경제 시스템이 인터넷을 토대로 유·무형의 망(網)으로 연결되어 있어 경제 주체 사이의 정보 교류가 중요함을 강조하는 개념</td><td>디지털 경제의 특성 중 시스템상의 특징을 강조한 개념</td></tr>
<tr><td>정보 경제<br>(Information Economy)</td><td>새로운 핵심 생산 요소로 부상한 정보의 재화적 특성을 강조하는 개념</td><td>디지털 경제를 기술적인 측면보다 이론적으로 설명하려는 시도</td></tr>
</table>

## 디지털 경제의 파급 효과

디지털 경제가 새로운 경제 패러다임으로 자리잡으면서 기존의 경제 질서도 점차 바뀌어 가고 있다. 특히 경제 시스템의 작동 원리가 바뀌고 있고, 경제 및 산업 구조도 이전과는 다르게 재편되고 있다. 이와 더불어 불확실성의 증대나 불평등의 심화와 같은 사회적 문제를 야기할 수 있는 소지도 크다.

### ●경제 원리의 변화

우선 수확 체증의 법칙이 적용된다. 즉, 재화 생산의 한계 비용이

거의 영(zero)에 가까우며, 유통 측면에서도 복제된 제품이 빠르고 값
싸게 유통되므로 생산을 많이 하면 할수록 제품 원가가 계속 줄어든
다. 기존 경제에서 생산 및 유통의 한계 비용이 증가하는 수확 체감
법칙이 작용하였던 것에 비하면 질적인 변화가 있는 셈이다.

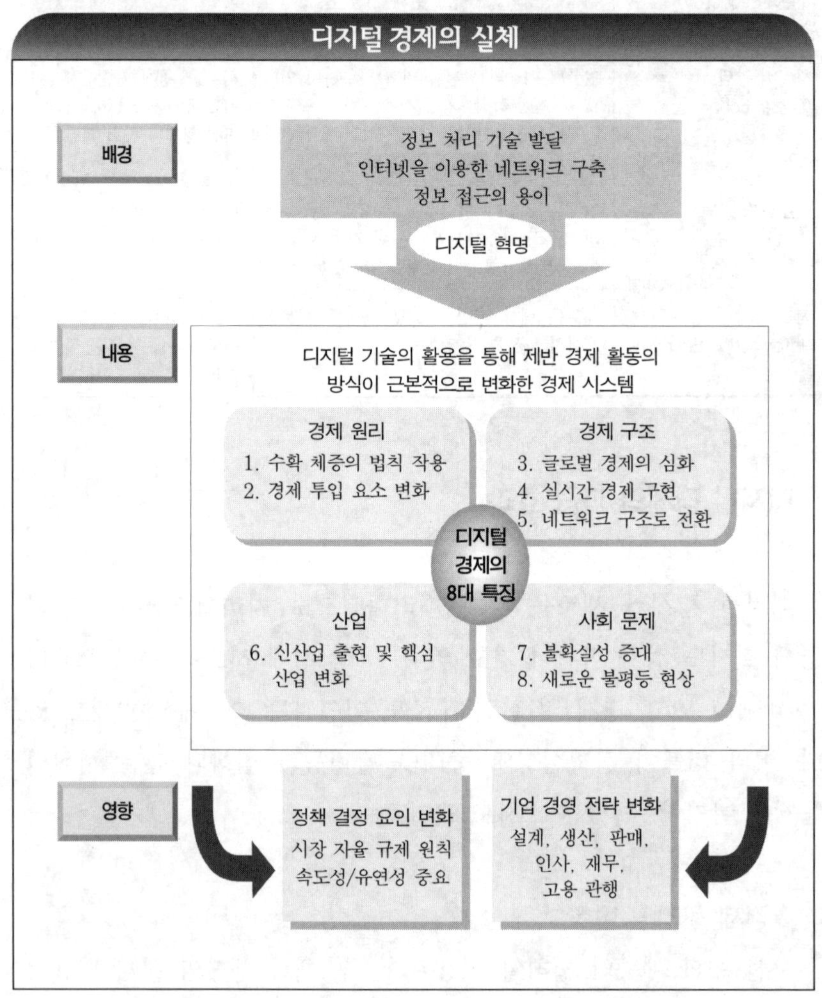

둘째, 핵심 생산 요소가 변한다. 디지털 경제에서는 지식, 정보 등이 경제 활동에 필수적이며, 핵심적인 요소가 된다. 기존의 산업 경제에서는 부가가치를 창출하는 데 생산 활동과 관련된 토지, 노동, 자본이 중요한 역할을 했다. 그러나 디지털 경제의 핵심 요소인 지식, 정보 등은 생산 과정에서뿐만 아니라 유통, 소비 등 모든 경제 활동의 부가가치를 높이는 데 중요한 역할을 한다.

또한 인터넷에서 키워드 하나만 입력해도 곧바로 수백 개의 관련 정보가 출력되는 것처럼, 요소 자체가 투입의 결과물로 즉시 확대 재생산된다는 점에서 기존의 요소들과는 다른 중요한 특징을 지닌다.

### ●경제 및 산업 구조의 변화

먼저, 경제의 글로벌화가 가속화된다. 20세기 말부터 진행된 경제의 글로벌화가 지식, 정보와 같은 정신적·무형적 차원으로 확대됨에 따라 더욱 심화되고 있다.

기존 산업 경제에서의 글로벌화는 재화, 노동력 및 자본의 이동 등 물리적·유형적 차원에 머물러, 진전 속도가 늦고 지리적으로도 제한적이었다. 그러나 지식과 정보가 주요한 자원이 되고 정보 통신 기술의 발달로 인해 이러한 지식과 정보가 전 세계적으로 교환되면서 세계 경제의 단일화가 가속화되고 있다. 이에 따라 국가간 상호 의존성이 증가하고, 기업의 업무 영역은 전 세계로 급속히 확산되고 있다.

둘째, 실시간 경제가 구현된다. 경제 환경 변화, 새로운 기술 등의 전파와 확산이 광속(光速)으로 이루어져 실시간(real time) 경제가 구현된다. 산업 시대에서는 경제 활동 변화가 운송 수단 혹은 정보 전달 수단에 따라 마차[馬速], 자동차[車速], 전화[音速]에 대응해 왔다. 그리고 어느 것이든지 그 변화의 내용이 시차를 두고, 혹은 지역적으로 불균등하게 전파되었다. 그러나 디지털 경제 시대에서는 정보의 전달이 빛에 버금가는 속도[光速]로 이루어지기 때문에, 경제 활동의 시간 및 공간적 제약이 거의 사라지게 되었다. 따라서 세계 어느 곳이든 대부분의 경제 활동이 시차 없이 동시에 일어나는 특성을 가진다.

셋째, 네트워크 구조가 보편화된다. 디지털 기술의 발달과 더불어 조직과 제도는 상호 연결된 네트워크 구조를 형성하게 된다. 기존 경제에서는 경제 단위가 부문별로 분리된 채 규모나 권력에 따라 단선적인 계층 구조를 형성하였다. 그러나 디지털 경제에서는 모든 부문이 통합되고, 경제 단위의 크기에 관계없이 상호 연결된 네트워크 구조를 기반으로 한다.

넷째, 산업 구조가 바뀐다. 디지털 경제에서는 새로운 고부가가치 창출 분야가 나타나 경제 발전을 이끄는 핵심 산업이 변한다. 산업 경제에서의 핵심 산업은 철강, 건설, 석유 화학(소비재 포함), 전자, 기계(자동차, 항공, 조선) 산업 등인 반면에 디지털 경제에서는 컴퓨터, 정보 통신, 컨텐츠(contents) 산업 등 이른바 '제4차 산업'[1]이 핵심 산업이 된다.

---

1) 일각에서 3차 산업의 비중이 증대하면서 기존의 1, 2, 3차 산업 구분에서, 3차 산업은 금융, 유통, 수송 등, 4차 산업은 정보, 의료, 교육 등, 5차 산업은 오락, 패션 등으로 세분하자는 주장도 있다. 여기에서는 3차 산업을 중(重)서비스 산업으로, 4차 산업을 경(經)서비스 산업으로 구분하여 사용한다.

●새로운 사회 · 경제 문제

디지털 경제하에서의 경제 활동의 불확실성은 기존 경제보다 더욱 심화된다. 기존의 산업 경제는 경제 주체가 인식할 수 있는 경제 활동 영역의 협소함으로 인해 미지의 세계에 대한 불확실성이 주를 이루었다. 그러나 디지털 경제에서의 불확실성은 경제 활동 자체가 광범위하고 순간적으로 발생하므로 경제 주체가 인식해야 하는 대상이 너무 많은 데서 생겨난다. 이러한 인식 대상 범위의 확대로 이전의 산업 시대보다 특정한 변수에 의한 사회 경제적 효과를 계산하고 예측하는 것이 더욱 어려워지게 될 것이다.

<table>
<tr><td colspan="4" align="center">디지털 경제와 기존 산업 경제의 비교</td></tr>
<tr><td colspan="2" align="center">구분</td><td align="center">기존 산업 경제</td><td align="center">디지털 경제</td></tr>
<tr><td rowspan="2">경제 원리</td><td>생산 법칙</td><td>수확 체감 법칙 작용으로 한계 비용 증가</td><td>생산 및 유통의 한계 비용이 영(zero)에 가까운 수확 체증 법칙</td></tr>
<tr><td>핵심 생산 요소</td><td>토지, 노동, 자본 등이 주로 생산 활동에 투입</td><td>지식, 정보 등이 생산 및 유통, 소비 등 모든 경제 활동에 투입</td></tr>
<tr><td rowspan="3">경제 구조</td><td>경제의 글로벌화</td><td>재화, 노동, 자본 등 물리적 · 유형적 차원에서 전개</td><td>지식, 정보 등 정신적 · 무형적 차원으로 확대</td></tr>
<tr><td>실시간 경제</td><td>馬速 → 車速 → 晉速 수준의 경제 활동</td><td>光速 수준의 경제 활동</td></tr>
<tr><td>연결 구조</td><td>경제 단위의 계층적 구조</td><td>경제 단위의 규모에 관계 없이 네트워크 구조 형성</td></tr>
<tr><td>산업</td><td>핵심 산업</td><td>철강, 건설, 기계 산업 등</td><td>컴퓨터, 컨텐츠 산업 등</td></tr>
<tr><td rowspan="2">사회 문제</td><td>불확실성의 정도</td><td>경제 활동 영역이 협소하므로 상대적으로 안정적</td><td>경제 활동 대상 확대로 불안정성 심화</td></tr>
<tr><td>불평등 결정 요인</td><td>노동과 자본의 양에 따라 수익 크기가 결정</td><td>디지털화 숙련도, 소유하는 정보의 양과 질에 의해 결정</td></tr>
</table>

마지막으로, 새로운 불평등 현상이 나타날 가능성이 크다. 디지털 경제 시대의 불평등도는 디지털화의 정도에 따라 결정된다. 기존 산업 경제에서는 노동과 자본의 양에 따라 수입이 결정되고 이에 따라 소득 격차가 발생하였다. 하지만 디지털 경제에서의 소득은 보유하고 있는 지식이나 정보의 양과 질에 따라 결정되는데, 이는 디지털화 정도에 의존한다. 따라서 컴퓨터에 익숙하지 않은 노년층과 정보 인프라 낙후 지역 주민들의 소득이 상대적으로 감소할 가능성이 크다.

## 새로운 대응의 필요

이러한 디지털 경제로의 패러다임 전환에 맞추어 정부의 정책과 기업의 전략은 새로운 틀을 요구한다. 우선 정책면에서 보면 기존 산업 경제 시대의 경제 정책을 바꾸고, 디지털 경제 시대에 맞는 새로운 정책 요소들을 도입하여야 한다. 그 가운데 시장 자율 규제 원칙의 확대와 속도성 및 유연성을 중요한 요소로 다루어야 한다. 디지털 경제에서는 시간적으로는 동시에 또한 즉각적으로, 공간적으로는 글로벌 차원에서 경제 활동이 이루어지므로 정책 당국이 경제 활동을 규제한다는 것은 더욱 어려워진다.

따라서 경제 정책의 작동 원리를 규제 중심에서 전환하여 시장 자율성을 최대한 보장하도록 해야 한다. 또한 기존의 정책 평가 기준인 효율성, 공평성, 안정성에 더해 디지털 경제는 속도성과 유연성을 추가로 요구한다. 즉 디지털 경제는 시장 환경 및 생산 활동의 다양성과 신속성을 초래하며, 경제 정책 역시 매우 빠르고 유연하게 대처할 수 있어야 한다.

| 디지털 경제의 기업 경영 전략 | | | |
|---|---|---|---|
| 구분 | | 기존 산업 경제 | 디지털 경제 |
| 기업 외부 활동 | 설계, 생산 | 소품종 대량 생산 | 다품종 소량 생산 |
| | 물류, 유통 | 수직 통합력 이용 | 아웃소싱 및 전략적 제휴의 적극 활용 |
| | 광고, 판매 | 매스(mass) 마케팅 | 일대일(one-to-one) 마케팅 |
| 조직 내부 관리 | 재무 관리 | 내외부간 재무 시스템이 단절 | 전자적 재무 프로세스화 |
| | 의사 결정 | 상명 하달식 | 의사 소통 활성화로 상하간 피드백 과정 |
| | 고용 관행 | 평생 직장, 경직적 고용 | 평생 교육, 고용의 유연성 증대 |

　기업 경영 측면에서도 새로운 변화를 요구한다. 제품 설계, 생산, 물류, 광고, 판매 등 기업의 모든 활동에 근본적인 변화가 있을 것이고, 인사, 재무, 의사 결정 등 조직 내부 관리 방식도 변한다. 평생 직장에서 평생 교육으로의 고용 관행이 변하는 것도 예외가 아니다. 이러한 변화에 걸맞은 경영 전략과 기업 체질을 갖춰야만 디지털 경제라는 새로운 환경에서 지속적으로 성장할 수 있다.

## 2. 한국 경제의 디지털화 진전도

　디지털 경제가 새로운 패러다임으로 자리잡고 있지만, 실제 어느 정도 디지털화가 진전되고 있는지를 판단하는 것은 쉽지 않다. 하지만 현실 속에서 어느 정도 혹은 어떤 속도로 디지털 경제가 구현되어 가는가에 대한 기초 자료가 있어야 기업이나 정부 차원에서 구체적인 전략 수립과 의사 결정이 가능하다. 따라서 디지털 경제의 구체적 현실을 보여 줄 수 있는 자료가 필수적인데, 디지털화 수준 평가는 그러한 요구를 충족시키기 위한 하나의 시도이다.

디지털 경제의 진전 정도를 측정하는 것은 쉽지 않은데, 다만 몇 가지 지표를 통해서 간접적으로 이를 확인할 수 있을 뿐이다. 경제의 디지털화 정도를 가장 잘 보여 주는 것은 컴퓨터와 인터넷이라고 판단된다. 따라서 이와 관련된 자료를 통해 디지털화 수준을 평가할 수 있다.

영역별로는 국가별 디지털화 수준을 측정하여 우리 나라의 디지털화 수준을 국제적 시각에서 비교하고, 산업별 디지털화 수준을 평가하여 디지털화 기술의 실제 산업 활동에의 확산 정도를 살펴볼 수 있으며, 지역별 디지털화 수준의 측정을 통해 디지털화의 지역간 격차를 분석할 수 있다.

## 디지털화 수준의 국가별 비교

디지털화의 속도가 워낙 빠르고 디지털화에 대한 대응의 속도와 방식이 국가 경쟁력에 중요한 영향을 미칠 수 있다는 점에서, 국가간 디지털화 수준을 비교하는 것은 큰 의미가 있다. 디지털화 수준은 컴퓨터, 인터넷, 전자 상거래 등과 관련된 통계를 근거로 계산된다.

현재 우리 나라의 디지털화 수준은 선진국뿐만 아니라 같은 선발 개도국 권에 비해서도 낮게 나타나 대응책이 시급한 것으로 판단된다. 한국의 디지털화 지수는 16.0으로 미국, 캐나다, 일본 등에 비해 크게 뒤떨어지고 있음은 물론이고, 대만과 싱가포르의 26.9와 39.9에 비해서도 낮은 것으로 나타나 우리 나라의 디지털화 진전도가 상당히 지체되어 있음을 보여 주고 있다. 무엇보다 싱가포르, 대만 등

아시아의 대표적인 개도국 그룹에 비해서도 우리 나라의 디지털화 진전도가 낮다는 사실로 미루어 보아 향후 디지털화가 경쟁력 강화의 필수 요건으로 자리잡게 되는 경우에 이들 국가에 비해 경쟁력이 뒤떨어질 가능성이 있다.

한편 설비 지수와 활용 지수 가운데는 활용 지수가 상대적으로 낮은 것으로 나타났는데, 디지털 인프라의 확충 못지 않게 이를 유용하게 활용할 수 있는 역량을 갖출 수 있도록 정보 기술과 관련된 체계적인 교육 정책이 필요하다는 것을 보여 주고 있다.

| 주요 국가별 디지털화 지수 비교 | | | | | | | |
|---|---|---|---|---|---|---|---|
| | 설비 관련 지표 | | | 활용 관련 지표 | | | 디지털화 지수 |
| | 천 명당 컴퓨터 수 | 천 명당 인터넷 호스트 수 | 설비 지수 | 인터넷 사용자 수 비중(%) | GDP 대비 전자 상거래 규모(%) | 활용 지수 | |
| 미국 | 499 | 87.15 | 100.0 | 37.4 | 0.831 | 100.0 | 100.0 |
| 캐나다 | 400 | 53.53 | 70.8 | 25.4 | 0.102 | 40.1 | 55.4 |
| 영국 | 323 | 22.63 | 45.3 | 18.0 | 0.132 | 32.0 | 38.7 |
| 일본 | 272 | 11.03 | 33.6 | 11.1 | 0.149 | 23.8 | 28.7 |
| 싱가포르 | 344 | 13.45 | 42.2 | 14.7 | 0.297 | 37.5 | 39.9 |
| 대만 | 178 | 16.71 | 27.4 | 14.3 | 0.121 | 26.4 | 26.9 |
| 한국 | 150 | 4.22 | 17.5 | 6.7 | 0.092 | 14.5 | 16.0 |
| 말레이시아 | 78 | 1.93 | 8.9 | 3.0 | 0.218 | 17.1 | 13.0 |

자료 : WEFA(1999), *World Economic Outlook* ; IMD(1999), *The World Competitiveness Yearbook* ; http://www.nua.ie.

주 : 1) 각 자료의 기준 시점으로는 천 명당 컴퓨터 수와 천 명당 인터넷 호스트 수의 경우 1998년이고, 인터넷 사용자 수 비중은 1999년, GDP 대비 전자 상거래 규모는 1998년을 비교 시점으로 삼았음.
2) 각 지수는 미국을 100으로 두고 계산한 상대적 수치이고, 디지털화 지수는 설비 지수와 활용 지수를 단순 평균하였음.
3) 디지털화 혹은 정보화를 표현하기 위한 유사한 지표로서 한국 전산원의 '정보화 지수'나 IDC의 ISI(Information Society Index) 등 다수가 있으나, 디지털화 지수는 컴퓨터와 인터넷을 중심으로 단순화하고 인터넷 사용자 비중과 전자 상거래 규모를 반영했다는 점에서 양자와 차이가 있음.
4) 자료의 시간적 한계 때문에 디지털화 지수가 각 국가의 현재 수준을 정확하게 반영하는 것은 아니라는 것을 염두에 두고, 그 격차가 어느 정도인가라는 상대적인 관점에서 평가한다는 점에 유의해야 함.

## 산업별 디지털화 수준 평가

한편, 기존의 주요 산업들의 디지털화 수준을 파악하는 것도 중요하다. 이를 통해 업종간 디지털화 격차를 파악할 수 있고, 이를 근거로 산업의 디지털화 정책과 경쟁력 강화에 관련된 시사점을 얻을 수 있기 때문이다. 디지털 기술은 부품 조달, 생산, 유통 과정에 활용되고 제품 생산에 중간 투입재로 투입됨으로써 산업 자체의 경쟁력은 물론이고 상품의 질도 크게 향상시킬 수 있다. 그런데 특정 업종이 디지털화의 추세에서 지나치게 뒤떨어지는 것은 최근의 디지털화 확산 추세에 비추어 볼 때 바람직하지 못하다.

1990~1995년의 산업 연관표 자료를 통해 보면, 산업 전체의 디지털화는 증가하는 경향을 보이고 있다는 점에서 긍정적이다. 그러나 산업별로는 상당한 편차를 보이고 있기 때문에 산업별로 디지털

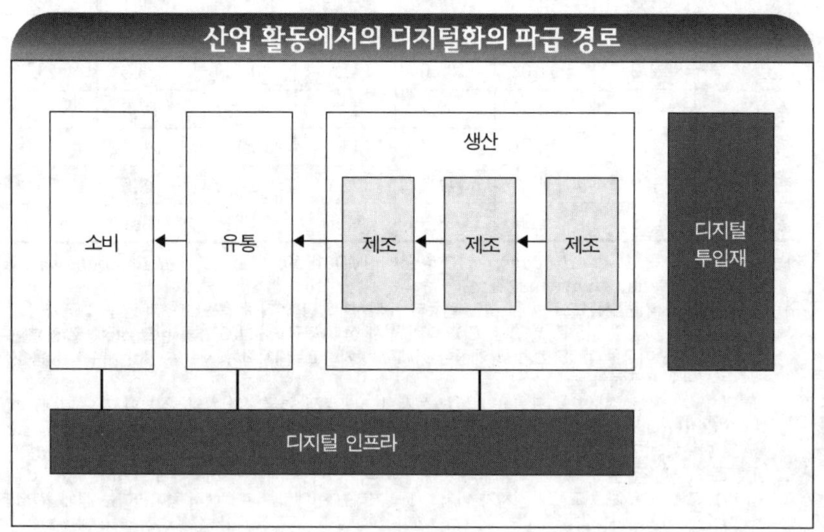

화를 진전시킬 수 있는 방안을 모색해야 한다.

산업 전체로 보면 중간 투입재 가운데 디지털 투입재의 비중이 높아지고 있다. 다시 말해 전체 산업의 디지털화가 증가하는 추세를 보이고 있는 것이다. 업종별로는 농림 수산업, 전기 전자, 정밀 기기, 전력·가스·수도, 도소매, 금융 보험 등에서 디지털화가 일관되게 증가하는 양상을 보이고 있어서, 이들 업종의 경우 90년대에 들어 디지털화가 꾸준히 진전되어 왔음을 알 수 있다. 그러나 일반 기계, 수송 기기, 건설, 운수 보관 등의 경우에는 디지털화의 증가 추세가 발견되지 않는다. 통신 방송의 경우 증가 추세는 약하지만 디지털 투입재의 절대적 비중이 높기 때문에 디지털화가 이미 상당히 진전되어 있는 것으로 파악할 수 있다.

특히 섬유 가죽, 화학 제품, 일반 기계, 수송 기기 등 전통적 주력 산업의 경우 디지털 투입 비중이 절대적으로 낮고 디지털화 추세도

### 주요 산업별 디지털화 수준의 추이 (단위 : %)

| 업종 | 농림 수산업 | 음식료품 | 섬유 가죽 | 화학 제품 | 1차 금속 | 일반 기계 | 전기 전자 | 정밀 기기 |
|---|---|---|---|---|---|---|---|---|
| 1990년 | 0.403 | 0.261 | 0.285 | 0.364 | 0.155 | 0.773 | 21.162 | 5.622 |
| 1993년 | 0.614 | 0.368 | 0.401 | 0.580 | 0.444 | 0.848 | 19.936 | 7.410 |
| 1995년 | 0.711 | 0.238 | 0.347 | 0.404 | 0.394 | 0.632 | 24.200 | 9.748 |

| 업종 | 수송 기기 | 전력 가스 | 건설 | 도소매 | 운수 보관 | 통신 방송 | 금융 보험 | 산업 전체 |
|---|---|---|---|---|---|---|---|---|
| 1990년 | 0.474 | 0.245 | 0.951 | 13.695 | 1.627 | 25.318 | 6.084 | 7.184 |
| 1993년 | 0.905 | 0.476 | 0.724 | 13.539 | 0.956 | 22.952 | 5.786 | 6.159 |
| 1995년 | 0.606 | 0.572 | 0.666 | 15.241 | 1.004 | 20.635 | 6.783 | 8.527 |

자료 : 한국 은행, 「산업연관표」, 1990, 1993, 1995.
주 : 1) 디지털 투입 비중은 산업연관표 168개 소분류표를 기준으로 각 산업의 중간 투입 중 반도체, 컴퓨터 및 주변 기기, 통신 방송 기기, 통신 서비스 등 4가지 항목의 비중을 계산한 것임.
　　 2) 디지털 기술의 산업별 활용 정도를 정확히 측정하기 곤란하기 때문에 중간 투입 중에서 디지털 기술을 가장 많이 체화하고 있다고 판단되는 반도체, 컴퓨터 및 주변 기기, 통신 방송 기기, 통신 서비스 등 주요 디지털 재화 및 서비스가 전체 중간 투입에서 차지하는 비중을 측정하였음.

미약한 것으로 나타난다. 이는 앞으로 이들 산업에서 디지털화를 통해 산업의 구조와 상품의 질을 변화시킬 수 있는 여지가 매우 큰 것으로 평가할 수 있다.

## 지역간 디지털화 수준 격차

일반적으로 디지털화는 사회 경제의 모든 부문에서 동시적으로 진행되어야 그 잠재력이 극대화될 수 있다. 따라서 디지털화 과정에서 지역간 혹은 계층간 격차가 존재한다는 것은 심각한 문제가 될 수 있다.

그리고 중화학 공업 시대에는 가용 자본과 인력, 교통 운송 인프라가 특정 '지역'의 경쟁력을 결정하는 중요한 요소였으나, 현재 도래하고 있는 디지털 경제에서는 정보화 인프라와 정보 기술의 활용 능력이 지역의 경쟁력 결정의 핵심 요소로 자리잡고 있다. 그러므로 지역간 디지털 격차를 방치하면, 그것이 지역간 경제 성장의 격차로 이어질 수 있다는 점에서 이를 해소하려는 노력이 중요하게 된다.

지역 디지털화 지수를 비교해 보면 서울이 207.8로서 압도적으로 높고, 뒤를 이어 인천·경기, 대구·경북, 충북, 대전·충남이 60~80대이고, 나머지 지역은 40~50대의 낮은 수준을 보이고 있다. 여기에서 문제는 서울과 기타 지역간 디지털 격차가 심각하다는 점이다. 전국 단위의 지수를 100으로 할 때, 서울 지역은 디지털 인프라 지수 169.5, 디지털 활용 지수 324.8, 경제 디지털화 지수 129.1로 타의 추종을 불허할 만큼 앞서 가고 있다. 뒤이어 인천·경기의 수도권과 대구·경북 지역이 그나마 양호한 수준을 보이고 있으나, 나머지 지역의 디지털화 지수는 매우 낮은 것으로 나타나고 있다.

또 하나, 디지털 인프라 측면보다 활용 수준의 격차가 심각하다는 점도 관찰된다. 디지털 활용 지수를 살펴보면 가장 높은 서울과 가장 낮은 충북과는 10배 이상의 지수 격차가 벌어지고 있다. 디지털 활용 지수의 표준 편차는 91.3으로 디지털 인프라 지수 31.0과 경제 디지털화 지수 41.6에 비해 상당히 높은 수준으로 보이고 있다는 사실도 디지털 활용 수준의 심각한 격차를 반영하고 있다.

### 지역별 디지털화 지수의 비교

| | 지역 디지털화 지수 | 사회 디지털화 지수 | | | 경제 디지털화 지수 |
|---|---|---|---|---|---|
| | | | 인프라 지수 | 활용 지수 | |
| 서울 | 207.8 | 247.2 | 169.5 | 324.8 | 129.1 |
| 부산 · 울산 · 경남 | 55.7 | 58.6 | 79.6 | 37.6 | 50.0 |
| 대구 · 경북 | 81.8 | 62.8 | 81.6 | 44.1 | 119.7 |
| 인천 · 경기 | 86.2 | 60.5 | 85.6 | 35.3 | 137.8 |
| 광주 · 전남 | 53.9 | 61.8 | 86.5 | 37.2 | 38.1 |
| 대전 · 충남 | 63.4 | 59.6 | 82.5 | 36.8 | 71.1 |
| 강원 | 51.4 | 53.6 | 73.0 | 34.2 | 47.1 |
| 충북 | 76.7 | 48.2 | 65.6 | 30.9 | 133.5 |
| 전북 | 48.8 | 47.3 | 59.4 | 35.2 | 51.9 |
| 제주 | 52.1 | 52.7 | 69.0 | 36.3 | 51.1 |
| 전국 | 100.0 | 100.0 | 100.0 | 100.0 | 100.0 |
| 표준 편차 | 47.7 | 60.7 | 31.0 | 91.3 | 41.6 |

자료 : 한국전자산업진흥회 · 컴퓨터산업협의회(2000), 「'99년 한국의 컴퓨터 보급 현황」; 한국정보통신진흥협회(1999), 「'99년 정보통신산업통계연보」; 통계청(1999), 「지역통계연보」.

주 : 1) 각 지수는 전국을 하나의 지역으로 간주하여 계산한 수치를 100으로 삼아 상대적 수준을 구한 것임. 지수 산정에 사용된 자료의 기준 연도는 컴퓨터 보급 현황의 경우 1999년이지만, 나머지 자료는 1998년 기준이어서 해석상의 시간차가 존재할 수 있음.

    2) 사용한 주요 자료로는 1인당 PC 보급 대수, 1인당 ISDN 시설 수, 1인당 ISDN 매출액, 1인당 부가 통신 서비스 매출액, 지역 내 생산(GRP) 대비 정보 통신 산업 생산액, 취업자 대비 정보 통신 산업 종사자, 사업체 대비 정보 통신 산업 사업장 비중 등임.

디지털 경제하에서 과거와 같은 지역간 경제 격차의 확대를 미연에 방지하고 디지털화의 혜택을 공평하게 향유하기 위해서는 균형 있는 디지털화의 추진이 중요한 과제로 등장한다. 실제 디지털 선진국인 미국의 전자 상거래 추진 실무 그룹도 최근 디지털 격차(digital divide)를 심각한 문제로 인식하고, 이를 해소하여 모든 국민들이 인터넷과 컴퓨터를 싸고 손쉽게 이용할 수 있도록 하는 것을 핵심 정책 과제로 올려 놓고 있다. 일본도 지역간 디지털 격차의 해소를 위해 지역 정보 산업 육성, 지역 정보화 기반 정비, 국민 생활과 직결된 정보화 추진, 지역 데이터베이스 구축 등 다양한 사업을 추진하고 있다.

이러한 점에 비추어 우리 나라도 디지털 격차 혹은 디지털 불평등을 해소하기 위한 노력이 필요하다. 과거에는 디지털화 혹은 정보 통신 기기 및 서비스의 이용이 특정 소득 계층의 전유물이나 사치재로 인식되었으나, 사회 경제의 디지털화가 진전됨에 따라 더 이상 이것이 일부 계층만의 소비 대상이 아닌 것이 되었기 때문이다.

## 디지털 경제 시대의 도래와 대응 과제

디지털화라는 경제 패러다임에 대응하기 위한 방식은 크게 디지털 인프라, 디지털 활용 능력, 디지털 기술 등 세 가지 영역으로 구분하여 살펴볼 수 있으며, 각 영역별로 적절한 대응 방안이 필요하다.

우선, 디지털 인프라는 디지털 경제의 물리적 기반이므로 이를 확충하고 인프라의 질을 고도화하는 것은 일차적인 과제이다. 따라서 국가적 디지털 네트워크를 조속히 구축하고, 네트워크의 고속화와 고도화를 통해 누구나 불편 없이 디지털 네트워크를 활용할 수 있는 인프라가 갖추어져야 한다. 이를 통해 모든 국민이 저렴한 비용으로 컴퓨터와 네트워크에 접근할 수 있도록 유도하는 정책적 접근도 필요하다. 구체적으로 개인용 컴퓨터의 가격을 저렴하게 하는 것뿐만 아니라 통신 비용의 자연스러운 인하를 유도하여 디지털 인프라의 사용 부담을 줄이는 것이 필요하다.

둘째, 각 개인의 디지털 인프라 활용도를 높이기 위해 학교 및 기업 내에서 다양한 교육 시스템을 갖추는 것이 중요하다. 공적인 교육 기관에서 디지털 관련 교육을 강화하여 조기에 활용 능력을 가르치는 것이 필요하다. 이를 위해서는 학교 정보화를 조속히 추진하여 디지털에 필요한 교육 환경을 정비해야 한다. 그리고 기업 부문에서도 디지털 분야의 활용 영역은 매우 넓고 변화도 빠르므로 이에 즉각 적응할 수 있도록 종업원의 디지털 교육을 강화해야 한다. 왜냐하면 디지털 활용에 대한 기본적인 정보와 지식이 없이는 디지털 경제라는 거대한 변화에 대응한 새로운 아이디어의 도출과 전략의 수립이 불가능하기 때문이다.

셋째, 디지털 기술의 개발과 관련해서는 기본적으로 디지털 인프라를 누구나 손쉽게 이용할 수 있게 한다는 측면에서 접근해야 한다. 디지털 기술의 활용이 소수 계층의 특권이나 고도 숙련자의 업무가 아니라 누구나 손쉽게 이용할 수 있는 대상으로 인식되기 위해서는 디지털 기술 자체가 사용자에게 친숙해질 수 있는 방향으로 개발되어야 한다. 이러한 기술 개발은 개별 기업이나 민간 차원에 맡겨 둘 것이 아니라 정부의 적극적인 지원과 투자가 필요한 분야이다.

마지막으로 디지털화는 특정 분야에 한정되기보다 활용 영역이 확산될수록 그 편익이 극대화된다는 점을 고려하여 디지털화의 지역 간 혹은 계층간 격차를 줄여 나가는 것도 중요한 정책 과제로서 설정해야 한다.

## 3. 디지털 경제 시대의 사업 모델

디지털 경제 시대로 접어들면서 인터넷 기업들이 급성장하고 기존 업체의 위기감이 확산되면서 온라인(on-line), 오프라인(off-line) 기업을 불문하고 새로운 '사업 모델' 을 개발해야 한다는 목소리가 높아지고 있다. 사업 모델은 일반적으로 기업이 수익을 창출하기 위해 사용하고 있는 사업 방식을 가리킨다. 그런데 최근 인터넷이 중요한 상거래 수단으로 등장하면서 사업 모델의 중요성이 더욱 부각되었고, 이에 따라 사업 모델이라 하면 흔히 '인터넷에 기반한 사업 모델' 을 가리키는 것으로 바뀌어 가고 있다.

### 새로운 사업 모델의 개발 붐

미국의 최대 온라인 서점인 아마존닷컴(Amazon.com)은 설립한 지 3년 만에 1,200배의 매출 실적을 달성하여 기존의 서적 판매 대기업인 반즈앤노블(Barnes & Noble)의 지위를 흔들어 놓았다. 이렇게 인터넷을 활용한 전자 상거래는 사업의 진입 장벽을 크게 낮추었으며, 경쟁력을 갖춘 제품 및 서비스 확보가 용이해졌다.

여기에다 인터넷으로 무장한 새로운 사업 모델을 갖춘 신흥 기업들이 수십 년 동안 쌓아 왔던 기존 전통 기업의 사업 기반을 순식간에 빼앗아 버리는 일도 흔하게 되었다. 아래의 표는 과거에는 생각할 수 없었으나, 인터넷 업체의 등장으로 새롭게 등장하고 있는 사업 방식들이다(도표 참조).

기업 경영자들 사이에 반즈앤노블의 사례처럼 자신의 사업 영역에서 인터넷 경쟁 업체가 등장하여 사업 기반을 위태롭게 하지 않을까 하는 위기감, 즉 '아마존 증후군'이 확산되고 있으며, 이에 대응하여 사업 모델의 변화와 중요성을 실감하고 있다. GM의 스미스 회장은 "1999년은 자동차 메이커가 제조 회사로부터 소비자 서비스 기업으로 사업 모델을 전환하는 고비의 해였다"고 발언하였다. 델 컴퓨터의 CEO인 마이클 델은 1999년 7월, 컴퓨터 가격이 계속 하락하고 있는 상황에서 사업 모델이 우수한 기업만이 생존한다고 단언하였다.

시장 조사 기관인 가트너 그룹(Gartner Group)의 클리포드(William T. Clifford) 대표 이사는 사업과 기술을 성공적으로 결합시키는 기업만이 성공할 것이며, 이를 위해서는 기존의 사업 모델을 근본적으로 수정하는 것이 필요하다고 지적하였다.

| 새로운 사업 방식의 사례 | | |
| --- | --- | --- |
| 사업 방식 | | 회사명 |
| • 구매자가 가격 결정 | → | 프라이스라인 |
| • 광고를 보는 사람에게 돈 주기 | → | 골드뱅크, 사이버골드 |
| • 광고를 보는 대신 원가로 물건 사기 | → | 바이닷컴 |
| • 광고를 보는 대신 무료로 PC 얻기 | → | 프리PC |

## 사업 모델 개발 붐의 배경

사업 모델의 개발 붐이 일어나고 있는 배경에는 인터넷 혁명으로 등장한 경제의 디지털화 요인이 자리잡고 있다. 경제의 디지털화는 사업의 모든 기존 원칙을 근본적, 급진적, 혁명적으로 바꾸고 있기 때문이다.

인터넷의 등장으로 정보를 전달할 수 있는 범위가 확장되고 전달 시간은 대폭 단축되었다. 이로 인해 기업의 재고 감소, 물류 시스템 개선, 생산 계획의 용이화 등 경영 각 부문의 효율을 증진시키는 것은 물론이고, 이제는 기존의 사업 영역과 경쟁 원칙마저 바꾸고 있다. 즉 정보 기술을 활용, 제품에 정보와 서비스를 부가하여 차별화된 제품을 다양하게 개발할 수 있게 됨으로써, 사업 모델이 산업화 시대의 제품 중심 모델에서 제품과 서비스가 결합된 가치 제공 중심의 사업 모델로 전환되고 있다. 사업 영역도 제품 제조와 구매 지원 서비스에 한정되지 않고, 고객의 제품 활용 영역까지 확장되고 있다. 예를 들면, 자동차 기업들이 기존에는 제조, 판매, 금융 자원 등 제조·판매에만 치중하였으나, 최근에는 여기에다 자동차 운행과 관련된 위치 정보, 지리 정보, 무선 인터넷 사용 등 자동차를 활용하는 데 필요한 서비스까지 사업 영역을 확장하고 있다.

또한 정보 전달 범위의 확장으로 외부 자원의 활용이 용이해지면서 기업간 네트워크 구조에도 변화가 일어나고 있다. 종래에는 같은 업종의 기업들간에 제조 활동 기업을 중심으로 수직적 관계가 형성되었으나, 점차 같은 업종뿐만 아니라 다른 업종도 포함된 수평적 관계 구조로 변모하고 있다. 이에 따라 단일 기업의 규모가 점차 소

| 디지털 경제 시대의 사업 원칙 | | |
| --- | --- | --- |
| 구분 | 산업 경제 시대 | 디지털 경제 시대 |
| 사업 모델 유형 | •제품 중심의 사업 확장 모델<br>•서비스는 판매의 보조적 요소 | •가치 제공 제품(제품＋서비스) 중심의 사업 확장 모델 |
| 사업 확장 영역(계열화) | •제품 제조와 직접적으로 관련된 영역 | •제조뿐만 아니라 이의 활용과 관련된 종합 영역 |
| 가격 | •원가 + 이윤 | •고객이 인지한 가치 |
| 자원 활용 범위 | •개별 조직의 내부 보유 자원 | •복수 조직의 외부 자원 활용 |
| 조직간 네트워크 구조 | •가치 사슬 내 제조 활동 중심의 수직적 구조<br>•제조 업체 중심의 중앙 집권적, 폐쇄적 관계 구조 | •가치 사슬 내 모든 활동이 동등한 수평적 구조<br>•모든 업체간의 분권적, 개방적 관계 구조 |
| 기업 규모 | •규모의 경제 추구로 인한 대규모 기업화 지향 | •네트워크 경제의 추구로 인한 소규모 기업화 지향<br>•가상 기업 형태를 통한 대규모화 지향 |

규모화 되고 있으며, 한편으로는 여러 기업들이 전자 네트워크로 연결된 '가상 기업(virtual enterprise)'을 형성하여 경쟁력 강화를 도모하고 있다.

다음의 그림은 자동차 사업을 대상으로 디지털 경제화로 인한 가치 사슬 활동의 변화와 이로 인해 새롭게 등장하고 있는 사업들을 통해 살펴본 것이다. 먼저 자동차를 제조하여 소비자에게 전달될 때까지 관련된 가치 사슬 활동 측면을 살펴보면, 미래의 가치 사슬은 현재와 다르게 제조 관련 활동이 약화되고 고객 가치를 증대하기 위한 서비스 활동이 강조되는 형태로 변모된다. 아울러 부가 가치가 확장되는 측면에서도, 기존에는 자동차와 직접적으로 관련된 활동인

# 자동차 산업의 가치 사슬 변화

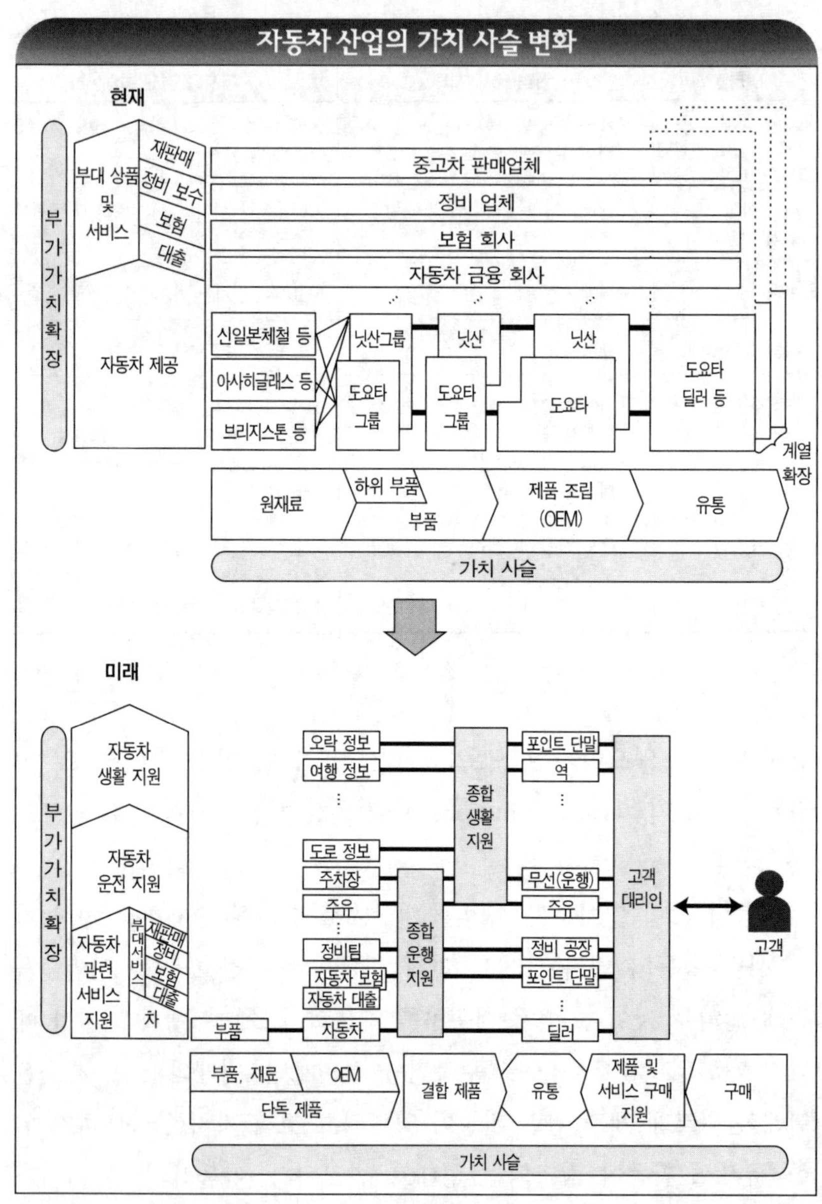



자료 : 日本 通商産業省(1999. 3.), *Industrial Structural Reform and the Rejuvenation of Japanese Companies.*

자동차 제공과 부대 상품 및 서비스가 사업 모델의 구성 요소였으나, 향후에는 자동차 운전 지원, 자동차 생활 지원 등 고객이 필요로 하는 다양한 서비스 활동이 등장할 것으로 예상되고 있다.

제품과 서비스의 구성도 변화하는데, 제품은 제품과 서비스가 결합된 가치 창출 제품, 서비스는 종합 생활 지원 서비스 또는 고객을 대리하여 제품 구매 및 생활 지원을 행하는 통합 서비스가 등장할 것으로 예상되고 있다. 이러한 움직임은 최근 인터넷 업체에서 행해지고 있는 구매 대행 서비스를 통해 현재화되고 있다. 따라서 경제의 디지털화로 사업 가치 사슬이 변화하는 과정에서 잠재성 있는 신규 사업들의 등장이 예상되고 있다. 이 사업에 참여하는 데에는 어떠한 제한도 없으며, 기존 업체뿐만 아니라 정보 통신 업체 또는 벤처 업체들이 끊임없이 새로운 사업 모델을 고안하고, 사업 모델 강화를 위해 업체간의 인수·합병이 활발히 전개되고 있다.

## 사업 모델의 유형

인터넷을 활용한 사업 모델의 유형에 관해서는 주창자마다 다양하게 나타나고 있다.[2]

---

2) 예를 들어 프리드먼(J. P. Friedman)과 랑리나이스(T. C. Langlinais)는 고객 수요의 본질과 인터넷 기술을 활용한 접근 및 제품 인도의 혁신성 정도에 따라 사업 모델이 판매자 중심, 고객 지향, 구매자 중심으로 발전할 것으로 주장한다.(J. P. Friedman & T. C. Langlinais, "Best intentions : A business model for the Economy", *Anderson Consulting Outlook Journal*, January 1999.) 리긴스(F. J. Riggins)는 기업의 인터넷 상거래에 있어 5가지 차원인 상호 작용, 시간, 거리, 제품, 관계(relationship), 그리고 효율성, 효과성, 전략성이라는 3가지 가치 창조 요소를 통해 15가지의 사업 모델 요소를 제시하고 있다.(Frederick J. Riggins, "A Framework for Identifying Web-Based Electronic Commerce Opportunities", *http://riggins-mgt.iac.gatech.edu/papers/ecvalue.html*, July 1998.)

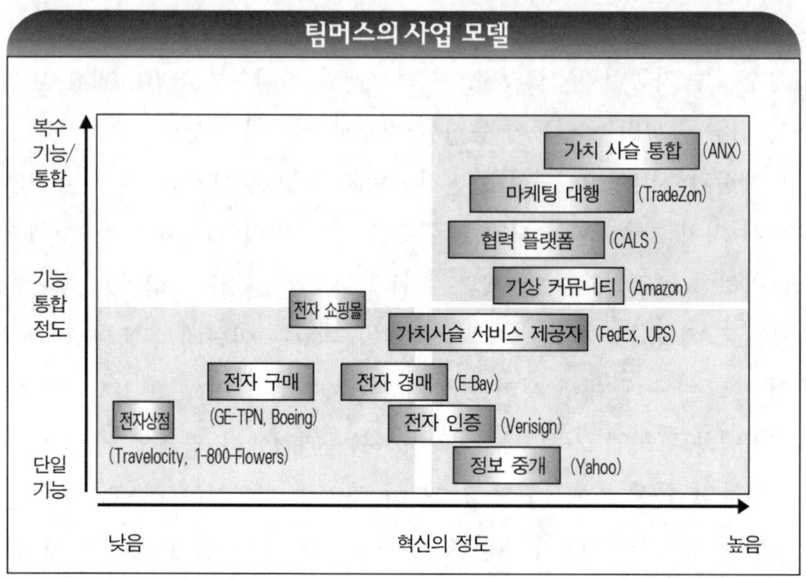


자료 : Paul Timmers(1998. 7.), "Business Models for Electronic Markets", *Electronic Markets*, Vol.8, No.2, p.8.
주 : 1) 원본을 현재 상황에 맞게끔 일부 재편집하였음.
2) 사각형은 사업 모델을, 괄호 안은 관련 기업 또는 프로젝트를 나타냄.

여기서는 다양한 사업 모델 유형을 이해하기 쉽게 제시한 팀머스 (P. Timmers)가 제안한 사업 모델을 살펴본다. 팀머스는 기존 방식의 변화를 요구하는 혁신의 정도와 경영 기능의 통합 정도에 따라 다음 그림과 같이 11개의 사업 모델을 제시하였다.[3]

가장 기본적인 모델이 판매 기능을 수행하는 전자 상점(E-shop)이며, 가장 혁신적이며 통합적인 모델로서 전통적인 방식에는 없는 것이 가치 사슬 통합(Value Chain Integrator)이다.

---

3) Paul Timmers(1998. 7.), "Business Models for Electronic Markets", *Electronic Markets*, Vol.8, No.2, p.8.

●전자 상점(E-shop)

기존 마케팅 활동의 유통 경로를 인터넷으로 대체하여 수행하는 가장 기본적인 사업 모델이다. 판매 촉진 및 판매비 절감, 유통 경로의 저비용화를 달성하고, 궁극적으로 수요 증가를 기대할 수 있는 모델이다.

●전자 구매(E-Procurement)

발주 및 구매 활동을 전자적으로 행하는 모델이다. 이를 통해 저원가, 고품질, 개선된 배달 능력을 지닌 업체를 확보할 수 있다.

●전자 경매(E-Auction)

전자적인 경매를 수행하는 모델이다. 거래 및 광고 수수료, 경매 관련 시스템 판매로 수익을 확보한다.

●전자 쇼핑몰(E-Mall)

여러 전자 상점으로 구성된 모델로서, 단일 기업 및 복수 기업, 또는 업종별 단체와 같은 산업 기관들이 광고 및 판매 수수료, 기술 판매로 수익을 창출한다.

● 마케팅 대행(Third Party Marketplace)

제3자가 마케팅 활동을 대행해 주는 모델로서 회원 가입비나 거래 수수료로 운영된다.

| 디지털 시대의 새로운 사업 모델 | |
| --- | --- |
| 사업 모델 | 내용 및 수익 원천 |
| 전자 쇼핑 상점<br>(E-shop) | • 인터넷을 통한 마케팅 활동<br>• 수요 증가, 저원가 경로, 판촉 및 판매비 절감 추구 |
| 전자 구매<br>(E-Procurement) | • 전자적인 발주 및 구매 활동<br>• 저원가, 고품질, 개선된 물류 공급 능력을 지닌 업체 탐색 |
| 전자 경매<br>(E-Auction) | • 전자적인 경매 활동 지원<br>• 거래 및 광고 수수료, 경매 관련 시스템 판매 |
| 전자 쇼핑몰<br>(E-Mall) | • 복합 점포의 집합으로서 단일 기업 및 산업 기관 운영<br>• 지원 기술 판매, 광고 수수료 |
| 마케팅 대행<br>(Third Party Marketplace) | • 제3자에 의한 공동 마케팅 활동 수행<br>• 회원 가입비, 거래 수수료 |
| 가상 커뮤니티<br>(Virtual Communities) | • 가상 공동체 구성(회원 정보 수집, 고객 충성도 강화 프로그램)<br>• 회원 가입비, 거래 수수료 |
| 가치 사슬 서비스 제공자<br>(Value Chain Service Provider) | • 전자 지불, 물류 등 가치 사슬상의 특정 활동에 특화<br>• 수수료 또는 거래 규모의 일정 % |
| 협력 플랫폼<br>(Collaboration Platforms) | • 기업간 협력 작업을 지원<br>• 협력 작업 환경의 관리비 및 관련 시스템 판매 |
| 가치 사슬 통합<br>(Value Chain Integrators) | • 가치 사슬상의 복수 활동을 대상으로 구축<br>• 거래 수수료 또는 자문료 |
| 정보 중개, 인증 및<br>기타 서비스 | • 정보 검색, 투자 중개 및 조언, 인증 서비스<br>• 회원 가입비, 시스템 판매 및 자문료 |

● 가상 커뮤니티(Virtual Communities)

가상 공동체를 구성·운영하는 모델이다. 가입시 수집된 회원 정보를 마케팅 활동에 활용하며, 고객 참여도를 제고하기 위한 다양한 프로그램을 전개한다.

● 가치 사슬 서비스 제공자(Value Chain Service Provider)

가치 사슬상에 존재하는 특정 활동, 예를 들어 물류나 전자 지불 영역을 지원하는 모델이다.

● 협력 플랫폼(Collaboration Platforms)

가상 공간상에서 기업들이 협력하여 업무를 수행할 수 있도록 지원하는 모델로서 주로 제품 설계 작업을 대상으로 한다. 협력 플랫폼 모델을 운영하는 업체는 협력 작업 환경을 관리하거나 관련 시스템을 판매함으로써 수익을 창출한다.

● 가치 사슬 통합(Value Chain Integrators)

가치 사슬상의 여러 활동들을 통합하여 서비스해 주는 모델이다.

● 정보 중개(Information Brokerage)

정보 검색, 투자 중개 및 조언, 인증 서비스와 같이 인터넷 상거래로 새롭게 등장한 모델이다.

## 국내 기업의 대응

머지 않은 시기에 기존 사업과 인터넷 사업이 융합될 것으로 예상되기 때문에, 새로운 사업 모델을 개발할 기회가 많아지고 있다. 온라인 기업이든 오프라인 기업이든 생존을 위해서는 새로운 사업 모델을 조속히 개발해야 한다. 특히 현재 미국, 일본 기업을 중심으로 사업 모델에 관한 특허를 출원하는 사례가 급격히 증가하는 추세에 있기 때문에, 아이디어 선점을 위해서라도 발빠른 대응이 필요하다.

국내 기업들이 사업 모델을 개발하는 데 염두해 두어야 할 사항 가운데 첫째는 고정된 사업 모델이란 없다라는 점을 들 수 있다. 인터넷 사업 모델이 아직 어떠한 방향으로 진화될 것인지 예측하기 어렵기 때문에 현재의 성공 모델이 앞으로도 계속 수익을 실현할지 알 수 없다. 예를 들어, e-마켓(e-marketplace)에서 가격을 결정하는 방법만 보더라도, 처음에는 정가, 협상, 경매 등이 주류를 이루었던 것이 최근에는 구매자가 가격을 결정하는 역경매, 다수의 구매자 및 다수의 공급자가 참여하는 교환, 공동 대량 구매 등 계속해서 새로운 사업 모델로 변모하고 있다. 한편 인터넷 사업 모델은 재래적인 사업 모델보다 개발하기 용이할 뿐만 아니라 쉽게 바꿀 수 있다는 특성을 갖고 있어 한 번 구축한 모델이라도 지속적으로 개선하는 노력이 필요하다.

둘째, 기술보다는 가치 창출을 위한 사업 운영 방식의 설계가 중요하다. 정보와 통신 기술이 사업 모델의 다양화를 가져오는 것은 분명하지만, 기술적 요소는 사업 모델을 선정하는 데 있어 한 가지 기준에 지나지 않는다. 사업 모델의 개발의 핵심은 이러한 기술을 응용하여 새로운 가치 창출 방식을 창안하는 데 있다.

셋째, 자사의 범위를 초월한 다양한 인적·물적 자원의 동원 및 활용이 중요하다는 점이다. 경영자는 자사가 사업 모델을 독자적으로 개발할 수 있는 사업 노하우와 자금, 기술을 갖고 있느냐보다는 경쟁력 있는 우수한 모델을 신속히 개발할 수 있는 능력을 확보하고 있는가를 판단해 보아야 한다. 기존 업체의 경우에는 인터넷이라는 새로운 정보 기술에 대한 전문성이 부족하기 때문에 모델 개발시 자

# e베이의 전자 경매 모델

아래 그림은 대표적인 인터넷 경매 회사로 창업부터 흑자를 실현한 e베이의 개인간 매매를 지원하는 사업 모델을 나타낸다. e베이는 자유로운 중개 공간을 제공하지만 출품 검사 및 낙찰 후 결제 과정에는 일체 관여하지 않고 있다. 그 대신에 수수료를 저렴하게 책정하여 반복 거래의 횟수를 높여 수익을 창출하고 있는 것이 사업 모델의 특징이다. 수익 원천은 판매자의 출품 수수료와 낙찰시 받는 매매 수수료이다.

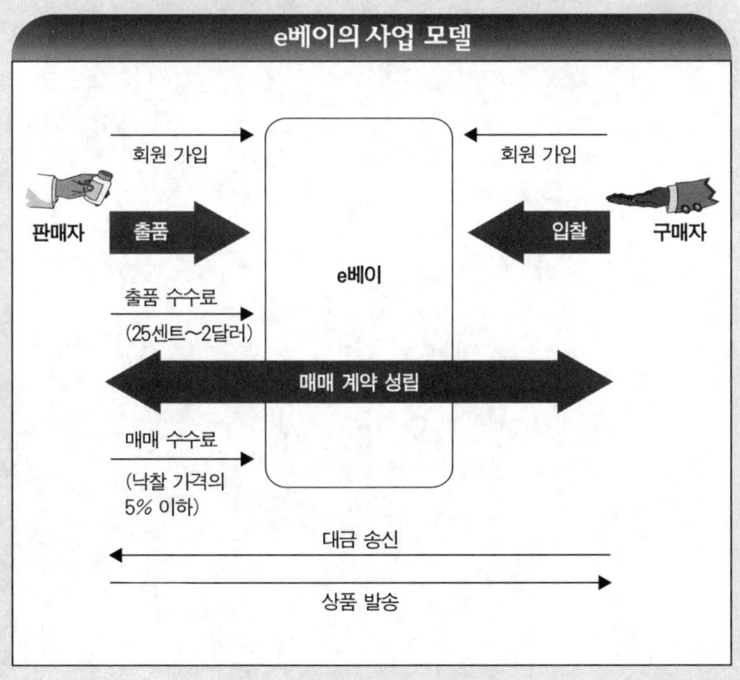

사에 국한하지 않고, 정보 통신 업체, 동·이업종 업체 등의 기술, 인력, 업무를 활용하는 것이 중요하다.

끝으로 임시 방편의 대응보다는 근본적인 변신 노력이 요구된다. 아직 대다수 기업들이 e-비즈니스에 대응하여 기존의 사업 모델을 근본적으로 재설계하거나 기업 전반의 전략을 재고하는 단계에는 이르지 못하고 있다. e-비즈니스는 새로운 판매 경로 또는 새로운 사업이라는 인식에서 탈피해야 하며, 이의 성공을 위해서는 업무 효율성도 제고할 수 있도록 혁신해야 한다.

## 1. 전통 산업과 e-비즈니스의 결합 방향

IT 혁명과 함께 등장한 인터넷의 폭발적 확산을 기반으로 인터넷과 관련한 새로운 용어들이 속속 등장하고 있다. 이러한 새로운 용어들은 인터넷을 기반으로 새로운 사업이 끊임없이 창출됨으로써 지속적으로 나타나고 있는 것이다. 즉, 인터넷을 기반으로 한 사업의 초기에는 단순히 인터넷을 상거래의 수단으로 활용하는 측면이 강하였는데, 최근에는 기업 경영 프로세스의 모든 분야에 인터넷을 적용함으로써 효율성을 높이고 있는 것이다.

### 인터넷 비즈니스, 전자 상거래, e-비즈니스

인터넷 관련 비즈니스의 발전 과정에서 나타난 중요한 개념으로 인터넷 비즈니스, 전자 상거래, e-비즈니스 등이 있다.

먼저 인터넷 비즈니스(Internet-business)란, 인터넷만을 기반으로 비즈니스를 수행하는 개념으로서 비즈니스 방식이 현재에도 끊임없이 개발되고 있다. 즉, 인터넷 비즈니스는 순수하게 인터넷만을 활용하여 사업을 수행하며, 인터넷의 속성상 완전 개방형으로 운영된다는 특징이 있다. 현재에도 인터넷을 활용해 수요와 공급을 연결하는 중개자로서의 비즈니스를 표방하는 다양한 형태의 비즈니스가 지속적으로 개발되고 있다. 구체적으로 보면, 초기에는 포털 사이트 구축과 인터넷을 통한 판매를 중심으로 비즈니스가 실현되었으나, 점차 거래 중개, 콘텐츠 제공 등 실제 공간에서 이루어지는 비즈니스 영역의 대부분을 대체해 나가고 있다.

둘째, 전자 상거래(e-Commerce)란 제품, 서비스, 정보 등을 대상으로 다양한 전자적 네트워크를 통해 거래하는 프로세스를 의미한다. 전자 상거래는 인터넷 또는 통신망과 같은 전자적 네트워크를 기반으로 하여 기업이나 소비자를 대상으로 상품, 서비스, 정보 등을 교환하는 행위를 말한다고 할 수 있다. 전자 상거래의 특징은 개방형인 인터넷상의 거래 활동뿐만 아니라 전자 문서 교환(EDI), 광속거래(CALS)와 같이 기업 내에서의 폐쇄형 네트워크상의 거래를 포함하는 포괄적 개념을 들 수 있다. 구체적인 사업 유형을 보면, 기업과 소비자간(B2C), 기업과 기업간(B2B), 기업과 정부간(B2G) 등의 거래 형태가 있으며, 유료 거래는 물론 무상으로 정보를 제공하기도 한다.

셋째, e-비즈니스(e-Business)란 구매-제조-유통-판매-서비스로 이어지는 비즈니스의 모든 프로세스에 전자적 네트워크(인터넷)와 정보 기술(IT)을 적용하여 첫째, 경영 활동의 효율성을 높이고 둘째, 새로운 사업 기회를 창출하는 활동을 의미한다. e-비즈니스의 등장은 정보 기술의 발전으로 인해 판매 활동뿐만 아니라 경영 프로세스

| 전자 거래의 개념 | | | |
| --- | --- | --- | --- |
| | 인터넷 비즈니스 | 전자 상거래 | e-비즈니스 |
| 대상 | 제품, 서비스, 정보 | 제품, 서비스, 정보 | 비즈니스적 프로세스 |
| 개방성 | 개방형 | 개방형 + 폐쇄형 | 개방형 + 폐쇄형 |
| 사업 유형 | 기업과 소비자간<br>기업과 기업간 | 기업과 소비자간<br>기업과 기업간 | 기업 내, 기업간,<br>기업과 소비자간 |

를 전자화함으로써 효율성을 높일 수 있다는 비용 절감 및 효율성 측면 때문에 더욱 확대되고 있다. 루 거스너 IBM 회장은 e-비즈니스를 "경쟁 우위를 확보하기 위한 조직 전반에 걸친 업무 처리 시간, 스피드, 세계화, 생산성 향상, 새로운 고객에의 접근 및 지식 공유에 관련된 모든 것"으로 정의하고 있기도 하다. 이러한 e-비즈니스는 폐쇄성과 개방성을 동시에 내포하고 있다. 즉, 비즈니스 프로세스상 구매-제조-유통 과정 등과 같은 전자 거래는 대부분 폐쇄적으로 운영되는 반면, 판매와 서비스의 거래는 개방형으로 운영된다는 특징이 있다.

## 전통 산업의 지속 성장 위한 e-비즈니스 도입

제조업으로 대표되는 전통 산업은 산업 혁명 이후 급속한 발전을 거듭해 왔다. 자동차, 조선, 철강 등은 우리 나라 경제 발전의 견인차 역할을 해 왔으며, 지금도 여전히 수출 상품으로서 높은 비중을 차지하고 있다.

그러나 최근의 경향은 더 이상 제조업에서 높은 수익성을 보장받기 어려운 여건이 되어 가고 있다. 그 첫번째 요인은 제조업의 서비스화 경향이라고 할 수 있다. 즉, 제조업이 상품의 조립이나 생산 등의 공정에서는 더 이상 높은 이윤을 창출할 수 없게 되었다. 대신 고객 관련 서비스, 파이낸스 등을 통해 더 높은 수익을 올리는 제조업의 서비스화가 선진국을 중심으로 정착되고 있다. 즉 고객 자신이 수행해야 할 상품의 관리나 운영 업무 등을 제조 업체가 비즈니스 영역으로 끌어들여 수익원으로 삼고 있는 것이다. 이는 제품의 이용에 수반되는 관리, 운영, 파이낸스와 같은 서비스에 고객들이 높은 가치를 부여하고 대가를 지불하기 때문이다. 예를 들어 자동차의 경우 신차 판매에 관련된 부가 상품이나 서비스(등록, 자동차 관리, 파이낸스 등)가 제조 공정보다 높은 수익을 보장하는 추세를 나타내고 있다.

둘째, 제조업 경영 활동의 전반적인 전자 정보화 추진과 이를 통한 비용 절감 및 효율화 추세이다. 제품의 생산 기획, 원료 및 부품 조달, 제품의 조립 등 제조 공정 등은 물론 경영 관리 분야인 회계, 인사 관리, 정보 관리, 고객 서비스 등 모든 업무에 전자 정보 기술이 접목되고 있다. 이러한 정보 기술의 접목은 제조업의 서비스화를 더욱더 가속화시키는 요인으로 작용하고 있다. 따라서 생산 기획, 부품 조달, 제조, 회계, 인사 관리, 정보 관리, 고객 서비스 등 기업 경영의 제반 활동의 정보화가 가능해지고, 이를 통해 제조 비용은 물론 경영 관리 비용을 절감하고 업무 효율성을 높일 수 있게 되었다.

이렇게 제조업에 정보 기술이 도입됨으로 인해 기업 측면에서는 다양한 효과를 볼 수 있게 되었다. 경영 효율성 제고, 사업의 고부가 가치화, 신사업 기회 발굴, 경영 활동의 시너지 효과 창출 등이 대표

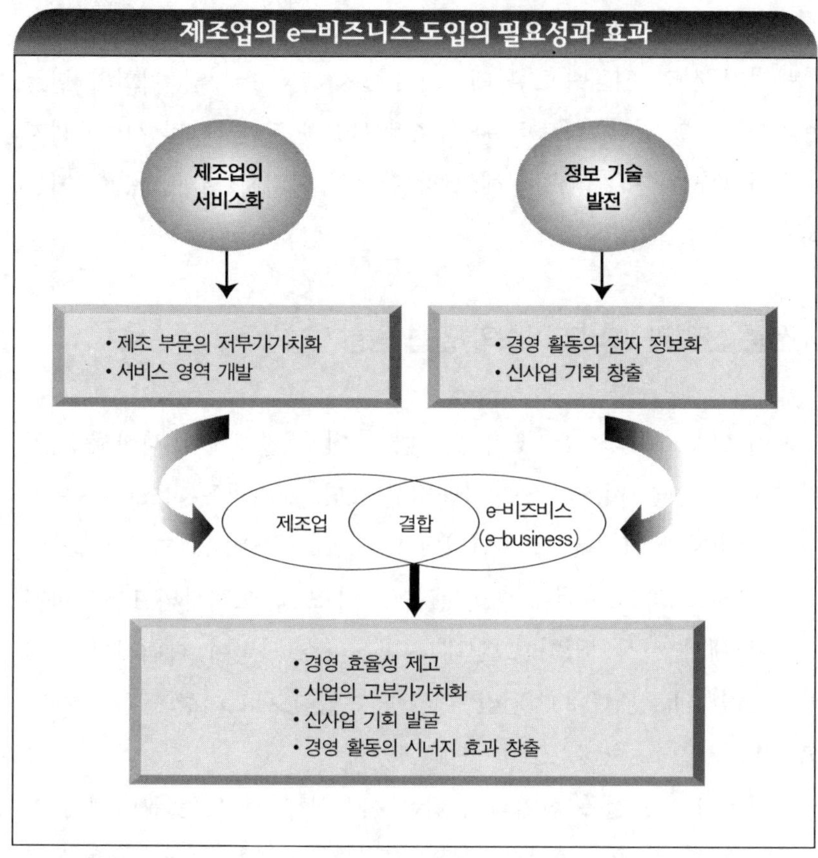


적인 성과라고 할 수 있다.

우선, 경영 활동 전반에 정보 기술을 도입함으로써 비용 절감과 함께 생산성 향상을 통해 경영 효율성이 제고되는 효과를 볼 수 있다.

둘째, 현실 세계의 사업과 e-비즈니스를 접목시킴으로써 무국경을 특징으로 하는 인터넷을 기반으로 대상 고객이 전 세계로 확대된다. 또한 서비스화가 촉진되어 고부가가치화가 가능하게 된다.

셋째, 제품 판매의 e-비즈니스뿐만 아니라 판매와 관련된 서비스
부문까지 사업 영역으로 확대하기가 용이해져 신사업 기회의 발굴
효과를 볼 수 있다. 끝으로 원료 조달부터 제조, 판매 및 서비스까지
네트워크를 통한 관리로 인해 경영 활동의 시너지 효과 창출이 가능
하게 된다.

## 전통 산업과 e-비즈니스의 결합 방향

e-비즈니스의 대상은 초기의 소비자 대상 판매에서 시작해 점차
기업 내, 기업간 비즈니스로 확대되고 있다. 초기의 e-비즈니스는 기
업과 소비자간 거래를 통한 인터넷 판매, 고객 서비스, 고객 관리, 인
터넷 무역 그리고 고객에 대한 금융 서비스 등 고객과의 1 : 1 마케
팅 차원에서 시작되었다. 그런데 e-비즈니스 과정이 확대되어 감에
따라 기업 내, 산업 내 기업간, 이업종 기업간으로 대상 또한 확대되
고 있다.

e-비즈니스와 전통 산업의 결합은 사실상 거의 모든 분야에서 가
능하다고 볼 수 있다. 기업 내부의 부서간 업무는 물론, 동종 산업
내 기업간, 이업종 기업간 및 기업과 소비자간 관계에도 e-비즈니스
를 적용할 수 있다.

다만 유행에 편승한 맹목적 결합이 아니라, 경영 효율화, 생산 공
정의 효율화 등 성과를 중심으로 한 결합이 이루어져야 한다. 또한
e-비즈니스는 고객이 필요로 하는 각종 수요를 찾아 서비스한다는
고객 지향적 마인드를 필요로 한다.

<table>
<tr><th colspan="6">제조업과 e-비즈니스의 결합</th></tr>
<tr><th></th><th></th><th>기업 내</th><th>산업 내 기업간</th><th>이업종 기업간</th><th>기업과 소비자간</th></tr>
<tr><td rowspan="7">생산 프로 세스</td><td>설계</td><td>• 핵심 정보 공유</td><td>• 협력업체 네트워크</td><td>• 인터넷 개념 적용 (제휴)</td><td></td></tr>
<tr><td>구매/ 입찰</td><td>• 재고 관리</td><td>• 인터넷 구매/입찰<br>• 협력업체 네트워크</td><td></td><td></td></tr>
<tr><td>생산</td><td>• 통합 생산 시스템</td><td>• 글로벌 표준화</td><td></td><td></td></tr>
<tr><td>마케팅</td><td>• 핵심 사업 정보 공유</td><td>• 산업별 포털 사이트 구축</td><td>• 신규 수요 개발<br>• 온라인 기업과 제휴<br>• 사이버 로드쇼</td><td>• 사이버 마케팅<br>• 신규 수요 개발<br>• 관련 정보 제공<br>• 고객간 정보 교류 시스템 구축<br>• 기업 실적 홍보(IR)</td></tr>
<tr><td>판매</td><td>• 사업 부문간 고객 정보 공유</td><td>• 산업별 무역 업체 설립</td><td>• 영업 네트워크 활용 컨설팅</td><td>• 인터넷 판매<br>• 고객 서비스<br>• 금융 서비스<br>• 고객 관리<br>• 인터넷 무역</td></tr>
<tr><td>물류</td><td></td><td>• 인터넷 거래</td><td>• 인터넷 거래<br>• 유통 부문 아웃소싱</td><td></td></tr>
<tr><td></td><td></td><td></td><td></td><td></td></tr>
<tr><td rowspan="3">경영 전략</td><td>연구 개발</td><td>• 전자 거래 CALS 적용</td><td>• 기술 공동 개발<br>• 기술(지재권) 매매</td><td>• 기술 공동 개발<br>• 아웃소싱</td><td></td></tr>
<tr><td>조직/ 인사</td><td>• 사이버 교육<br>• 사이버 채용</td><td></td><td>• 아웃소싱</td><td></td></tr>
<tr><td>재무/ 회계</td><td>• 인터넷 재무 시스템<br>• 내부 회계 시스템과 외부 거래 시스템 (외환 거래, 금융 정보 등)과 연계<br>• 글로벌 자회사 재무 통합 시스템</td><td></td><td>• 재무/회계 시스템 아웃소싱</td><td></td></tr>
</table>

# 2. 제조업의 e-비즈니스 성공 모델

인터넷 기업을 필두로 시작된 e-비즈니스의 바람이 제조 업체에도 거세게 몰아치고 있다. e-비즈니스가 급격히 확산됨에 따라 물리적 공간에서 경영 활동을 전개해 온 전통적인 제조 업체의 위기 의식이 심화되고 있다. 디지털 경제가 예상보다 훨씬 빠른 속도로 진전되면서 전통 산업에 속한 일반 제조 업체들의 기업 가치나 성장성이 첨단 산업에 속한 기업에 비해 현저히 떨어진다는 부정적 인식이 확산되고 있는 것이다.

이에 따라, 이제는 제조 업체도 e-비즈니스를 추진하지 않으면 다른 기업과의 경쟁에서 뒤처질 뿐만 아니라 시장에서도 외면 당할 수밖에 없는 상황이 벌어지고 있다. 인터넷 업체인 아메리카 온라인(AOL)의 시가 총액이 세계 최대의 자동차 메이커인 GM을 앞질렀으며, 국내에서도 일부 벤처 기업의 시가 총액이 대기업의 수배에 달하는 경우가 발생하고 있다. 이러한 현실은 제조 업체의 e-비즈니스를 더욱 부채질하고 있다. 세계 최대의 자동차 메이커인 GM도 적극적인 e-비즈니스 전략을 추진하고 있다. 그 일환으로 GM은 1999년 8월, 지금까지 부가 서비스 형태로 제공되던 GM의 인터넷 사업을 총괄하고 향후 GM이 인터넷 기업으로 변신하는 교두보 역할을 수행할 새로운 사업 단위인 e-GM을 출범시켰다. 이러한 e-비즈니스의 열풍에 국내 기업도 예외일 수 없다. 최근 들어 국내 대기업들도 e-비즈니스 추진 계획을 발표하는 사례가 빈번해지고 있으며, e-비즈니스는 기존의 어떤 경영 혁신보다 더 광범위한 신드롬을 불러일으키고 있다.

## e-비즈니스의 의미 및 효과

e-비즈니스란, 기존 경영 활동의 영역을 가상 공간으로 이전시킴으로써 경영의 효율화를 도모하거나 새로운 수익 창출원을 확보하는 것을 의미한다. 다시 말해 인터넷을 중심으로 형성된 가상 네트워크를 활용하여 기업 경영을 효율화하거나, 신규 사업에 진출함으로써 기업의 수익성을 제고하는 것이다. 따라서 e-비즈니스는 가치 사슬상의 경영 프로세스 효율화와 신규 사업 분야 개척이라는 두 가지 유형으로 구분할 수 있다.

이러한 e-비즈니스가 기업에 가져다 주는 이익은 무엇인가? 첫째, 가치 사슬의 재구축을 통해 경영 효율성을 증대시킨다. e-비즈니스의 진전은 기존 가치 사슬의 창조적 파괴를 가져올 것이다. 즉, 가치 사슬상에서 불필요한 단계를 제거하고, 주기 시간의 단축, 비용 절감, 가치 사슬 참여 주체간의 관계 강화 등이 가능해진다. 기존의 직선적·수직적인 형태의 가치 사슬이 긴밀한 네트워크로 연계된 수평적 가치 사슬로 재구축될 것이며, 이는 궁극적으로 기업 경영의 효율성 증대를 가져온다.

둘째, 새로운 비즈니스 모델 창출을 통한 신규 수익 창출원의 확보가 가능해진다. 생산뿐만 아니라 구매, 유통 등의 영역에 새로운 아이디어를 추가한 비즈니스 모델 창출이 가능해지며, 이는 제조 업체의 새로운 수익원으로 자리잡을 수 있다. 유통을 예로 들면, 기존의 물리적 유통 채널에 인터넷상의 가상 유통 채널을 추가함으로써 새로운 사업 모델을 창출할 수 있으며, 이것이 신규 사업으로 성장할 때 기업의 수익원이 다양화될 것이다. 또한 사업 모델의 창출을 통해 계속해서 생겨나고 있는 신규 시장을 경쟁 업체보다 한 발 앞서 선점함으로써 기업 가치 극대화를 가져다 줄 수 있다.

셋째, 고객과의 관계 강화를 통해 고객 가치를 증대시킨다. e-비즈니스는 기업과 고객간에 양방향 의사 소통을 가능하게 한다. 이를 통해 기업은 고객 욕구, 라이프 스타일 등에 대한 정보를 신속하게 인지함으로써 고객 가치를 증대시킬 수 있는 제품 및 서비스를 제공할 수 있으며, 고객은 구매의 효율성을 높일 수 있다. 또한 고객과의 지속적이고 긴밀한 관계 유지를 통해 고객 충성도 제고, 신규 고객 확보, 기업의 브랜드 가치 향상 등의 효과를 기대할 수 있다.

## e-비즈니스의 성공 모형

e-비즈니스를 성공적으로 추진하기 위해서는 핵심 기준, 추진 절차, 추진 유형별 전략, 인프라 등이 필수적으로 고려되어야 한다. 이를 개략적으로 살펴보면 다음과 같다. 먼저 e-비즈니스는 크게 새로운 가치 창출과 네트워크 통합이라는 두 가지 핵심 기준에 근거하여 추진되어야 한다.

e-비즈니스의 추진은 e-진단, e-비전, e-전략, e-액션 플랜, e-실행 순으로 구성된 프로세스에 따라야 한다. e-비즈니스의 유형에는 경영 프로세스의 효율화와 신규 e-비즈니스의 개척 두 가지가 있으며, 각 유형별로 효과적인 추진 전략을 수립해야 한다. e-비즈니스를 성공적으로 추진하려면 기본 인프라, 즉 조직 구조, 기업 문화, 정보 시스템 등을 e-비즈니스형으로 전환시켜야 한다. 제조 업체들은 이러한 성공 요건들을 충족시킴으로써 궁극적으로는 'e-기업(e-

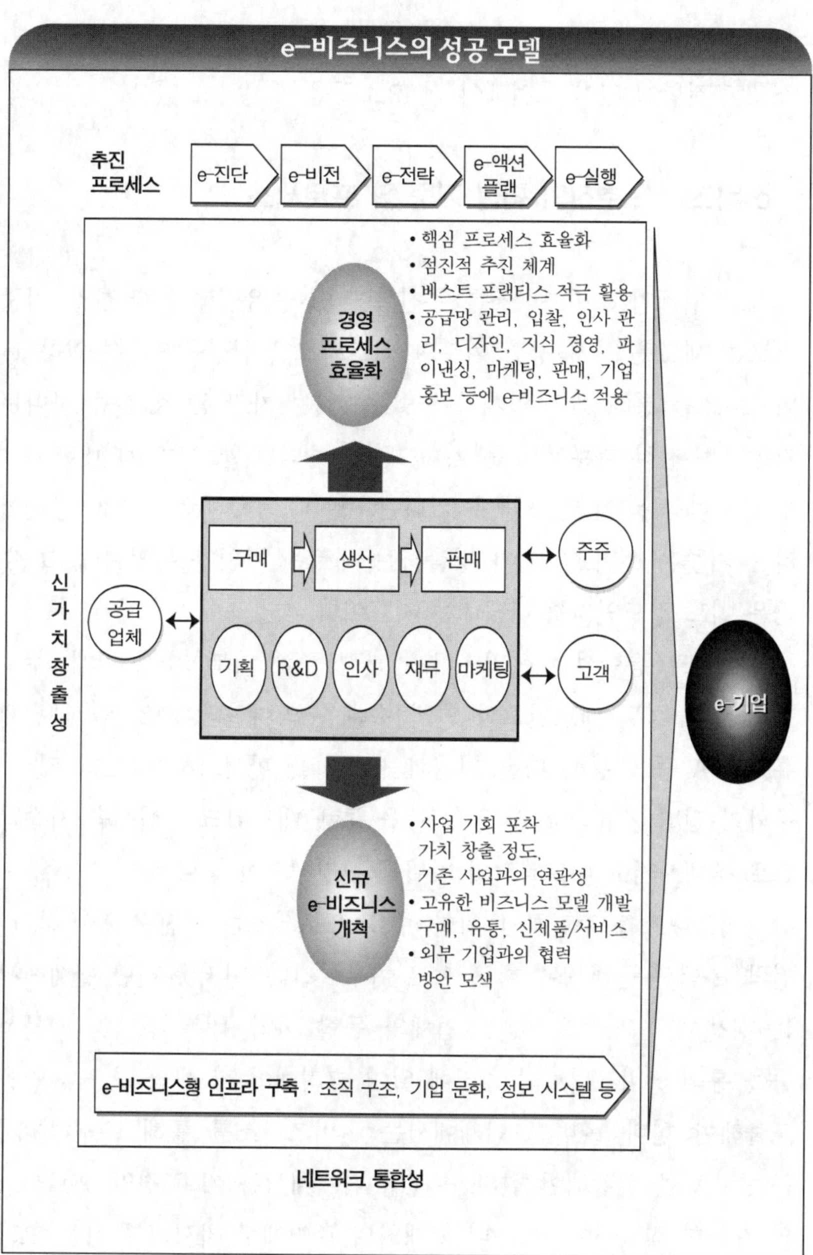

e-비즈니스의 성공 모델
추진 프로세스
e-진단
e-비전
e-전략
e-액션 플랜
e-실행
경영 프로세스 효율화
• 핵심 프로세스 효율화
• 점진적 추진 체계
• 베스트 프랙티스 적극 활용
• 공급망 관리, 입찰, 인사 관리, 디자인, 지식 경영, 파이낸싱, 마케팅, 판매, 기업 홍보 등에 e-비즈니스 적용
신 가 치 창 출 성
공급 업체
구매
생산
판매
주주
기획
R&D
인사
재무
마케팅
고객
e-기업
신규 e-비즈니스 개척
• 사업 기회 포착
가치 창출 정도,
기존 사업과의 연관성
• 고유한 비즈니스 모델 개발
구매, 유통, 신제품/서비스
• 외부 기업과의 협력
방안 모색
e-비즈니스형 인프라 구축 : 조직 구조, 기업 문화, 정보 시스템 등
네트워크 통합성

Enterprise)'으로 거듭날 수 있다. 앞의 그림은 제조 업체가 e-비즈니스를 추진함에 있어 고려해야 할 요소들을 제시하고 있다.

## e-비즈니스 추진의 핵심 기준 및 프로세스

제조 업체가 e-비즈니스를 추진함에 있어 유념해야 할 핵심 기준으로는 새로운 가치 창출 여부와 네트워크 통합성을 들 수 있다. e-비즈니스를 통해 제조 업체가 누릴 수 있는 가장 큰 효과 중 하나는 기존과는 전혀 다른 새로운 가치(새로운 수익원 확보, 고객에 대한 새로운 가치 제공 등)를 창출할 수 있다는 것이다. 즉, 새로운 가치 창출이라는 기준은 e-비즈니스가 창출하는 새로운 가치가 무엇이며 그 수준은 어느 정도인지를 나타내는 지표이다.

네트워크 통합성은 e-비즈니스 관련 주체(외부 기업, 고객, 주주 등)들로 구성된 네트워크의 연계 수준을 의미한다. 제조 업체는 제휴, M&A 등을 통해 다른 기업과의 협력을 활성화하고, 고객 및 주주와의 긴밀한 유대 관계 구축 등을 통해 네트워크 통합성을 지속적으로 증대시키고 네트워크의 범위를 확장시켜야 한다.

e-비즈니스를 추진하기 위한 주요 프로세스는 e-진단, e-비전, e-전략, e-액션 플랜, e-실행 등으로 이루어진다. 먼저 e-진단 단계에서는 경쟁 환경의 변화, 경쟁 업체의 동향 파악, 내부 강·약점 분석 등을 통해 e-비즈니스의 추진에 있어 고려해야 할 핵심 성공 요인을 도출해야 한다. e-비전 단계에서는 e-비즈니스를 통해 추구하고자 하는 비전을 설정해야 한다. e-전략 단계에서는 기존 경영 프로세스의 효율화 및 신규 e-비즈니스 개척의 측면에서 자사의 특성을 고려

한 차별적인 e-비즈니스 전략을 수립해야 한다. e-액션 플랜 단계에서는 장단기 전략에 근거하여 구체적인 실행 계획을 마련해야 한다. 마지막으로 e-실행 단계에서는 실행 과정에서 나타나는 문제점을 즉시 파악하여 지속적인 개선이 이루어질 수 있도록 해야 한다.

## e-비즈니스의 두 가지 유형별 추진 전략

e-비즈니스의 유형은 크게 경영 프로세스 효율화와 신규 e-비즈니스 개척 두 가지로 구분할 수 있다. 경영 프로세스의 효율화란 인터넷을 중심으로 형성된 가상 네트워크 시장에서 형성되는 e-비즈니스를 활용하여 기업 경영을 효율화하는 것을 의미한다. 이를 위한 추진 전략으로는 첫째, 물리적 공간상에서의 경영을 중심으로 수행되어 오던 경영 프로세스에 인터넷과 같은 정보 기술을 적용함으로써 비용 절감 및 효율성 증진을 꾀해야 한다.

둘째, 모든 프로세스를 대상으로 추진하기보다는 경쟁력 제고를 위한 우선 순위에 따라 핵심 프로세스를 선정한 후, e-비즈니스 영역을 차츰 확대해 나가는 점진적 추진 방법을 적용해야 한다.

셋째, 구매, 생산, 판매 이외에 기획, R&D, 인사, 재무, 마케팅 등 지원 프로세스에서도 e-비즈니스에 대한 가능성을 탐색해야 한다.

넷째, 다른 기업의 성공 사례를 흡수하여 자사의 특성에 맞는 고유한 프로세스 효율화 모델로 변형, 정착시켜야 한다.

신규 e-비즈니스 개척이란, 인터넷을 활용한 신규 사업에 진출함으로써 기업의 수익성을 제고하는 것을 의미한다. 이를 위해서는 첫째, 신규 사업이 제공하는 가치 창출 정도, 기존 사업과의 연관성을 고려하여 사업 기회를 포착해야 한다. 둘째, 제조 업체의 경우에는 이미 보유하고 있는 핵심 역량을 최대한 활용할 수 있고, 기존 사업과의 시너지를 극대화할 수 있는 e-비즈니스를 선택함으로써 실패 비용을 최소화시켜야 한다. 셋째, 신규 e-비즈니스 참여시 특히 중요한 고려 사항 중 하나는 모방 가능성이 적어 그 자체만으로도 높은 진입 장벽으로 작용할 수 있는 독특한 비즈니스 모델을 보유하고 있어야 한다. 넷째, 자체적인 추진 역량이 미흡할 경우에는 필요 역량을 갖춘 외부 기업의 인수·합병(M&A)이나 전략적 제휴 등을 적극 고려해야 한다.

이외에 국내 제조 업체들이 e-비즈니스를 추진함에 있어 반드시 고려해야 할 요소로는 e-비즈니스의 성공을 위해 요구되는 최적의 인프라를 갖추어야 한다는 것이다. 구체적으로 살펴보면 첫째, e-비즈니스형 조직 구조를 갖추어야 한다. 즉, e-비즈니스 전담 사업부 설립, 수평 조직 및 네트워크 조직 설계 등을 통해 e-비즈니스에 적합한 조직 구조를 구축해야 한다. 또한 사내 분사, 외부 벤처 기업 투자 등을 적극 활용함으로써 조직에 신선한 바람을 불어넣어야 한다. 둘째, e-비즈니스에 대한 마인드 확산, 창의성·자율성·도전성 등을 표방하는 기업 문화를 구축해야 한다.

## 국내 기업의 e-비즈니스를 위하여

일반적으로 국내 제조 업체들은 인터넷 환경에 다소 익숙하지 않은 것이 현실이다. 남이 하니까 우리도 우선 하고 보자는 식의 e-비즈니스는 그 성공 가능성이 매우 희박하다. 따라서 국내 제조 업체들은 e-비즈니스에 앞서 과연 e-비즈니스를 통해 창출할 수 있는 새로운 가치가 무엇인지 명확히 정의하고, 이를 통해 새로운 가치를 발굴하는 것이 시급하다. 즉, e-비즈니스를 통해 어떠한 새로운 가치를 획득할 수 있는지에 대해 신중히 검토한 후, 이의 달성을 위한 추진 전략을 수립해야 한다.

세계적 완구 업체인 토이즈러스(ToysRus) 사가 월마트, 이토이즈 등 경쟁 업체의 온라인 시장 진출에 대항하기 위해 새로운 가치에 대한 검토 없이 서둘러 전자 상거래 시스템만 도입했다가 고객 신뢰와 시장을 동시에 상실하는 결과를 초래했다는 것은 우리에게 훌륭한 교훈이 될 수 있다.

그리고 우선은 낙후된 경영 프로세스의 e-비즈니스에 보다 중점을 두는 것이 바람직할 것으로 보인다. 이것이 새로운 사업 모델 개발이나 신규 사업 개척을 등한시하라는 의미는 아니다. 다만 새로운 e-비즈니스를 추진하기 위한 정보 인프라나 기업 문화 쇄신이 이루어지지 않은 상황하에서 성장성만 보고 새로운 사업에 뛰어드는 것은 경영 위기를 자초할 수도 있다는 말이다. 즉, 국내 제조 업체의 e-비즈니스는 겨우 걸음마 단계에 불과하므로 경영 프로세스의 e-비즈니스를 통해 이것이 경쟁력 제고는 물론 수익 창출 및 신규 사업의 기회 확대로 자연스럽게 이어질 수 있도록 하는 것이 보다 시급한 과제라는 의미이다.

세계적으로 많은 닷컴 기업들이 불확실한 수익 전망으로 인해 어려움을 겪고 있다. 100개의 닷컴 기업 중 불과 한두 개만이 살아남을 것이란 극단적인 전망까지 나오고 있다. 국내 제조 업체들은 이러한 현실을 직시하고 e-비즈니스를 통해 극심한 경쟁을 이겨 내고 살아남을 수 있는 핵심 역량을 확보하는 데 중점을 두어야 할 것이다.

## 3. e-비즈니스의 선점 및 성공 전략

인터넷의 확산으로 개인, 기업, 사회에 미치는 인터넷의 영향력이 예전에는 상상조차 하지 못했을 만큼 거대해지고 있으며, 인터넷을 통한 e-비즈니스의 규모도 급격히 팽창하고 있다. 이는 많은 기업들로 하여금 e-비즈니스에의 참여를 재촉하고 있다. 심지어 온라인(on-line)상에서 서비스를 제공하는 업체뿐만 아니라, 오프라인(off-line)상에서 재화를 제공해 오던 전통적인 기업들도 앞다투어 인터넷을 활용한 e-비즈니스 영역으로의 진출을 시도하고 있다.

e-비즈니스 선점 경쟁의 실태를 가장 잘 살펴볼 수 있는 것이 최근 발표된 GM과 포드의 인터넷 가상 판매 공간에서의 경쟁 체제 돌입이다. GM과 포드는 2000년 1/4분기까지 인터넷상에서 자동차 주문을 받아 생산한 후 수일 내로 배달해 주는 인터넷 자동차 회사를 설립하기로 했다. GM과 포드가 조성할 예정인 인터넷 판매망의 규모는 8,000억 달러에 이를 것으로 전망되고 있다.

세계 최대 온라인 회사인 아메리카 온라인(AOL)의 1999년 매출 총액이 48억 달러임을 감안할 때, 인터넷 자동차 회사의 설립은 전 세계 e-비즈니스의 판도를 바꿀 수 있을 만큼 막대한 영향력을 미칠 것으로 보인다.

e-비즈니스가 뉴밀레니엄 시대를 이끌어 갈 것이라는 데 이의를 제기할 사람이나 기업은 없겠지만, 아직 e-비즈니스의 진출에 대해

소극적인 자세를 견지하고 있는 국내 기업도 있는 것이 사실이다. 특히, 기존에 사업을 영위해 오던 대기업들은 정보 인프라의 취약, e-비즈니스에 대한 일반 국민들의 의식 미성숙, 전자 상거래 관행의 미정착 등을 지적하면서, 지금 당장 e-비즈니스에 뛰어드는 것은 시기 상조라고 생각하는 경우가 많다. 과연 국내 기업의 e-비즈니스 진출이 시기 상조인가?

## e-비즈니스 선점의 중요성

기존 사업의 재편, 다양한 사업 기회의 창출, 경쟁 우위 유지의 관성이 작용하는 e-비즈니스의 특성 등에서 e-비즈니스 선점의 중요성을 살펴볼 수 있다.

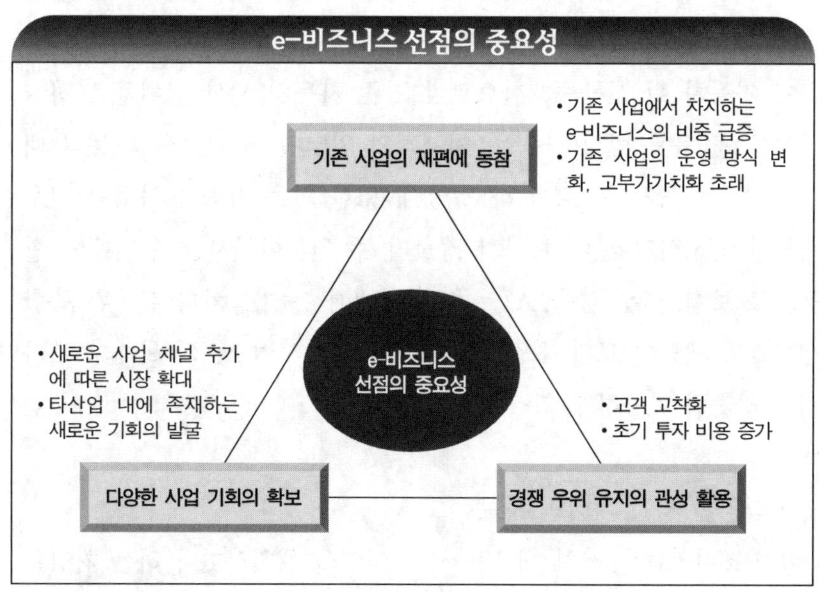

● 기존 사업의 재편에 동참

e-비즈니스는 거래 비용 절감, 다양한 서비스 제공 등을 가능하게
함으로써 기존 사업의 재편을 가속화시키고 있으며, 이를 구체적으
로 살펴보면 다음과 같다.

첫째, 기업과 고객간 거래 비용의 절감을 가능하게 함으로써 기존
사업 영역에서 e-비즈니스가 차지하는 비중이 급격히 증가하고 있
다. 예를 들어, 사이버 증권 거래 수수료가 낮아지면서 E*트레이드나
찰스 슈왑과 같은 인터넷 증권 회사의 매출이 급격히 증대했으며,
국내에서도 5대 대형 증권사의 사이버 거래 규모가 1년만에 무려
2.9배 가까이 증가한 것으로 나타났다.

둘째, 고객의 편의와 이익을 증대시킬 수 있는 새롭고 다양한 서
비스를 제공할 수 있게 되면서 기존 사업의 운영 방식 변화, 고부가
가치화 등이 초래되었다. 예를 들어, 미국의 온라인 자동차 대리점인
오토바이텔(Auto-by-Tel)은 자동차 딜러와 고객을 인터넷으로 연결
하여 자동차 판매를 중개함으로써 기존 자동차 생산 업체들로 하여
금 새로운 유통 방식의 수용, 자체적인 인터넷 판매망 확충 등의 대
응 방안 모색을 서두르게 하고 있다. 또한 기존 자동차 사업의 경우
자동차의 생산과 판매가 가치 창출의 주 원천이었지만, 인터넷의 활
용으로 보험, 할부 금융, A/S, 중고차 매매 등 자동차와 관련된 종합
서비스의 제공이 보다 수월해짐으로써 관련 사업으로의 확대와 부가
가치 창출이 가능하게 되었다.


● 다양한 사업 기회의 확보

e-비즈니스는 완전히 새로운 사업 영역을 개척하고자 하는 기업뿐

만 아니라 기존에 전통적인 방식으로 사업을 영위해 오던 기업에게
도 다양한 사업 기회를 제공한다.

첫째, 기존 사업에 인터넷이라는 새로운 사업 채널을 추가함으로
써 더 많은 고객 확보와 시장 확대가 가능하다. 예를 들어, e베이는
인터넷을 통한 경매 사업을 개척함으로써 2001년 155억 달러에 달
할 것으로 예상되는 인터넷 경매 시장의 70% 이상을 차지했다. 둘
째, 특정 영역에서의 역량을 바탕으로 다양한 산업 속에 존재하는
사업 기회를 발굴하고 개척할 수 있다. 예를 들어, 아마존은 인터넷
을 통한 서적 판매 역량을 무기로 하여 비디오, CD, 의약품 등으로
영역을 확장할 수 있었다. 이와 같이 e-비즈니스가 제공하는 새로운
사업의 기회는 무궁무진하며, 이러한 기회를 선점하는 기업은 21세
기에 일류 기업으로 도약할 수 있는 든든한 토대를 갖출 수 있을 것
이다.


●경쟁 우위 유지의 관성 활용

e-비즈니스에서 먼저 확보된 경쟁 우위는 외부로부터 큰 충격이
가해지지 않는 한 계속해서 처음의 상태를 유지하려고 하는 관성을
지니고 있다. 이러한 관성으로 인해 후발 기업이 선발 기업의 기존
우위 상태를 뛰어넘으려면 선발 기업이 최초에 행한 것 이상의 투자
와 노력이 요구되고 있다. 경쟁 우위에 관성이 작용하는 이유를 살
펴보면 다음과 같다.

첫째, 고객의 고착화 현상이다. e-비즈니스의 온라인 고객들은 어
떤 기업의 서비스에 한번 익숙해지면 이를 변경하기 꺼리는 태도를
보이며, 이로 인해 고객 충성도가 높게 나타나는 고객 고착화 현상

이 발생한다. 둘째, 초기 투자 비용이 갈수록 늘어난다는 점이다. e-비즈니스의 발생 초기에는 아이디어만 있으면 적은 비용으로도 선두 기업의 지위를 차지할 수 있었지만, 참여 업체가 늘어나고 경쟁이 치열해질수록 초기 투자 비용이 급격히 증가한다.

## e-비즈니스 선점 및 성공 전략

급진전되고 있는 e-비즈니스 추세에 대응하려면, e-비즈니스의 선점과 성공을 위한 방안 마련이 필요하다.

이를 위해서는 우선 자사의 역량과 비전을 감안하여 성공 가능성과 성장 잠재력이 가장 높은 새로운 사업 기회를 발굴해야 한다. 둘째, 발굴한 사업의 성공적인 실행을 위해 e-비즈니스의 ABC를 철저히 준수해야 한다. 셋째, e-비즈니스는 이제 막 규모가 급팽창하고 있으므로 사업 규모와 영역을 최대한 확장하여 규모 및 범위의 경제를 달성함으로써 선점 효과를 극대화해야 한다. 넷째, e-비즈니스의 추진 과정에서 발생할 수 있는 기존 조직과의 마찰을 미연에 방지해야 한다.

●e-비즈니스 선점을 위한 새로운 사업 기회 발굴

e-비즈니스와 관련된 산업 및 경쟁 환경의 변화 양상을 분석하고, e-비즈니스로 인해 창출 가능한 새로운 사업 기회를 탐색, 발굴해야 한다. 즉, 기존 사업 및 타 사업을 통틀어 e-비즈니스가 제공하는 다양한 사업 기회를 포착함으로써 e-비즈니스를 선점할 수 있는 기본 여건을 조성해야 한다. 자사의 내부 역량 분석을 통해 새로운 사업

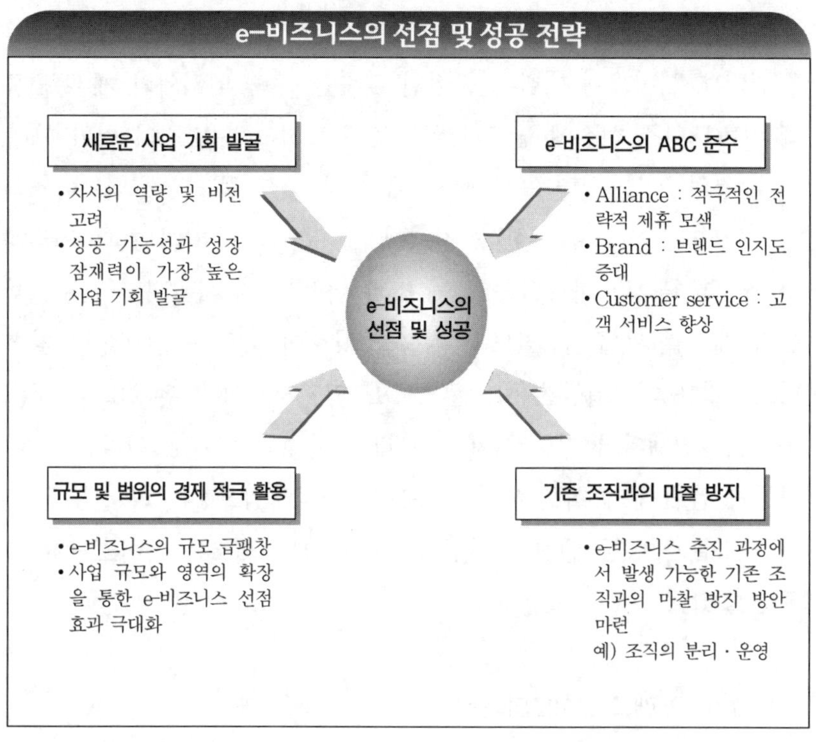


기회의 활용 가능성을 검증하고, 다양한 기회 중 기업 비전 및 전략 방향과 일치되는 사업 기회를 선택해야 한다.

● e-비즈니스의 ABC 철저히 준수

새로운 사업 기회의 발굴이 실질적인 e-비즈니스의 선점과 성공으로 이어지게 하려면 다음과 같은 e-비즈니스의 ABC를 철저히 준수해야 한다. 여기서 A는 전략적 제휴(Alliance), B는 브랜드(Brand), C는 고객 서비스(Customer service)를 의미한다.

Alliance : 적극적인 전략적 제휴 모색

인터넷 서비스에 대한 전문적인 역량을 갖춘 업체와의 제휴를 통해 e-비즈니스 선점에 필요한 역량을 확보하고, 서비스의 범위 확대, 고객 편의 향상, 경영 프로세스의 효율성 강화 등으로 e-비즈니스의 성공 가능성을 높여야 한다. 전략적 제휴를 통한 기대 효과를 극대화하려면 최적의 파트너를 찾는 것과 아울러 원하는 파트너와 언제든지 제휴를 맺을 수 있도록 역량을 갖추어야 한다. 컴팩이나 디즈니 등 많은 대기업들은 아마존, AOL, 인포시크와 같은 인터넷 서비스 제공 업체와의 전략적 제휴 관계를 확대해 나가고 있다. 인터넷 자동차 판매 업체 설립을 위해 포드는 데이터뱅크 시장의 선두 주자인 오라클과 공동 벤처를 형성하기로 했으며, GM은 커머스원과 제휴를 맺었다.


Brand : 브랜드 인지도의 증대

인터넷 거래시 고객들은 잘 알려진 믿을 만한 브랜드를 중요하게 여기며, 따라서 브랜드 인지도가 높은 기업일수록 e-비즈니스의 선점 효과와 성공 가능성은 더욱 커진다고 할 수 있다. 전자 상거래 전문 연구 기관인 주피터 커뮤니케이션(Jupiter Communications)에 의하면 인터넷에서 쇼핑하는 사람들의 4분의 1 이상이 실물 경제에서 높은 인지도를 지닌 기업이 제공하는 인터넷 서비스를 이용하기를 원한다고 한다. 이는 사람들에게 잘 알려진 대기업들이 e-비즈니스에 서둘러 진출할 경우 중소 업체보다 상대적인 우위를 지닐 수 있음을 의미한다. 반면 브랜드 파워가 상대적으로 떨어지는 업체의 경우에는 브랜드 인지도를 제고하기 위한 최대한의 노력이 필요하다는 사실을 의미한다.

Customer service : 고객 서비스 향상

e-비즈니스에서 기업이 고객과 만나는 접점은 가상 공간이며, 고객의 e-비즈니스 업체에 대한 신뢰와 선호는 고객 서비스의 범위와 질에 의해 크게 좌우된다. 따라서 기업들은 가상 공간상에서 고객에게 제공할 수 있는 서비스로 어떠한 것들이 있는지, 고객들이 어떠한 것을 갈망하고 있는지를 지속적으로 추적하고 파악해야 한다. 단, 여기서의 서비스란 고객이 가상 공간에서 구매하는 서비스만을 의미하는 것이 아니라 고객 만족 증대를 위해 제공하는 부가적인 서비스도 포함한다. 예를 들어, 고객이 e-메일이나 홈페이지를 통해 문의나 불평을 제기해 올 때 얼마나 신속하고 충실하게 답변해 주느냐 등과 같은 사소한 부분에도 만전을 기함으로써 고객 만족을 도모해야 한다.

●규모 및 범위의 경제 적극 활용

흔히들 e-비즈니스는 전통적인 사업(예: 제조업)과 전혀 다르다고 생각하지만 규모의 경제, 범위의 경제가 여전히 중요하다는 점에서는 동일하다. 대량 생산 체제하에서는 규모의 경제, 다품종 소량 생산 체제하에서는 범위의 경제가 중요했으며, 이제는 '속도의 경제'의 중요성이 커지고 있다.

e-비즈니스에서 속도의 중요성은 두말할 필요도 없겠지만, e-비즈니스가 이제 막 싹을 틔우고 있는 도입기이고, 급격한 성장이 이루어지고 있다는 점에서 규모의 경제 및 범위의 경제를 적극적으로 활

용할 필요가 있다. 즉, 남보다 한 발 먼저 e-비즈니스에 진출해 초기에 많은 고객을 확보하고 다양한 서비스를 제공함으로써 경쟁 업체에 대한 진입 장벽을 높여야 한다. 인터넷 사이트에 대한 적극적인 투자를 통해 최대한의 고객을 확보하고 사업 규모를 확장함으로써 규모의 경제를 달성해야 하며, 대기업에 보다 높은 신뢰를 보이는 고객의 특성을 활용해야 한다. 또한 고객들이 인터넷을 통해 모든 해결책을 얻을 수 있도록 제품의 다양성을 높이고 사업 영역을 확장함으로써 범위의 경제를 달성해야 한다.

●기존 조직과의 마찰 방지

e-비즈니스에만 전념하는 기업이 아니라, e-비즈니스와 전통적인 사업을 동시에 영위하려고 하는 기업이라면 e-비즈니스로의 영역 확장에 따른 기존 조직과의 마찰을 방지해야 한다. 특히, 제조 업체의 경우라면 전·후방 공급 조직 및 판매 조직과의 마찰 방지의 중요성이 더욱 커질 것이다.

예를 들어, 전자 제품 생산 업체가 인터넷 사이트를 통해 자사의 제품을 고객에게 직접 제공하려고 한다면, 기존 유통 채널(예: 대리점)의 반발을 무마시킬 수 있는 방안을 마련해야 한다. 또한 기업 내에서도 기존 조직과 e-비즈니스 추진 조직과의 위화감이나 불협화음을 최소화할 수 있도록 해야 할 것이다. 주피터 커뮤니케이션에 따르면, e-비즈니스를 수행하는 기업 중 77% 정도가 분사화(spin-off)나 독립 법인 설립 등을 통해 기존 조직과 e-비즈니스 조직을 분리하여 운영하고 있는 것으로 나타났다.

## 시급한 국내 기업의 e-비즈니스 진출

21세기 기업의 성패는 e-비즈니스에 얼마나 빨리 진출하느냐, e-비즈니스의 가능성을 누가 먼저 선점하느냐에 의해 좌우될 것이다. 불과 몇 년 전만 해도 e-비즈니스의 확대에도 불구하고 자동차 산업만은 예외일 것이라는 생각이 팽배했으나, 지금은 세계 최대 자동차 생산 업체인 GM과 포드도 e-비즈니스 진출을 서두르고 있음을 주목해야 한다.

따라서 사업 영역, 기업 형태와 상관 없이 모든 기업이 e-비즈니스에 동참해야 한다. e-비즈니스라고 해서 인터넷 전문 업체만 관심을 가져야 하는 것이 아니며, 오히려 대규모 제조 업체일수록 현재 사업에 e-비즈니스를 응용할 수 있는 영역을 선정하고 진출하려는 노력을 기울여야 할 것이다. 또한 글로벌화의 진전에 따라 세계 시장이 단일 시장으로 통합되고 있으므로, 비록 내수 전문 업체라 하더라도 e-비즈니스 공간에서 세계적인 기업들과 경쟁할 수 있는 체제를 빠른 시일 내에 갖추어야 한다.

# 3 주요 산업별 e-비즈니스 전략

## 1. 자동차 : 제품에서 산업 구조까지 바꾸는 e-비즈니스

대표적인 전통 산업의 하나인 자동차 산업에서도 e-비즈니스가 활발하게 도입되고 있다. 특히 자동차 산업은 가치 사슬이 매우 길고 인터넷과 정보 기술의 적용에 의한 부가가치 제고 정도가 높아 e-비즈니스 확산의 파급 효과와 향후 e-비즈니스의 발전 가능성이 매우 높은 산업으로 분류되고 있다. e-비즈니스의 확산에 따라 이미 전통적인 판매 체제에 변화가 일어나고 대형 모듈 부품 업체의 영향력이 커지는 등 자동차 산업은 전례 없는 산업 구조 변화의 조짐을 보이고 있어 그 귀추가 주목되고 있다.

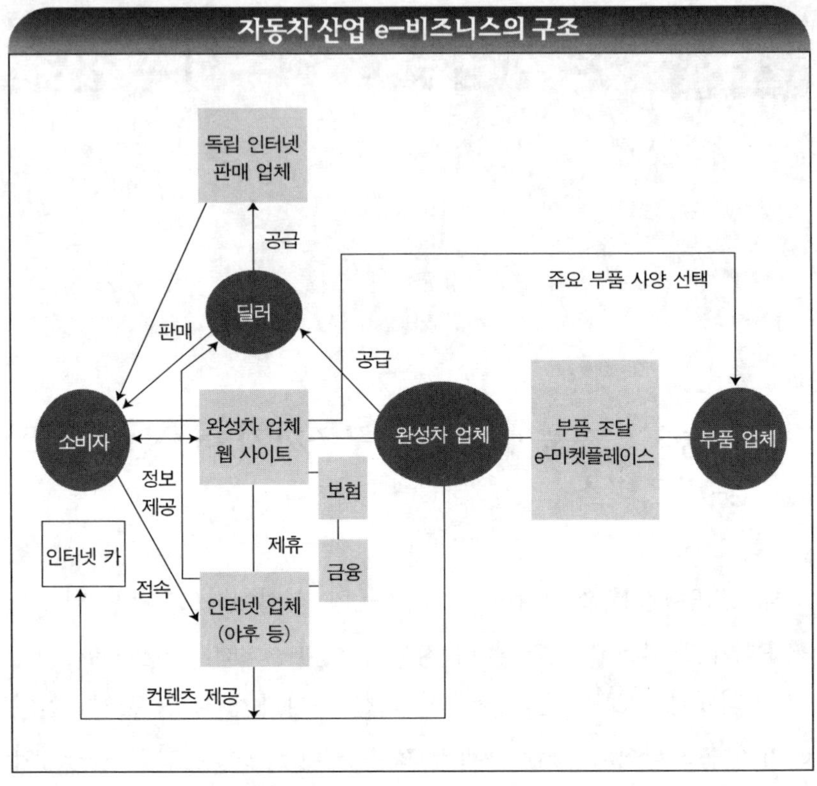


## 기업간(B2B) e-비즈니스

자동차 산업 B2B e-비즈니스의 격전지는 다수의 완성차 업체와 부품 업체들이 참여하는 부품 조달 e-마켓플레이스다. 2000년 2월 GM, 포드, 다임러크라이슬러가 공동으로 설립하기로 한 세계 최대의 부품 조달 e-마켓플레이스인 '코비스인트(Covisint)'[4)]가 대표적인 예이다. 코비스인트에서는 온라인 구매 입찰 및 가격 견적, 경매, 수요 예측 및 생산 계획, 거래 자동화, 금융 서비스, 대금 지불 및 물류

| 세계 자동차 업계 부품 조달 e-마켓 플레이스 추진 현황 | | | | |
| --- | --- | --- | --- | --- |
| 구분 | | 생산대수(만대) | 구매액 비중(%)[1] | 비고 |
| 코비스인트 | GM | 855 | 19 | • 구매액 비중 합계 56% |
| | 포드 | 676 | 16 | • 2000년 하반기에 본격 가동 예정 |
| | 다임러크라이슬러 | 589 | 11 | |
| | 르노-닛산 | 534 | 10 | |
| 도요타 | | 489 | 11 | • 미정 |
| 피아트 | | 311 | 5 | • 코비스인트 참여 유력 |
| 혼다 | | 236 | 5 | • 미정 |
| 기타 | | - | 14 | |
| VW 주도 | VW | 420 | 10 | |
| | BMW | 120 | n.a. | • VW와 협력 가능성 높음. |

주 : 1) 전 세계 자동차 부품 구매액 중 각사의 비중을 나타냄. 자료 기준 불일치 등으로 합계는 100%를 약간 넘음.

에 이르는 다양한 서비스가 제공될 예정이다.

코비스인트 설립을 주도하고 있는 3사의 연간 구매액이 약 2,400억 달러이며 1차 부품 업체의 구매액도 약 2,500억 달러에 달해, 코비스인트는 장기적으로는 연간 5,000억 달러 이상에 달하는 세계 최대의 온라인 시장이 될 것으로 예상되고 있다. 이미 완성차 업체 중에서는 르노-닛산이 즉각적인 동참 의사를 밝혔고, 델파이(Delphi), 리어(Lear), 데이나(Dana) 등 대형 부품 업체들도 참여할 움직임을 보이고 있다.

한편 VW 등 유럽 업체들은 코비스인트가 지나치게 미국 중심적

---

4) 신설되는 부품 거래 합작사의 이름은 잠정적으로 'NewCo'로 불렸으나 최근에 'Covisint'로 확정되었다. 'co'는 connectivity, collaboration, communication 등을 의미하며, 'vis'는 visibility, vision, 'int'는 integration, international 등을 의미한다.(www.covisint.com 참조)

임을 비판하고 유럽 지역 중심의 독자적인 e-마켓플레이스를 설립할
것이라고 발표하였다. 유럽 최대의 자동차 업체인 VW의 이러한 움
직임에 BMW가 동조할 것으로 예측되고 있는 등 유럽 지역 업체들
에게는 큰 반향을 불러일으키고 있다. 또한 혼다를 비롯한 일부 일
본 업체들도 부품 조달 전략, 부품 업체와의 협력 문화 차이 등을 들
어 코비스인트와는 다른 독자적인 e-마켓플레이스 구축을 추진하고
있는 것으로 알려지고 있다.

B2B e-비즈니스의 본격적 확산을 위해서 안정적인 기반 네트워크
시스템의 구축도 절실해지고 있다. 일반 인터넷은 e-비즈니스를 수
행할 수 있는 가장 일반적이고 광범위한 네트워크지만 보안성, 안정
성이 떨어지고, 사설 전용망(VAN)은 안정성이 높은 대신 서로 다른
프로토콜, 복수 회선 설치 등으로 효율성이 떨어진다. 이 때문에 북
미 지역의 ANX(Automotive Network eXchange)는 보안성, 안정성,
신뢰성을 강화한 단일 네트워크를 실현함과 동시에 기업간 거래 표
준을 제정함으로써 e-비즈니스의 효과적 수행을 위한 기반 네트워크
시스템의 대표적인 예로 거론되고 있다. 1999년 말 현재 ANX 가입
자는 약 500개 사에 이르고 있고 북미 지역을 중심으로 상용 서비스
가 수행되고 있다.[5]

---

5) 최근에는 ANX의 주관 주체가 자동차 산업의 정보 네트워크 표준 설정을 목적으로 설립된 비영리
   기구인 AIAG(Automotive Industry Action Group)에서 민간 업체로 이관된 것을 계기로 비즈
   니스 측면이 강조되고 있으며, 자동차 산업과 관련이 깊은 철강, 화학 산업 등도 포괄하는 범산업
   네트워크를 지향하고 있다. 또한 작년 말 GM과 포드가 각각 설립한 인터넷 기반 구매 네트워크
   인 TradeXchange와 Auto-xchange, 금년 2월 GM, 포드, 다임러크라이슬러가 공동 설립하기
   로 한 코비스인트를 ANX 기반 위로 포괄하기 위한 작업이 추진되고 있다. 이에 대응하여 유럽
   지역의 ENX, 일본의 JNX가 상용 서비스를 앞두고 파일럿 테스트가 진행중이며, 오스트레일리
   아의 AANX, 한국의 KNX(Korea ANX) 등도 추진되고 있다. 한편 ANX 주도로 전 세계 자동
   차 업계의 표준 네트워크 구축을 위한 GNX(Global ANX) 구상도 점차 본격화되고 있다.

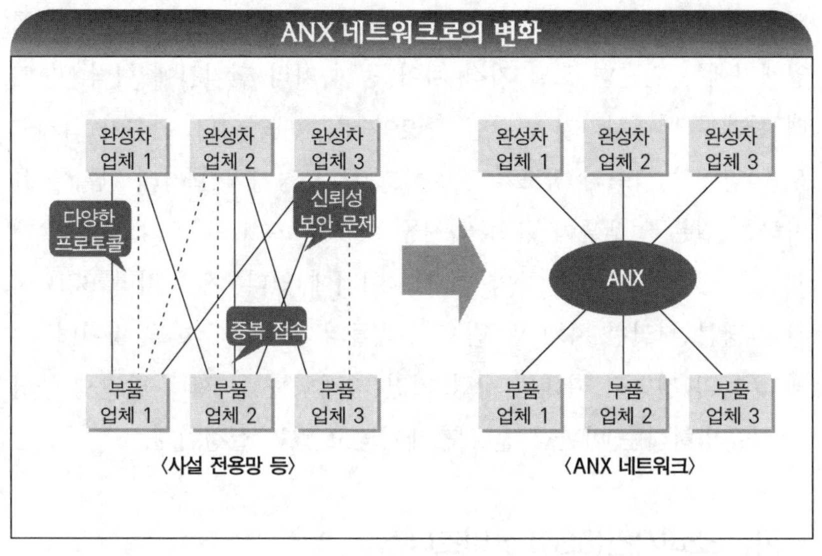


B2B e-비즈니스의 발전에는 부품 업체들의 적극적인 참여를 어떻게 이끌어 낼 것인가가 가장 핵심적인 문제 중의 하나이다. 부품 조달 e-마켓플레이스는 완성차 업체가 제시한 품목에 대해 다수의 부품 업체들이 입찰하는 이른바 '역경매' 방식으로 진행되는 것이 보통이다. 또한 완성차 업체들은 1차 부품 업체들의 하위 업체들로부터의 조달 가격 등을 알 수 있기 때문에 부품 업체들의 원가 정보를 더 많이 알 수 있게 된다. 이에 따라 부품 업체들은 부품 조달 e-마켓 플레이스의 운영 방향이 부품 가격 인하에 치중되어 있을 뿐만 아니라 자신들의 원가 정보 등이 노출되어 완성차 업체에 대한 협상력이 약화되고 적정 수준의 이윤 확보가 어렵게 될 수 있다는 점을 크게 우려하고 있다.

또한 완성차-부품 업체간의 전통적 협력 관계와 e-비즈니스를 어떻게 조화시킬 것인가 하는 문제도 제기되고 있다. 완성차 업체-부품 업체간에는 단순히 조달 가격 차이 등에 따라 단기간에 협력 및 거래 관계를 변화시키기 곤란한 측면이 있기 때문이다. 완성차 업체와 부품 업체간 협력의 정도가 긴밀하고 보다 장기적인 거래 관계를 유지하는 일본 업체들이 유럽 업체들에 비해 e-비즈니스의 확대에 대체로 조심스러운 이유 중의 하나도 여기에 있다. 이에 따라 B2B 시장은 당분간 일반 자재 및 범용 부품들의 거래에 국한될 것이며, 거래 품목의 전면적 확대는 상당 기간 지체되는 등 확대 발전 가능성이 불투명하다는 비판적 전망도 제기되고 있는 실정이다.

## 기업-소비자간(B2C) e-비즈니스

자동차 판매 채널에도 변화의 움직임이 나타나고 있다. 미국에서 인터넷을 이용해 자동차를 구입하는 소비자는 1998년 2.7%에서 2000년에는 5% 수준, 관련 정보를 얻는 비중은 65%까지 증가할 것으로 전망되고 있다. 산업 조사 기관인 IDC는 미국 내 인터넷 자동차 판매액이 99년의 2억 달러에서 2004년에는 273억 달러로 연평균 67%씩 성장할 것으로 전망하고 있다. 아직 인터넷을 통해 구입을 완료하는 소비자 비중은 낮지만, 정보 검색 등 구입 초기 단계에서의 인터넷 이용은 급속히 보편화되고 있다.

이에 따라 완성차 업체들도 인터넷을 통해 단순히 제품 소개가 아니라 제품 견적 및 구매 신청, 중고차 처리 등의 서비스를 확대하고, 인터넷 커뮤니티 형성 등 인터넷 마케팅을 확대하고 있다. 또한 AOL, 야후, MSN 등 인터넷 인지도가 높은 인터넷 포털 업체 등과

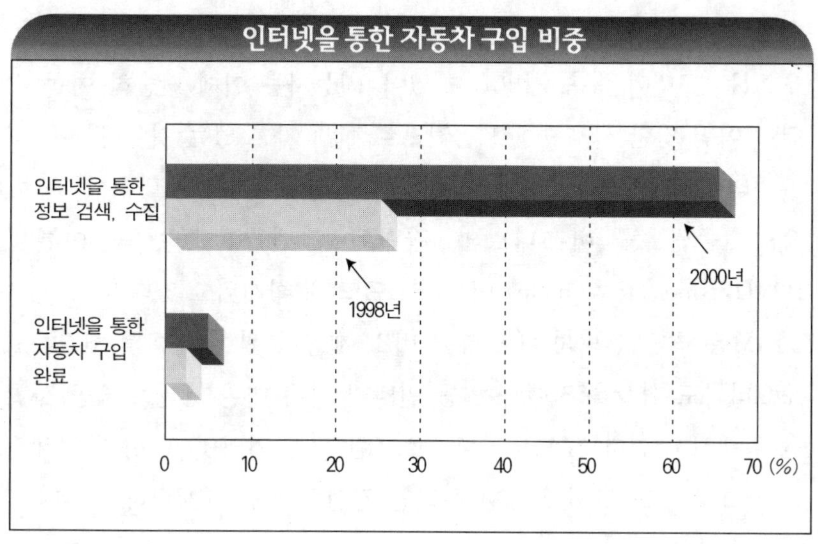


자료 : J. D. Power.

의 마케팅 업무 제휴, 인터넷 판매 합작 회사 설립 등도 추진하고 있다.

또한 인터넷을 기반으로 판매 활동을 하는 독립 인터넷 판매 업체들도 크게 증가하고 있다. 이들은 다양한 브랜드 라인업 보유, 인터넷 브랜드 인지도, 인터넷 업체로서의 조직적 우월성 등의 이점을 배경으로 기존 판매 시스템을 위협하고 있다.

자동차 제품의 디지털화, 즉 이른바 '인터넷 카'의 개발도 급진전되고 있다. GM은 자사의 위성 서비스 시스템인 온스타(OnStar)를 인터넷과 결합하여 첨단 인터넷 서비스를 제공하는 웹카(web car)를 개발하였고, 포드도 운전중에 기상 정보, 주식 시세, 뉴스, 교통 및 지리 정보 등을 검색할 수 있는 텔레매틱스 시스템(Telematics System)을 장착한 인터넷 자동차를 개발중이다. 무선 통신 및 음성 인식 기술 등의 발달로 차량 내에서 무선 통신 및 인터넷을 사용할 수 있는 모델이 속속 개발되고 있어, 자동차는 이제 단순히 이동 수단이 아닌 첨단 사무·생활 공간으로 변해 가고 있는 것이다.[6]

인터넷 카의 개발로 무선 통신을 이용한 뉴스, 교통 및 지리 정보, 오락, 증권 등 비즈니스와 관련된 컨텐츠 제공, 즉 이른바 B2V(Business to Vehicle) 비즈니스도 크게 확대되고 있다.[7]

GM은 최근 혼다와 온스타 서비스 제공에 관한 제휴를 체결하고 도요타와도 협상을 진행하는 등 인터넷 카에 대한 컨텐츠 제공 사업을 확대하고 있다. 포드도 야후, 스프린트 등 인터넷 및 통신 업체와의 제휴로 포드 모델에 대한 온라인 컨텐츠 제공을 계획하고 있다.

## 자동차 산업 e-비즈니스 확산의 영향

### ●비용 절감

부품 조달 e-비즈니스가 본격화되면 조달 가격 인하, 정보 교류 효율성 제고, 재고 감축, 가치 사슬 관리 최적화 등으로 완성차 및 부품 업체는 대폭적 비용 절감이 가능해질 것으로 전망된다. 특히 부품 조달 e-비즈니스의 질적 발전에 의해 제품 개발 과정에서부터의 공동 엔지니어링 및 모듈화가 진전된다면 비용 절감 규모는 더욱

---

6) 자동차의 사무, 생활, 오락 공간적 기능이 중요해지고 이에 관련된 장비 장착도 크게 늘어남으로써, 인터넷과 정보 통신 혁명 시대에 도시형 미니밴 등 RV(Recreational Vehicle)가 가진 풍부한 공간 활용성과 기능성이 새롭게 각광받을 것으로 보인다.
7) 향후에는 인터넷 컨텐츠 제공 수수료를 받는 대신 자동차(인터넷 카)는 거의 무료로 소비자들에게 공급될 것이라는 성급한 전망도 나오고 있다. (ADL, *E-Business in Automotive*, 1999 참조)

**부품 조달 e-비즈니스에 의한 비용 절감 규모**

| | 비용 절감액 | | 생산 대수 (1999년) | 비 고 |
|---|---|---|---|---|
| | 대당 비용 절감액 (보수적 관점) | 산업 전체 비용 절감액 | | |
| 한국 | 약 500~600달러 | 14~17억 달러 (1.5~2조 원)[1] | 284만 대 | • 97년 자동차 산업 생산액 44.2조 원<br>• 99년 현대 자동차 매출액 14.2조 원 |
| 미국 | 약 1,000~1,200달러 | 130~156억 달러 | 1,302만 대 | • 99년 포드 매출액 1,370억 달러 |

주 : 1) 환율은 1,100원/달러 기준.

확대될 것이다.

이와 함께 인터넷을 통한 타깃 마케팅, 완성차 업체 직판, 맞춤형 대량 생산(Mass Customization) 소비자 기호 변화의 즉각적 피드백 등으로 마케팅 효율성이 크게 높아지면, 자동차 소매 가격의 거의 30% 내외 수준에 달하는 재고 비용, 광고 등 마케팅 비용, 판매 관리비 등을 크게 줄일 수 있게 될 것으로 보인다.

### ● 부품 조달 체제의 변화

부품 조달 체제에도 큰 변화가 예상된다. 우선, 완성차 업체와 부품 업체들이 공동으로 참여하는 e-마켓플레이스를 통해 부품 조달은 기존의 계열 관계를 뛰어넘는 개방성 및 경쟁 체제적 성격이 강화될 것으로 예상된다. 이는 자동차 산업의 글로벌화, 모듈·시스템 부품 확대 등에 따라 현재 전 세계적으로 진행되고 있는 개방형 부품 조달로의 이행을 더욱 촉진할 것이다.

이와 함께 모듈 부품의 개발 및 조립에 관련된 역할의 상당 부분이 부품 업체로 이양될 것으로 전망된다. e-비즈니스 시대의 맞춤형

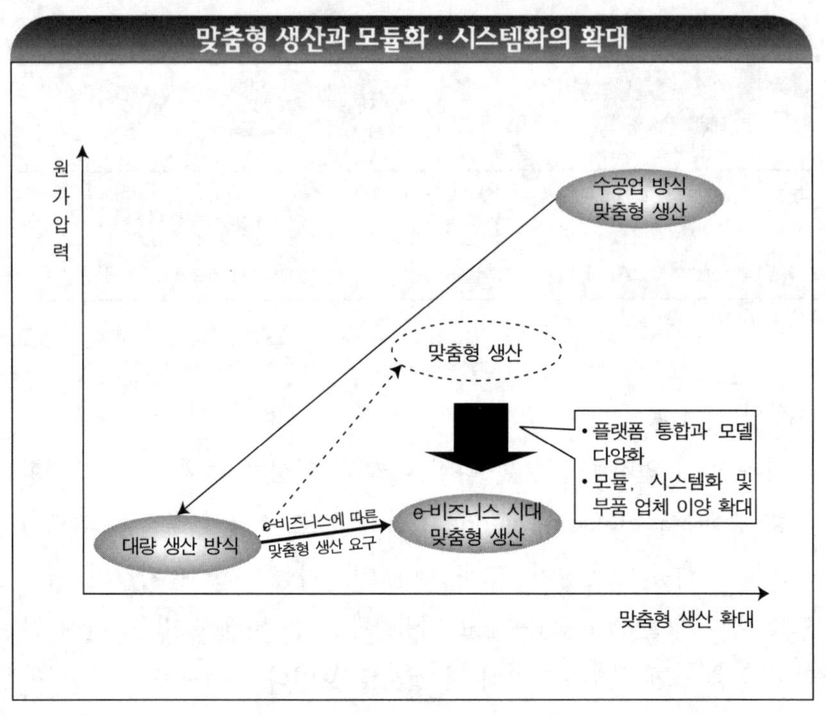


대량 생산의 확대는 조달, 제조, 물류의 복잡성을 증가시키고 이는 원가 상승 압력으로 작용하게 되는데, 이에 대해 완성차 업체는 부품 표준화 및 공용화, 플랫폼 통합과 이에 기반한 모델 다양화, 모듈·시스템 부품 확대로 대응하게 되기 때문이다. 또한 부품 조달의 온라인화로 정보 공유, 공동 엔지니어링 등이 확대됨에 따라 모듈·시스템 부품의 개발·통합, 조립 역할은 점차 부품 업체로 이양하게 된다. 이와 함께 완성차 업체들은 제품의 전체적인 통합(vehicle integration)이나 디자인, 브랜딩, 마케팅 등에 핵심 역량을 집중하게 될 것으로 보인다.[8]

모듈 부품의 개발·통합, 제조 등이 부품 업체로 이양되는 것과 더불어, 1차 부품 업체들은 제품 개발 단계에서부터 완성차 업체와 공동 엔지니어링을 확대하게 된다. 완성차 및 부품 업체들도 향후 가장 강력한 비용 절감 방안은 제품 개발 과정에서의 공동 엔지니어 링과 이에 따른 신차 개발 기간 단축 등 제품 개발의 효율성 확보라 고 지적하고 있다. 이처럼 부품 조달 온라인화의 단기적 효과는 부 품 가격 인하 등에 따른 비용 절감으로 나타나겠지만, 더욱 중요한 효과는 이처럼 완성차 업체-부품 업체의 역할 재정립이고 이를 통해 보다 강력하고 근본적인 비용 절감 효과를 얻을 수 있게 될 것이다.

### ●마케팅 및 판매 시스템의 변화

소비자와 업체간의 인터넷 커뮤니티를 통해 소비자의 구매 및 A/S 이력, 개인적 기호, 주요 불만 사항 등에 대한 정보 수집과 개별 적 맞춤 마케팅이 이루어지게 되면서 맞춤형 대량 판매 방식이 확대 될 것이다. 또한 기존에는 제조 복잡성을 줄이고 제품의 평균 단가 를 높이기 위해 각종 옵션을 기본 사양화 또는 패키지화하는 이른바 '메이커 푸시(Maker Push)'형 판매가 이루어졌으나, 인터넷을 통해 다양한 옵션 품목의 검색·비교 편의성이 증가함으로써 소비자의 개 별적 욕구에 맞는 제품이 판매되는 '소비자 풀(Customer Pull)'형 방 식이 확대될 것으로 보인다.

---

8) 최근의 ILO 보고서에서도 향후 자동차 산업에서 완성차 업체는 조립 및 생산보다는 마케팅 및 브랜드 업체로서의 역할이 강화되는 반면, 조립 및 생산 부문에서 부품 업체의 역할 및 고용이 크 게 증가할 것으로 전망하고 있다.(ILO, *The Social and Labour Impact of Globalization in the Manufacture of Transport Equipment*, 2000)

맞춤형 대량 판매 방식은 소비자들의 기호를 반영한 다양한 제품 조합의 생산 및 공급을 의미하기 때문에 딜러 시스템보다는 메이커 직접 판매 방식이 적합하게 된다. 이와 함께 인터넷 판매 확대로 소비자들의 가격 및 제품 정보 접근이 풍부해지면서 자동차의 단일 가격제(One Price Selling System)가 실현될 가능성이 높아짐에 따라, 가격을 주요 매개로 한 딜러의 역할 축소가 불가피하게 된다. 이와 함께 부품 부문을 1차 부품 업체로 대폭 이양함으로써 완성차 업체 내부의 경영 기능 중에서 마케팅·판매 부문의 비중이 커지게 될 것으로 전망된다.

최근 선진 업체들은 인터넷 업체 등과의 전략적 제휴 확대로 인터넷 마케팅을 강화하고 있다. GM은 자동차 판매에 관해 AOL과의 전략적 제휴를 체결, AOL의 웹 사이트를 통해 차량을 판매하고 자동차 소유주에게 차량 정기 점검 일정 등을 통보하며 수리 예약도 받는 등의 서비스를 제공하고 있다. 포드는 MS와 합작으로 'MSN 카포인트'를 설립하고 온라인 자동차 판매 체제를 구축했을 뿐만 아니라, 포드 자동차의 소유주가 야후 사이트에 자신의 자동차 정보를 등록하면 리콜 통지, 할부 금융 정보, 교통 정보 등의 서비스를 제공받도록 하고 있다.

이처럼 판매 부문에서 완성차 업체 비중이 커지고 독립 인터넷 판매 업체들도 늘어남에 따라 기존 판매 시스템의 동요, 딜러 시스템과의 마찰 등이 문제로 되고 있다. 이에 대해 선진 업체들은 소규모 딜러 통합에 의한 딜러 대형화 유도, 메이커 직영점 도입 등을 통해 기존 판매 시스템의 효율화를 꾀하고 있다. 이러한 전략은 딜러 체제의 점진적 축소가 불가피하다는 인식하에 딜러를 단순한 판매 거

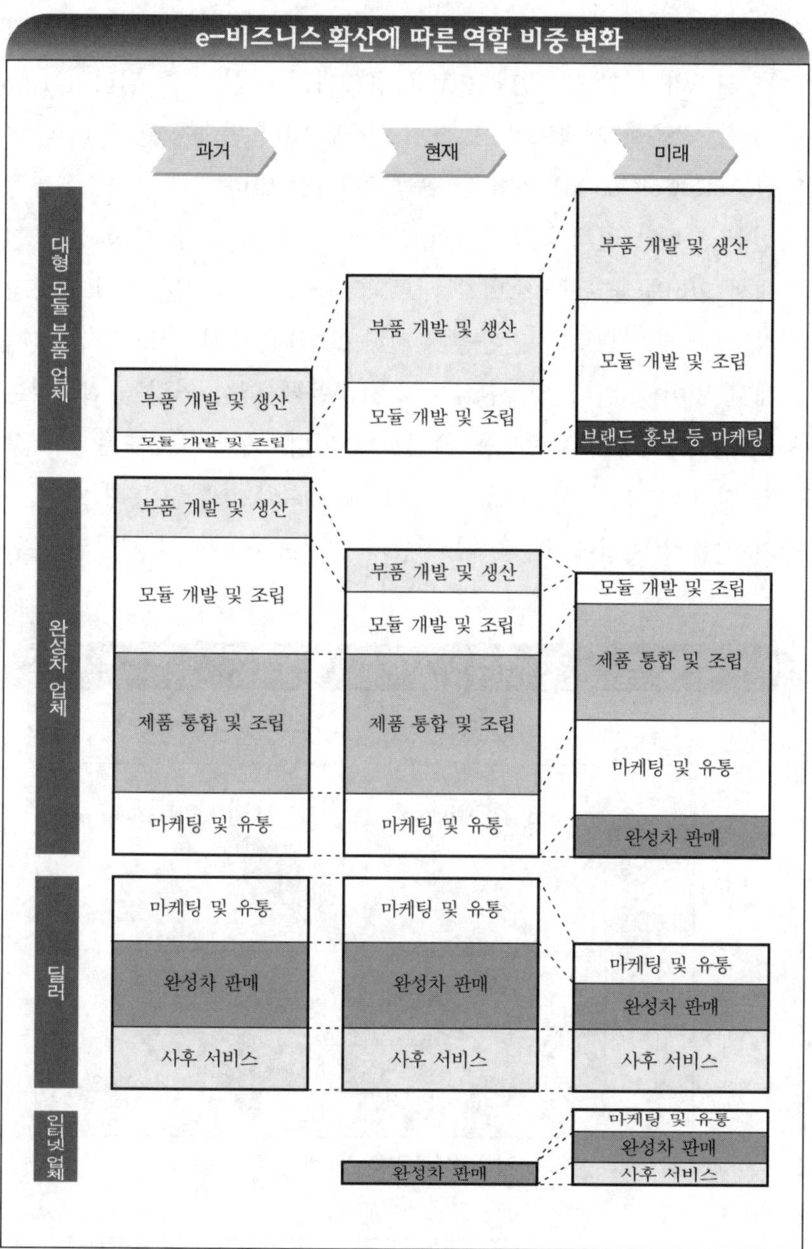

e-비즈니스 확산에 따른 역할 비중 변화
과거
현재
미래
대형 모듈 부품 업체
부품 개발 및 생산
모듈 개발 및 조립
부품 개발 및 생산
모듈 개발 및 조립
부품 개발 및 생산
모듈 개발 및 조립
브랜드 홍보 등 마케팅
완성차 업체
부품 개발 및 생산
모듈 개발 및 조립
제품 통합 및 조립
마케팅 및 유통
부품 개발 및 생산
모듈 개발 및 조립
제품 통합 및 조립
마케팅 및 유통
모듈 개발 및 조립
제품 통합 및 조립
마케팅 및 유통
완성차 판매
딜러
마케팅 및 유통
완성차 판매
사후 서비스
마케팅 및 유통
완성차 판매
사후 서비스
마케팅 및 유통
완성차 판매
사후 서비스
인터넷 업체
완성차 판매
마케팅 및 유통
완성차 판매
사후 서비스

점에서 원스톱 A/S 및 고객 밀착형 고급 서비스 거점으로 변화시키려는 의도라고 할 수 있다. GM은 올해까지 우선 기존 딜러의 10%를 통합, 감축할 계획이며, 포드는 소규모 딜러 인수를 통해 대형 직영점(Auto Collection) 체제를 속속 도입하고 있다.

선진 자동차 업체들은 기존의 전통적 푸시(push)형 시장 접근 전략에서 인터넷을 통한 소비자 네트워크를 강화하는 등 소비자 중심 시장 접근 전략으로의 전환을 추진하고 있다. 또한 제조 중심적 사고에서 벗어나 판매 및 사후 서비스 부문에 핵심 역량을 집중하는 등 기업 프로세스 재구축을 추진하고 있다. 예컨대 포드는 새로운 경영 전략 '변신과 성장(Transformation & Growth)'을 통해 제조 중심의 전통적 기업에서 벗어나 자동차 라이프 싸이클과 관련된 종합

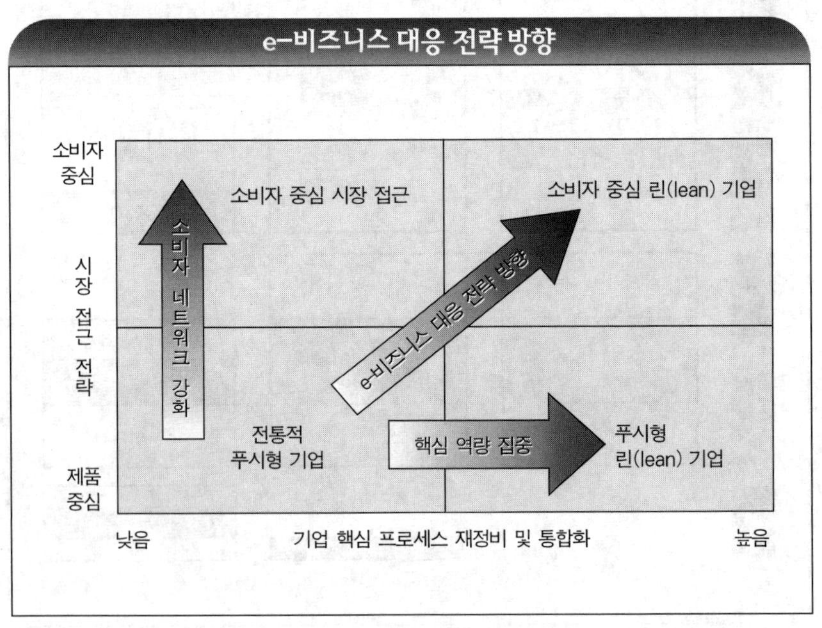

서비스를 제공하는 소비자 중심 서비스 기업으로의 변신을 선언하였다. 이러한 변신 과정의 핵심은 소비자와의 온라인 네트워크 강화, 온라인 판매를 통한 맞춤 서비스와 브랜드 로열티 강화 등 소비자 중심적 e-비즈니스 확대에 있다.

●경쟁력 결정 요소의 변화

e-비즈니스와 정보 기술의 발달 등으로 자동차 산업 가치 사슬의 각 부문은 온라인 통합이 가속화되어 하나의 기업처럼 행동하게 되는 가상 기업(Virtual Corporation)이 현실화된다. 이에 따라 완성차 업체는 핵심 역량을 집중하고 그 밖의 기능들은 아웃소싱 및 전략적 제휴를 통해 대응하는 이른바 '린(lean) 기업' 실현이 가능해지게 된다. 한편, 이러한 아웃소싱 및 전략적 제휴 확대로 완성차 업체는 거미줄처럼 엮인 가치 사슬 시스템 전체의 통합 및 조정자(coordinator)로서의 역할이 강조된다.

e-비즈니스 시대에는 완성차 업체가 자신이 정점에 서 있는 가치 가슬 시스템 전체를 어떻게 효율적으로 통합, 조정하느냐가 매우 중요한 경쟁력 요소로 부상한다. 즉, 인터넷 업체 등과의 다양한 제휴를 어떻게 통괄 조정하며, 맞춤형 대량 생산 등의 확대에 따라 복잡해지는 제조·물류 시스템을 어떻게 신속하고 유연하게 조직하느냐 등이 경쟁력을 크게 좌우하게 되는 것이다. 이에 따라 자동차 산업의 경쟁은 '포드 대 도요타'와 같은 개별 업체들간의 경쟁이 아니라 개별 업체를 정점으로 하는 가치 사슬 전체 시스템간의 경쟁으로 바뀌게 된다.

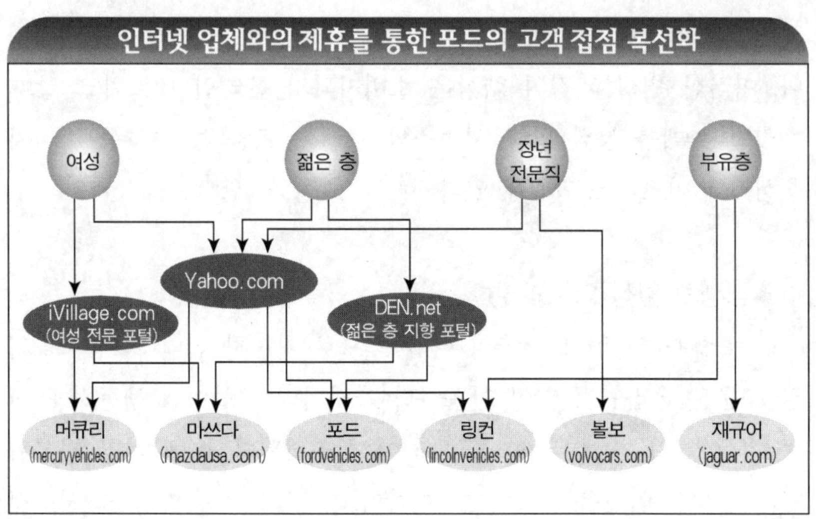



자료 : 日經BP社, 「日經ビジネス」, 2000. 5. 22.

이와 함께 브랜드가 매우 중요한 경쟁력 결정 요소로 부상할 것이다. 인터넷 판매 확대로 실물 공간보다는 가상 공간에서의 마케팅 및 판매 활동이 중요해지면서 브랜드 인지도 및 브랜드 이미지의 중요성이 크게 증가하게 된다.[9]

또한 전 세계적인 자동차 산업의 공동 e-마켓플레이스를 통한 부품 조달 확대, 글로벌 모듈·시스템 부품 업체들의 납품 증가 등에 따라, 자동차 제품 자체의 차별화보다는 점차 디자인이나 브랜드 이미지를 통한 차별화 경향이 강화될 것이다. 완성차 업체들도 모듈 부품의 개발이나 조립을 1차 업체에 이양함으로써 제품의 컨셉 설정

---

9) 미국의 자동차 산업 관련 조사 업체인 AMCI의 최근 조사 결과에서도, 미국 내 완성차 업체 인터넷 사이트의 소비자 만족도에서 BMW, 메르세데스 벤츠, 볼보 등 유럽계 고급 브랜드들이 상위권을 차지한 것으로 나타났다.(AMCI, *OEM Web Site Survey 2000*, Feb. 2000)

및 디자인, 브랜드 전략 등에 핵심 역량을 집중하게 된다.[10]

맞춤형 대량 판매 방식의 확대로 소비자들이 온라인에서 직접 주요 부품 및 옵션 품목을 결정하게 됨으로써 부품 업체들의 브랜드도 새롭게 부각될 것이다. 특히 오락, 정보 통신, 안전, 환경 관련 부품 장착이 크게 늘어날 것으로 전망됨으로써 이들 품목에 대한 소비자들의 선택 폭은 크게 넓어지게 된다. 컴퓨터 제품에서 '인텔 인사이드(intel-inside)'가 소비자들의 신뢰를 얻는 관건이 되듯이, 소비자들이 자동차를 구입하는 과정에서도 '델파이 인사이드(Delphi-inside)'나 '비스티온 인사이드(Visteon-inside)' 등이 매우 중요한 의미를 갖게 될 것이다.


●자동차 산업의 구조 재편 촉진

e-비즈니스 확산은 기왕에 진행되고 있는 전 세계적인 자동차 산업 구조 재편을 더욱 가속화시키는 배경이 될 것이다. 그 이유로는 우선, e-비즈니스 확대로 비용 절감에 성공한 업체들이 자동차 가격 인하 경쟁을 제기할 수 있고, 이 경우 가격 경쟁력에만 의존하는 한계 업체들의 퇴출 가능성이 커지게 된다는 사실을 지적할 수 있다. 또한 선진 업체들의 경우 전 세계적인 마케팅, 판매나 브랜드 전략에 치중하게 되면서 제조·조립에 강점을 가진 제휴 업체를 확보할 필요성이 커진다. 인터넷 판매의 특성상 고급 브랜드, RV 브랜드 등

---

10) 미래의 완성차 업체는 연구 개발, 브랜딩, 마케팅 등의 활동만 수행하는 VBO(Vehicle Brand Owner), 즉 제품 개발, 브랜딩, 마케팅 외의 생산 등은 모두 아웃소싱하는 아르마니나 나이키처럼 될 것이라는 전망도 나오고 있다.(Pricewaterhouse Coopers, *The Second Automotive Century*, 2000)

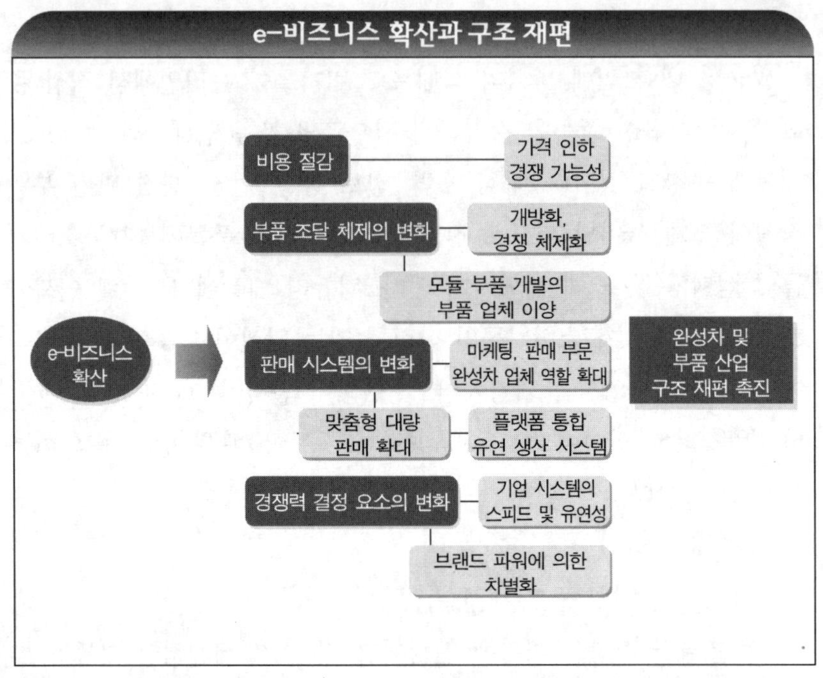



다양한 브랜드와 모델을 확보하는 것이 절대적으로 유리해지는 점도 지적할 수 있다. 또한 맞춤형 대량 생산 및 유연 생산 시스템 확대에 따른 플랫폼 통합과 모델 다양화 전략을 뒷받침하기 위해서도 인수 합병에 적극 나서게 되는 것이다.

e-비즈니스 확대에 따른 개방적·경쟁적 부품 조달 및 부품의 표준화·공용화 진전, 모듈 부품 채용 확대 및 1차 업체의 역할 강화 등으로 부품 업체의 통합과 중층화 등 부품 산업의 구조 재편도 더욱 활발해질 것이다. 또한 e-비즈니스에 기반한 글로벌 소싱의 확대로 부품 업체들의 글로벌 대응력이 중요해지기 때문에 부품 업체들의 대륙간 인수 합병의 필요성도 커지게 된다. EIU는 이러한 구조

재편 진전에 따라 전 세계 부품 업체 수는 1998년의 약 8,000개에서 2010년에는 2,000개로 75% 가량 줄어들 것으로 예상하며, 컨설팅 업체인 프라이스워터하우스쿠퍼스는 1차 업체 수는 현재의 800개에서 30개, 2차 업체 수는 현재의 1만 개에서 800개로까지 줄어들 것이라고 전망하고 있다.[11]

## 국내 자동차 업계의 대응 과제

디지털 경제로의 이행과 함께 e-비즈니스 확대는 거스를 수 없는 대세로 자리잡아 가고 있다. 문제는 이러한 과정에서 나타날 수 있는 부작용과 문제점을 국내 산업 환경의 특수성에 맞추어 어떻게 최소화하면서 바람직한 발전 모델을 만들어 나갈 것인가 하는 데 있다. 무엇보다 중요한 것은 부품 업체들의 적극적인 참여를 어떻게 이끌어 낼 것인가 하는 것이다. 이를 위해서는 부품 조달 e-비즈니스의 발전이 완성차 업체와 부품 업체 모두에게 이익이 되는 윈-윈 게임이어야 함을 분명히 할 필요가 있다.

이와 함께 국내 산업 특수성에 맞는 e-마켓플레이스 구축 전략이 필요하다. 취약한 기반 인프라, 낮은 글로벌 소싱 대응력, 부품 조달의 폐쇄성, 구조 재편 미완료 등의 상황을 고려할 때, 국내 업체들이 세계적인 e-마켓플레이스 참여를 통해 얻을 수 있는 이점은 아직 크지 않다. 이러한 특수성을 고려할 때, 우선 업체별 e-마켓플레이스를

---

11) PricewaterhouseCoopers, *Analysis and Opinions on Merger and Acquisition Activity*, 2000.

구축하고 점진적으로 이의 질적 심화 및 국내 업체간 공동 e-마켓플레이스로 발전시켜 나가는 것이 바람직할 것이다. 이러한 점에서 최근 현대 자동차가 기업 소모성 자재(MRO : Maintenance, Repair and Operations) e-마켓플레이스를 구축하기로 한 것은 바람직한 출발로 판단된다. 향후에는 기능성 복합 부품 조달, 모듈 조달 및 공동 엔지니어링 확대, 업계 공동 e-마켓플레이스로의 통합, 세계적인 e-마켓플레이스와의 연계 등의 방향으로 질적 발전을 도모해 나가야 할 것이다. 1차 부품 업체 대형화, 부품 조달의 중층적 구조화를 통한 모듈 업체 육성을 핵심으로 하는 부품 산업 구조 재편도 시급히 추진되어야 한다.

자동차 산업 e-비즈니스의 핵심적 부문인 효율적 e-마켓플레이스 구축을 위해서는 글로벌 전개력을 갖춘 모듈 부품 업체 기반이 필수적이다. 또한 e-비즈니스 확대로 본격화될 선진 업체들의 글로벌 소싱에 대응하기 위해서는 부품 업체들의 기술 개발력 및 세계적인 수준의 품질 확보가 선행되어야 한다. 이를 위해서는 부품 업체의 대형화 유도를 통한 R&D 투자 확대, 국제 품질 규격 획득, 선진 업체와의 기술 제휴 확대, 부품 업체 브랜드 홍보 강화 등이 필요하다.

e-비즈니스의 효과적 수행을 위해서는 보안성, 안정성, 신뢰성이 확보된 기반 네트워크 시스템도 조기에 갖추어져야 한다. 현재 사양 및 비즈니스 모델 검토 단계에 있는 KNX 구축 일정의 단축과 함께 대우차 매각 등 환경 변화에 의해 위축되지 않도록 하는 정부와 업계의 공동 노력이 필요한 시점이다.

또한 온라인-오프라인 갈등의 대표적 쟁점으로 부각되고 있는 판매 채널 마찰 문제에도 세심한 주의가 필요하다. 어떠한 경우에도 기존 판매 채널의 급격한 붕괴나 동요는 바람직하지 못하며 점진적 대응으로 마찰을 최소화해야 할 것이다.

우선, 최근 크게 높아진 소규모 딜러의 확대를 억제하는 동시에 직영점 통폐합을 통한 판매점 대형화와 원스톱 종합 서비스, A/S 거점으로의 전환, 영업 인력의 인터넷 마케팅 및 판매 인력으로의 전환 등이 점진적으로 추진되어야 한다. 또한 자동차 라이프 싸이클에 대응한 토털 서비스 체제가 도입되어야 한다. 즉, 신차 판매뿐만 아니라 보험, 정비, 여행·여가 등의 풍부한 인터넷 컨텐츠 확보, 중고차 처리 등 자동차 라이프 전반에 걸친 토털 서비스 도입으로 소비자들의 '오토모티브 솔루션 파트너(Automotive Solution Partner)'가 되어야 하는 것이다. 이를 통해 소비자와의 인터넷 커뮤니티를 활성화하고 브랜드 로열티를 지속적으로 확보할 수 있을 것이다.

브랜드 파워가 e-비즈니스 시대의 핵심적인 경쟁력 요소로 부각되는 점을 고려할 때, 국내 업체들의 브랜드 이미지 강화, 브랜드 다양성 확보 등의 적극적인 브랜드 전략도 필수적이다. 가상 공간에서의 브랜드 이미지 형성에서는 소비자의 '트래픽(traffic : 소비자와의 접촉 기회)'뿐만 아니라 '정착(正着)' 확대 여부가 매우 중요한 요소로서, 이러한 측면에서 강점을 지닌 유력 인터넷 포털 업체와의 제휴도 적극 고려할 필요가 있다. 또한 소비자층별로 특화된 업체와의 제휴를 통한 고객 접점의 다양화, 완성차 업체 인터넷 사이트 자체의 포털화 및 양방향 커뮤니티 확대 등도 추진되어야 한다. 국내 부품 업체들도 인터넷을 통한 맞춤형 판매 확대, 글로벌 소싱 등에 대응하기 위해서 독자적인 브랜드 이미지 강화에 적극 나서야 할 때이다.

다양한 브랜드 보유를 강점으로 하는 독립 인터넷 판매 업체들에 대응하기 위해서는 다양한 모델뿐만 아니라 브랜드 다양성의 확보도 필요하다. 국내 업체들의 경우 한정된 브랜드로나마 브랜드 차별성의 효과를 극대화하기 위해서는 브랜드간 경쟁('inter-brand' cannibalization)을 최소화해야 할 것이다. 특히 이 과정에서 원가 절감을 위해 추진되고 있는 브랜드간 플랫폼 통합 전략이 브랜드 차별성을 약화시키지 않도록 유의해야 할 것이다.[12]

또한 브랜드 이미지 제고의 시너지 효과를 위해 고급 브랜드의 인수나 신규 도입을 신중히 검토해야 할 때이다. 이는 고급 브랜드를 중심으로 강화되는 수입차 공세 대응을 위해서도 필요하다.

이러한 e-비즈니스 대응 전략을 추진해 나가는 조직 전략에서는, 새로운 시각과 마인드로 무장된 e-비즈니스 전담 조직이 유리할 것이다. 기존의 기능별, 브랜드별, 지역별 등으로 분화되고 장기 전략에 익숙한 전통적 조직 체제로는 e-비즈니스에 필요한 스피드, 유연성, 통합성의 구현이 어렵다. GM이 e-비즈니스의 관련 사업 통괄 조직으로 e-GM, 도요타가 가주닷컴(Gazoo.com) 등을 출범시킨 것은 좋은 예이다. 또한 '인터넷 속도'로 움직이는 e-비즈니스 확산에 신속히 대응하기 위해서 조직 구성원 전체의 디지털 마인드 무장이 필수적임은 두말할 나위도 없을 것이다. 특히 불확실한 e-비즈니스 환경에서 한 발 앞서 전략 방향을 결정해야 하는 CEO 등 최고 경영층의 디지털 마인드는 아무리 강조해도 지나치지 않다.

---

12) 소비자들이 인식할 수 없는 수준에서의 플랫폼 통합, 새로운 고급 기술을 고급 브랜드에 우선 적용함으로써 고급 브랜드의 브랜드 이미지 유지, 주요 시장에서의 판매망 분리 유지 등을 통해 브랜드 차별성 강화를 꾀하는 다임러크라이슬러의 'Brand Bible'은 이러한 측면에서 시사하는 바가 매우 크다.(Crain Communications, *Automotive News Europe*, 1999. 8. 16)

## 2. 중공업: 정보 공유를 통한 경영 프로세스의 혁신

일반 소비자 대상 제품보다는 특수 소비자 대상의 대형 제품을 생산을 위주로 하는 중공업은 주로 생산 프로세스의 효율성 향상을 위해 기업 내 및 동종 산업 내의 기업간 e-비즈니스에 주력하는 경향을 보이고 있다.

### 정보 공유를 통한 생산 프로세스의 효율화가 초점

중공업 분야에서는 특히 e-비즈니스 구축을 통한 효율적인 정보 관리 및 공유가 경쟁력 결정에 있어 핵심적인 요소로 대두되고 있다. 중공업계가 영위하고 있는 조선, 플랜트, 엔진 등의 사업은 설계, 제조, 유지 관리 등 가치 사슬상의 전 과정에서 복잡하고 다양한 정보들이 생성, 활용되고 있으며 발주자, 설계 업체, 부품 업체와의 거래 관계 또한 매우 복잡하다.

이러한 산업의 특성상 EC/CALS 시스템을 구현할 경우 발주, 설계, 조달, 제작 관련 정보의 공유와 신속한 정보 교환 및 전자 거래가 가능해져 효율성이 대폭 향상될 수 있다.

이러한 이유로 90년대 후반 이후 선진 업체들이 e-비즈니스 시스템 구축에 본격적으로 나선 가운데 국내에서도 정부 지원하에 전자 거래 시스템 구축이 가시화되고 있으며, 민간 기업 차원에서도 사내 정보화를 EC/CALS 시스템 구축과 연계하는 방안을 추진하고 있다. 특히 조선업의 경우 조선소, 기자재 업체, 설계 회사, 해운사 등 관련 기업간의 산업 내 CALS 전용망 구축의 일환으로 선박 해양 정보 통신망 및 정보 시스템을 추진중이다.[13] 한편 기계 업종의 경우에도 업계 내의 설계 정보 교환 및 제품 개발 시스템, 통합 조달·물류 체계 구축에 나서고 있다.

중공업계의 업종 특성상 대부분 제품, 기술 관련 정보들에 대한 내부 정보화나 관련자간 정보 공유에 중점을 두는 경우가 많으나, 선진 업체들을 중심으로 고객 서비스 강화를 위해 인터넷상의 접근이 가능하도록 시스템을 확장하려는 노력도 진행중이다. 기업 내 정보화, 업계 내 정보 공유, 그리고 고객 지원까지 포괄하는 e-비즈니스 구축의 발전 단계별로 대표적인 사례를 살펴본다.[14]

## 기업 내 정보화 : 도시바의 원자력 발전 플랜트 부문

먼저 기업 내 정보화의 사례로 일본 도시바의 원자력 발전 플랜트 부문의 PDM(Product Data Management : 생산 데이터 관리)에 대해 살펴보자. 도시바가 PDM을 추진했던 것은 사내의 방대한 기술 문서의 공유와 효율적 관리 방안이 필요했기 때문이다. 특히 원자력 발전 플랜트는 매우 복잡한 구조를 지니고 있을 뿐만 아니라 50년 이상의 유지 보수와 점검이 요구된다. 따라서 기획, 개발, 유지 보수 등으로부터 나오는 막대한 양의 자료와 정보를 통일적으로 관리하는

---

13) 제1단계(1997~1999) 선박 해양 기술 정보 통신망 구축 : 관련 기관 기술 정보 교환/공유 체계 구축, 시범 정보 서비스 시스템 개발·시범 운영 → 제2단계(1998~2000) 인터넷 기반의 동시 공학 환경 구축 : 정보 통신을 토대로 동시 공학 체계 구축 및 시범 운영 → 제3단계(2001~ ) 선박해양 CALS 실현 : 가상 조선소 실현을 위한 인터넷 기반의 동시 공학·전자 상거래 체계 구축 등의 순으로 추진되고 있다.
14) 한국CALS/EC협회, JECALS(Japan EC/CALS Organization)의 사례 자료를 토대로 요약, 재구성하였다.

| 도시바의 PDM 시스템의 구축 및 적용 과정 | |
|---|---|
| 사전 검토 | • 시판중인 PDM 시스템 중 도입이 적합한 시스템의 선정<br>• 3년간의 사전 검토 작업 진행 |
| 시스템 선정 | • 미국의 SDRC의 메타페이스 시스템을 선정, 도입 결정 |
| 전사적 적용 | • 설계 해석 결과와 각 기기의 2차원, 3차원 CAD 데이터를 연동시키는 데 사용<br>• 제조, 건설 등에 사용되던 각 시스템들과 연결<br>• 도시바 플랜트 건설 회사와도 연결되어 설계 변경시 사용 |

것이 생산성 측면에서 매우 중요하다.

도시바는 기술 문서들의 효율적 관리, 분업화된 설계 현장에서의 정보 공유 및 이를 통한 동시 공학적 작업 수행을 달성하기 위해 PDM을 도입했다. PDM이란 말 그대로 제품 정보를 종합적으로 관리하면서, 제품 정보의 보관·생성·사용·변경상의 업무 흐름을 통제하는 인트라넷 환경의 시스템을 말한다. 이를 통해 상·하위 공정의 설계자들끼리 정보를 공유함으로써 각 부문별로 동시 공학을 적용하여 설계 현장의 정보 공유 문제를 해결할 수 있다. 물론 막대한 양의 문서를 데이터베이스에 의해 공유하고, 워크플로(workflow) 기능을 통하여 기술 문서에 대한 효율적 관리도 가능하게 한다.

PDM 도입으로 무엇보다 도시바의 데이터 관리 역량이 크게 향상되었다. 플랜트 설계시 발생하는 각종 기술 문서를 워크플로 기능을 이용해서 부문간에 공유함으로써 불필요한 인쇄 작업이 감소되고 개발 기간이 단축되었다. 또한 각 부문간의 동시 병행적인 설계가 가능해져서 향후 발생하는 설계상의 오류를 감소시키고, 설계 사항의 수정 횟수도 크게 감소시켰다. 50년 이상 유지, 보수가 요구되는 플랜트 산업의 특성상 설계 단계에서 발생하는 기술 문서의 보관이 매우 중요한데, 데이터베이스 및 네트워크 등을 통하여 유지 보수에 필요한 문서를 빠르고 쉽게 원거리에서도 접근할 수 있게 되었다. 더구나 원자력 발전은 해외 프로젝트로서 외국의 메이커와 공동 응찰하는 경우도 많이 있는 만큼 자료와 정보의 디지털화는 필수적인 사항이었다.

## 기업 내 정보화 및 외부와의 정보 공유 : 뉴포트 뉴스 쉽빌딩 (NNS)

세계적인 방산업체인 NNS는 자사 경쟁력 유지를 위해 주요 무기 체계의 설계 및 생산 과정에 CALS 개념을 도입하고자 했다. 자체 조사 결과 40년 정도인 잠수함의 전체 수명 주기 동안 소요되는 총비용의 25~30%가 설계 및 건조 단계에 투입되고 있음을 파악했다. 그리고 제품 개선 및 수명 주기 내 유지 보수와 정밀 검사 등을 통해 부가가치 창출 가능성이 매우 크다는 점을 발견했다. 이를 토대로 컴퓨터를 이용하여 제작한 최초의 잠수함인 씨울프(Seawolf)의 설계 과정에 CALS를 도입해 설계 및 건조 단계의 작업을 개선하는 한편, 향후 신속하고 효율적인 관리를 통해 장기적 이윤을 창출하고자 했다.

이를 위해 동시 공학적 프로세스 및 데이터 표준화를 위한 시스템을 구축했다. 우선 설계 공정의 데이터 공유를 위해 3차원 모형에 대한 데이터 교환 표준이 없던 상황에서 IBM과 공동으로 CAD 데이터를 CALS 표준 포맷으로 변환하는 시스템을 개발해 다양한 엔지니어링 분야의 동시 설계가 가능하도록 했다. 또한 다수 데이터베이스를 네트워크로 연결하는 자동 물류 지원 시스템(SAILSS)[15]을 개발, 잠수함의 기획·개발·인도·물류 지원 등을 위한 데이터에 정부 기관과 계약자들이 통신 네트워크를 통해 SAILSS에 저장된 데이터에 접근할 수 있도록 했다.

한편 작업 패키지 공유를 위해 동시 공학 설계의 결과를 생산 과정에 사용하고 유지 관리, 정밀 검사에 활용할 수 있도록 천만 페이지 이상의 기술 정보와 기존의 작업 패키지에 대해 온라인 액세스가 가능한 시스템(Planning Workbench)을 구축하였다. 그리고 통합 출판 시스템(IPS, Integrated Publishing System)을 구축, 기존의 CALS 표준을 따르지 않은 데이터들을 CALS 포맷으로 변환할 수 있도록 하고 표준화된 문서를 생성·편집할 수 있도록 했다.

'씨울프' 프로젝트에 대한 CALS 구현 노력을 통해 설계 효율 증대, 미래의 유지 보수 비용 절감, 업무 능률화 등과 같은 효과를 얻을 수 있었다. 즉, CAD 소프트웨어를 이용한 엔지니어링과 설계 과정의 수평적 통합으로 기존의 순차적인 접근 방법(기본 설계-상세 설계-건조 준비)을 단일 제품 모델로 압축하였고, 그 결과 설계 단계에서 중복되는 많은 부문에 동시적 접근이 가능해졌다. 또한 설계시 발생하는 각종 기술 관련 데이터들은 제품 수명 주기 동안 유지 보수 비용의 절감 및 업무 능률도 향상되었다. 그리고 설계의 한 부분으로 개발된 단일 통합 생산/건조 계획은 생산 과정을 효율적으로 관리할 수 있도록 하는 한편, 다음 잠수함 건조에 대한 관리의 기준을 제공했다. 물론 고객이나 하청 업체간의 설계 정보 교환에 장애

---

15) The Seawolf Automated Integrated Logistics Support System.

가 사라짐에 따라 설계 과정에서 계약자의 철저한 관리 및 고객의 요구 사항 반영도 용이해지고, 하청 업자로부터 조달이 효율화되는 한편 이들 업체들의 생산성 향상도 가능해졌다.

## 기업 내 정보화 및 외부와의 정보 공유 : 하글룬츠

내부 정보화 및 정보 공유의 또 다른 사례로 하글룬츠(Hagglunds) 의 롯츠(Lots) 프로젝트를 들 수 있다. 스웨덴의 군용 운송 장비 공급 업체인 하글룬츠는 CALS 도입을 위한 파일럿 프로젝트로서 롯츠 프로젝트를 추진했다. 기존의 내부 PDM 시스템을 표준화된 정보의 형태로 표현할 수 있도록 확장시킴으로써 외부와 정보를 교환하고자 했던 것이다. 물론 제품 관련 데이터의 표준화, 데이터 공유를 위한 기반 조성이 주요 목표였다. 하글룬츠는 이를 위해 CALS의 표준인 SGML과 STEP을 활용한 시스템을 구축했다.[16]

시스템 구축의 결과 제품 개발 과정의 효율화 및 내·외부 고객에 대한 비용과 시간 측면에서의 생산성 향상이라는 효과를 거두었다. 즉 설계, 물류, 출판 부서간의 통합된 정보 환경을 제공함으로써 동시 공학적인 업무 수행이 가능해졌으며, 제품 설계의 변경 사항에 대한 문서화도 매우 간편해졌다. 특히 문서화 작업이 자주 요구되는

---

16) SGML(Standard Generalized Markup Language)은 텍스트 형식의 데이터 파일에 대한 표준을 말한다. STEP(Standard for the Exchange of Product model data)은 설계, 생산 등 제품의 전체 생명 주기에 필요한 데이터의 표준을 말하는데, 특히 설계 데이터 표준으로 주로 채택되었던 IGES(Initial Graphics Exchange Specification)가 STEP으로 대체되는 추세에 있다.

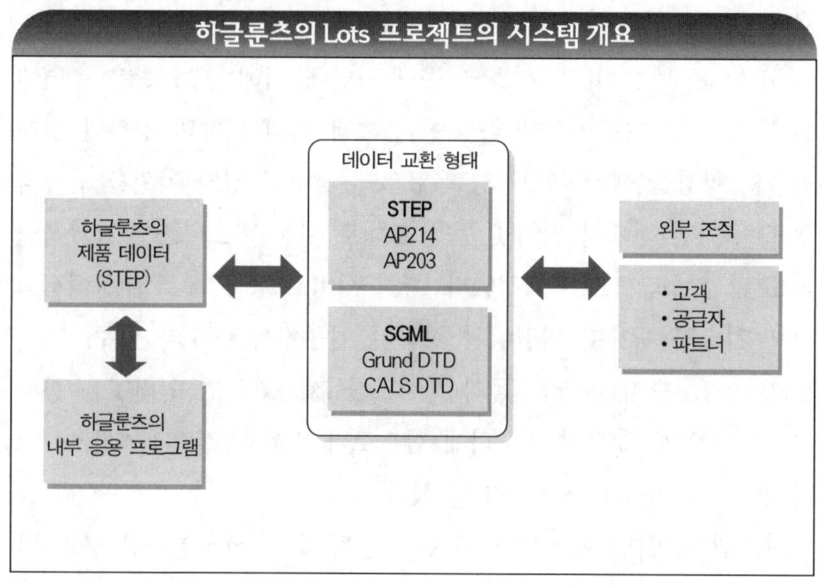



엔지니어와 외부 조직의 관련자 등에게 간편하게 문서화할 수 있는 환경을 제공했다.

## 기업 내 정보화, 정보 공유, 고객 지원 시스템 : GEAE

내부 정보화, 정보 공유는 물론 고객 지원까지 포괄하는 e-비즈니스 시스템 구축의 사례로 GEAE(GE Aircraft Engines)[17]의 E-이니

---

17) 1999년 매출 105.6억 달러로 GE 전체 매출의 10% 내외를 차지하는 중요 사업 부문으로, 동종 업계 내에서 Platt & Whitney, Rolles Royce를 빼고는 항공기 엔진 제조 업체로서 세계 최대 업체이다. 90년대 대형 상용 제트 엔진의 50% 이상이 GE와 CFM International(GE과 프랑스의 Snecma의 합작 회사)에 의해 발주되었고, 항공기 외에 선박·산업용 가스 터빈도 공급하고 있다. 한편 관련사인 GE Engine Services를 통하여 유지 보수, 부품 제공 서비스를 제공하고 있다.

셔티브를 살펴보자.

GEAE는 델 컴퓨터, 시스코 등의 기업에 비해 정보 활용 측면에서 뒤지고 있다는 인식을 바탕으로, 고객 지원 체제의 강화와 고객 만족도 향상을 핵심적인 경영 목표로 설정하여 경영 자원을 집중하였으며, 이 과정에서 인터넷 등을 토대로 한 e-비즈니스를 효과적인 목표 달성 수단으로 채택하였다. 특히 서비스 등 비제조 부문에서의 정보 기술의 활용이 뒤떨어진 항공기 업종에서 수주와 발주, 기술 정보 제공, 수리나 반품 등의 서비스를 전자화하고 인터넷을 통해 고객과의 정보 교환이 가능하게 함으로써 비용의 절감과 더불어 고객 만족도의 향상을 도모하고자 했다.

시스템 측면에서는 가능하면 단기간 내에 시스템 통합은 물론 인터넷 웹상의 플랫폼을 개발하고자 했다. 이를 위해 시스템 통합, 공급망, 웹 부문 등 3개의 부문에 걸쳐 1999년 6월 처음 설치 이후 약 6개월 안에 이들 프로젝트를 동시 진행했다. 특히 혁신적이고도 효과적인 e-비즈니스 추진을 위해 CEO는 전사적 차원에서 지원하고 아울러 각 부문별 리더들에게 신속한 의사 결정을 가능하도록 자율권을 부여했다.

이에 소요되는 총 예산 규모는 4,500만 달러(2000년에 1,200~1,500만 달러)로 잡고 있으며, 개발 단계는 먼저 3달 정도의 기간 내

| GEAE의 e-비즈니스 전략과 키워드 | |
| --- | --- |
| e-비즈니스 전략 | e-비즈니스 키워드 |
| • 고객이 용이하게 GEAE와 비즈니스하게 함.<br>• 고객 만족도를 높임.<br>• 인터넷을 최대한 활용하고 성장을 가속화함. | • 품질<br>• 제어<br>• 스피드 |

<table>
<tr><td colspan="2" align="center">GEAE의 부문별 e-비즈니스 추진 내용</td></tr>
<tr><td>시스템 통합화 부문</td><td>회사 전체의 시스템을 통합화하기 위해 e-비즈니스용의 플랫폼을 새롭게 개발, 이 플랫폼 위에서 e-비즈니스용의 응용 소프트웨어가 작동</td></tr>
<tr><td>공급 체인 부문</td><td>부품 공급선, 고객 기업 등과 네트워크를 구성, CRM(Customer Relationship Management)의 사고 방식도 수용</td></tr>
<tr><td>웹 사이트 부문</td><td>모든 정보는 웹 사이트를 사이에 두고 제공되고 이용자 측은 브라우저를 이용, 이를 위한 플랫폼을 개발</td></tr>
</table>

에 회사·제품 정보의 제공이나 네트워크상의 간단한 거래를 가능하게 하고 그 이후 시스템의 통합화와 차별화를 추진하고 있다. 무엇보다 이용이 손쉽고 편리한 인터넷을 사용함으로써 고객이 용이하게 GEAE와 연결될 수 있도록 하고 있다.

GEAE는 서비스 등 비제조 부문에서의 정보 기술의 활용이 뒤떨어진 항공기 업종에서 수·발주, 기술 정보 제공, 수리나 반품 등을 전자화함으로써 고객과의 정보 공유 및 비용 절감 등 고객 만족도의 향상이 가능할 것으로 기대하고 있다.

현재 본격 실행중인 원격 진단 시스템의 경우, 항공기나 플랜트의 진단 시스템과 실시간으로 연결해 관련 데이터들을 분석하고 문제 발생시 해당 고객이나 GEAE의 엔지니어 등이 신속히 해결할 수 있도록 함으로써 비용 삭감에 성공했다. 이 원격 진단 시스템에 연결된 30여 개 항공사 가운데 한 업체인 캐나다 3000(CANADA 3000)의 경우 운행의 지연이나 중지가 감소함에 따라 30~35%의 비용 삭감에 성공했다고 한다.

| GEAE의 e-비즈니스 세부 프로젝트 | | |
|---|---|---|
| 프로젝트 | 내용 | 특기 사항 |
| 머큐리 프로젝트 (Project Mercury) | 수주 관리 | 부품 발주를 네트워크를 통하여 전자적으로 수주. 특히 고객마다 인터페이스를 차별화 |
| 오리온 프로젝트 (Project Orion) | 대화적 전자 기술 문서의 발행 | 모든 부품에 관한 정보를 네트워크상에서 찾을 수 있도록 함. |
| 트라이튼 프로젝트 (Project Triton) | 협조 체제의 가시화 | 고객에게 부품의 비주얼 데이터를 제공 고객은 제조 프로세스를 실시간으로 볼 수 있고 비용 삭감을 위한 의사 결정 가능 |
| 버고 프로젝트 (Project Virgo) | 부품 수리 센터 지원 | – |
| 워런티 프로젝트 (Project Warranty) | 제품 보증과 반품 용이화 | – |
| 그래비티 프로젝트 (Project Gravity) | 고객 경험 관리 | – |
| 익스플로러 프로젝트 (Project Explorer) | 온라인 트레이닝 | – |

## 기업 내 정보화, 정보 공유, 고객 지원 시스템 : 시그널

내부 정보화, 정보 공유 및 고객 지원의 사례로 시그널(Hollandse Signaalapparaten B.V.)[18]의 프로젝트를 살펴보자. 네덜란드의 국방 예산 삭감 압력이 심화되고 있는 상황에서 레이더 등 군용 전자 기기를 제조하는 이 회사는 간접 부문의 비용 삭감, 제품 조달 비용 삭

---

18) 군용·항공용 전자 기기 메이커로 세계 제3위인 Thomson-CSF의 자회사로서 레이더 등 감시 기기, 병기 컨트롤 기기, 전투 매니지먼트 시스템, 트레이닝·서비스 등을 주 사업으로 삼고 있다.

| 분야 | | 개요 | 개별 프로젝트 | |
| --- | --- | --- | --- | --- |
| CITIS | | 계약자 통합 기술 정보 서비스 | APAR-EMD 프로그램 | 군함용 레이더 개발시 발주자인 네덜란드 해군과의 기술 정보 공유를 위해 CITIS의 일환으로 추진. 그 결과 개발 기간의 단기화, 간접 부문의 비용 삭감 실현 |
| PDM | | 제품 데이터 관리 | CMIP | 사내 정보화의 일환으로 데이터를 표준화하여 통합 관리할 수 있는 시스템을 구축. 동시 공학의 실현을 도모하고 고객이나 하청 업자와의 정보 교환에서도 활용 |
| ILS | IETM | 인터액티브 전자 기술 매뉴얼 | VESTA IETM 프로젝트 | 제품 판매에 따른 사후 지원 업무를 IT에 의해 효율화하기 위해 ILS를 진행. ILS의 하나인 IETM의 경우 1993~1994년에 이미 네덜란드 해군과의 사이에서 VESTA IETM이라는 프로젝트로 실행 |
| | LSA | 로지스틱스 · 지원 분석 | VEPRIM | |
| WEAS | | 웹 이용 애프터서비스 | | 판매 후 고객 지원을 웹을 통하여 실현하도록 하는 것임. 서비스의 질적 향상, 비용 삭감, 수주율의 향상을 도모하는 데 2000년에 시스템 가동을 목표로 하고 있음. |
| FREE | | 리엔지니어링을 위한 모델 | Esprit 프로젝트 | EU의 Esprit 프로젝트의 하나로 리엔지니어링을 위한 모델, 어세스먼트 툴, 방법론 등을 제공 |

감 등을 요구받는 상황에서 CALS 등의 활용을 통해 해결 방안을 찾고자 했다. 즉, 고객의 욕구를 채워 주는 한편, 내부적으로는 리드 타

---

19) 각 약어의 의미는 다음과 같다. CITIS: Contractor Integrated Technical Information Service, APAR-EMD: Active Phased Array Radar- Engineering & Manufacturing Development, CMIP: Configuration Management Improvement Program, ILS: Integrated Logistic Support, IETM: Interactive Electronic Technical Manuals, LSA: Logistic Support Analysis, WEAS: Web Enabled After Sales, FREE: Fast Reactive Extended Enterprise.

임의 단축, 계속적인 제품 개량과 경쟁 우위의 획득을 위해 e-비즈니스를 추진했던 것이다. 단기적으로는 제품 개발 기간의 단기화, 간접 부문의 비용 삭감을 도모하고 장기적으로는 계약자로부터의 신뢰 확보, 통합적인 데이터 관리 향상, 하청 업자나 고객과의 데이터 교환 증대, 대(對)고객 서비스 개발 등을 추구했다.

시스템에 있어서 사내 정보화와 외부와의 정보 공유에 대한 전략적 접근을 시도하는 가운데 이미 사용되고 기술들을 효과적으로 편성, 활용하는 데 초점을 두었다.

GEAE의 경우와 마찬가지로 프로젝트 성공의 열쇠로서 CEO의 지지가 중요하다는 점을 인식하고 CEO 직속의 CALS/EC 매니저를 두고 책임과 권한을 부여했으며, 인터넷 웹을 통한 서비스 제공으로 시스템 개방성을 확대하고자 했다.

그러한 노력의 결과 우선 내부적인 데이터 통합 관리로 동시 공학의 실현 가능성이 높아졌으며 고객이나 관련 업체와의 정보 소통도 원활해졌다. 특히 국방 예산의 삭감 압력 속에서 군에 비용 부담을 삭감할 수 있는 CALS(CITIS)를 활용한 프로젝트를 제안하여 이를 수주 획득에 연결하고 있다.

## 국내 중공업 업계의 대응 과제

인터넷 등을 포함한 정보 통신 기술을 산업에 접목하려는 노력은 국내 중공업체들의 경우에도 예외는 아니다. 국내 중공업계의 e-비즈니스는 선진 기업들의 사례에서와 마찬가지로 PDM 등 기업 내부의 정보 관리 시스템 및 공급망 관리(SCM ; Supply Chain Management)를 통해 기존의 경영 프로세스를 좀더 효율화하고 비용 절감은 물론 경영 기능의 개선을 도모하는 데 초점을 맞추고 있다. 특히 2000년 중반 이후에 몇몇 업체를 중심으로 원자재 및 부품을 공동으로 조달할 수 있는 e-마켓플레이스의 구축에도 중점을 두고 있다.

한편 업계 내외 기업간에 설계 및 제품 개발 등에 대한 정보를 공유하는 것은 아직 걸음마 단계에 있는데, 현재 정부와 관련 협회 등을 중심으로 CALS 등에 기반을 둔 통합 정보망 구축을 목표로 한 전략을 수립하고 있다. 최근 산업자원부는 '전자 상거래 종합 대책'을 통해 한국기계산업진흥회와 조선기술연구소 등을 중심으로 중공업 분야의 기업간 설계 정보 교환이나 제품 개발 시스템 구축, 통합 조달 및 물류 체계를 구축한다는 마스터 플랜을 세우고 협회와 업체 등이 중심이 되어 이를 추진해 나가도록 하고있다.

인터넷을 포함한 정보 통신 기술의 도입에 비교적 보수적인 중공업계의 이러한 변화 양상은 선진 업체들의 사례와 큰 차이는 없다. 하지만 표준화 미비로 인한 동종 업계 기업간, 그리고 이종 업계간 호환성이 결여되어 있어 기업간 전자 상거래나 정보 공유 등의 발전을 저해하고 있다.

특히 중공업의 특성상 대형 업체 및 협력 관계를 맺고 있는 다수 중소업체들이 폐쇄적인 정보망을 구축하고 있는 경우가 많아 기업 외부로의 정보화 확대에 걸림돌이 되고 있다. 이런 측면에서 설계, 제품 정보의 표준화, 그리고 기존 EDI 시스템을 개방형인 웹 기반으로 전환하는 것 등이 중공업계 e-비즈니스의 발전을 위해 가장 중요한 과제라 할 수 있을 것이다.

# 3. 건설 : 이업종에서 동업종 B2B로의 진화

건설업의 사업 영역은 다양한 분야에 걸쳐 있다. 발주 과정에서 발주자와 시공 업체, 설계 업체, 또 시공 과정에서도 설계 업체와 일반 건설 업체, 전문 건설 업체, 자재 업체간의 거래 관계가 복잡하게 형성되어 있을 뿐만 아니라 부동산, 금융 등 연관되는 사업 범위도 넓다. 이러한 산업의 특성상 건설 산업에서는 간접비 비중이 상대적으로 다른 산업보다는 높다. 이와 함께 아파트 사업을 제외하고는 토목, 건축 등 분야별로 개별적인 특성을 많이 가지고 있어 표준화가 매우 어려운 산업이다. 이런 측면에서 건설 산업의 e-비즈니스는 건설 산업의 표준화를 유도하고 간접비를 축소할 수 있는 수단이라는 측면에서 향후 건설 산업의 중요한 경쟁력 요소의 하나로 대두되고 있다.

## 건설 산업의 e-비즈니스 추진 현황

건설업에서의 기업간 전자 거래는 건설 사업 추진에 비용과 시간을 축소하고 산업 경쟁력을 증대할 수 있다는 측면에서 90년대 중반부터 정부 주도의 기업간 전자 거래(CALS: Continuous Acquisition & Life-cycle Support)[20]로 추진되었다. 건설업 CALS는 발주자와 설계

---

20) CALS의 시기에 따라 다양하게 변천되어 왔다. 1985년 등장한 CALS는 'Computer Aided Logistic Support'로 군수물자의 관리에 초점을 맞추어졌으나, 이것이 민간 부문으로 이전되면서 'Computer-aided Acquisition & Logistic Support'로 의미가 변화되어 기업의 구매, 제조, 물류, 엔지니어링 등을 포괄하는 것으로 사용되었다. 그러다가 1993년에는 'Continuous Acquisition & Lifecylce Support'라는 의미로 변경되면서 제품의 전 라이프 사이클을 포괄하

업체, 건설 업체, 하청 업체, 자재 업체간의 입찰이나 설계, 시공과 관련된 자료를 서로 공유하고 컴퓨터를 통하여 전자적(電子的)으로 처리하는 것이다. 현재 정부는 건설업 CALS를 1998년부터 2005년까지 3단계로 추진하고 있다. 제1단계(1998~1999년)에는 전자 문서 처리 체계 구축, 제2단계(2000~2002년)는 건설 관련 정보 유통의 디지털화, 제3단계(2003~2005년)는 실제로 공공 건설 사업을 CALS 체제로 운영하는 것이다.

일본 정부도 건설 산업 CALS에 대해서 우리 나라와 유사한 계획을 가지고 있다. 일본 건설성(建設省)은 지난 1997년에 건설 분야에서의 CALS/EC를 추진하기 위한 3단계 실행 계획을 책정했다. 제1단계로 1998년까지 전자 메일 및 인터넷 이용 환경 정비 등을 추진하며, 제2단계로 2001년까지 일정 규모의 공사에 전자 조달 시스템을 도입하고, 2004년까지 제3단계로 건설성 직할의 전사 업소에 관하여 전자 조달 및 전자 데이터 교환(EDI)에 의한 계약 사무의 집행, 정보의 종합 데이터베이스화 등을 실현하기로 했다.

이러한 정부 차원의 CALS 추진과 함께 민간의 개별 기업 차원에서도 최근 인터넷이 확산됨에 따라 다양한 측면에서 전자 거래가 심화되고 있다. 민간 차원에서의 건설 산업의 전자 거래는 분류 기준에 따라서 다를 수는 있으나 기업 내(B2E), 기업간(B2B), 기업과 고객간(B2C)등 세 가지로 크게 나누어 볼 수 있다. 건설 업체 내에서

---

여 지원하는 전자 시스템으로 정의되었다. 그 후 1995년에는 다시 'Commerce At Light Speed' (光速 상거래)라는 의미로 사용되면서 전자 상거래로서의 특징이 부각되었으며, 최근에는 인터넷의 광범위한 사용으로 개방형 네트워크가 중요해지면서 기본적으로 폐쇄망인 CALS에 대해서는 관심이 줄어들고 있다.

의 전자 거래는 전사적(全社的) 자원 관리(ERP)로 추진되고 있고, 건설 업종 내 기업간 거래(B2B)는 주로 설계 업체, 일반 건설 업체와 협력 업체 그리고 자재 업체 등 건설 관련 업체간에 이루어져 있으며, 기업과 고객간(B2C)은 정부 및 민간 발주자와 건설 업체 또는 주택 수요자와 건설 업체간에 이루어지고 있다.

민간 차원에서 몇 년 전부터 확산되고 있는 건설업에서의 전자 거래를 일본과 우리 나라 건설 업체 사례를 통하여 살펴보자. 한일 양국의 건설 업체들은 대체로 사내 인트라넷 등을 통하여 B2E를 추진하고 있으나, 최근 들어 다양한 사업자간의 B2B와 건설 업체와 고객간의 B2C가 추진되고 있다.

## 일본의 건설 업체 e-비즈니스

일본 건설 업체 e-비즈니스 사례의 가장 특징은 B2C보다는 B2E, B2B가 발달했다는 것이다. 일본 건설 업체들의 본사와 지점, 공사장, 설계 사무소간에 사내 조달, 하청 업체 선정 등 연관 사업자간의 전자 거래가 활발하다.

우선 사내 인트라넷을 통한 B2E 사례를 살펴보면, 일본 건설 업체들은 1996년부터 인터넷과 사내 정보 네트워크와의 융합을 도모하는 인트라넷을 구축하고 있다. 카지마(鹿島), 오바야시(大林組), 후지타가 인트라넷을 구축하기 위한 사내 전용 서버를 신설하거나 확충하고 있다. 본사, 지점, 영업소 외에 현장 차원에서도 인터넷을 이용하여 사내 네트워크에 접속, 영업 정보 및 기술 정보 등을 자유롭게 주고받을 수 있는 시스템을 정비하고 있다. 최근 오바야시는 도쿄(東京)-오사카(大板)간에 ATM 기간망을 이용하여 거점 공사 사무소, 정보 시스템 센터, 연구소, 지점을 연결하고, 여기에 전국적으로 산재해 있는 약 800개 소의 소규모 공사 사무소를 연결하는 네트워크 구축을 완료했다. 일본의 주요 건설 업체들은 인트라넷을 기반으로 점차 전문 건설 업체나 자재 업체 등 연관 건설 사업체와의 연결로 나아가고 있다.

다음으로 기업간 거래인 B2B 사례를 살펴본다. 일본 건설 업체들은 자재 업체나 협력 업체(전문 건설 업체)와 인터넷을 이용한 전자 문서 교환을 통해 자재 조달 및 하청 업체 선정 등에 활용하여 코스트 절감 효과를 누리고 있으며, 하청 체계에도 변화의 조짐이 나타나고 있다. 후지타나 도다 건설(戶田建設)은 건설성 주도로 개발한 EDI의 표준 방식을 사용해 전문 건설 업체, 자재 업체까지 모든 건설 관련 기업이 인터넷을 통해 자료와 정보를 교환하고 있다. 후지타가 전자 문서를 주고받는 협력 업체는 약 130개 사이고, 동경 지점의 경우 인터넷을 통한 견적 의뢰 건수는 전체의 견적 의뢰의 70~80%에 이른다.

다이세이 건설(大成建設)은 인터넷을 이용하여 전문 건설 업체 및 설비 업체에게 발주 정보를 공개, 발주선을 공개 모집하는 방식을 채용했다. 다이세이 건설이 채용한 '다이세이G-net'의 홈페이지에 접속하면 다이세이 건설이 계획하고 있는 전국의 사업을 열람할 수 있다. 그리고 납품을 희망하는 기업이 다이세이 건설에서 요구하는 건재 및 설비 등의 사양 및 수량을 입력하면 다이세이 건설은 견적서를 비교하여 발주선을 결정한다.

도요(東洋) 엔지니어링(TEC)은 인터넷을 이용해 플랜트 배관재의 조달, 납기 관리 시스템을 개발, 운용하고 있다. 거래량이 많은 국내외 약 20개 사의 조달 거래 업체와 협정을 체결하여 자재의 견적 및 납기 관리에 관한 정보를 네트워크상에서 신속하게 주고받을 수 있도록 하고 있다.

고마츠는 인터넷의 홈페이지상에 가상의 구매부를 설치하여 건설 기계 및 일렉트로닉 부문 등의 자재 조달을 개시했다. 건설 기계 부문의 부품 규격 및 수량 등의 구입 정보를 인터넷상에서 공개하여 납품을 희망하는 메이커를 세계 각지로부터 모집하고 있다. 부품 업체는 인터넷상의 건설 기자재 구매 정보를 보고 전자 우편으로 응모한다. 고마츠는 3년 이내에 그룹 전체에서 연간 4,000억 엔에 달하는 부품 조달의 10% 정도를 인터넷을 통하여 구매할 계획이다.

히다치 건기(日立建機)는 제휴 관계에 있는 미국의 건설 기계 메이커인 조디아 사의 판매 대리점 재고 정보를 온라인으로 파악할 수 있는 체제를 정비했다. 이러한 정보를 자사의 생산 부문과 연동시켜 실시간 재고 조정에 기초한 생산 판매 체제를 정비하기로 했다.

히다치 제작소(日立製作所)는 중소 건설 회사의 민간 공사 수주를 인터넷으로 중개하는 전자 상거래를 개시했는데, 인터넷을 중개로 중소 건설 회사를 대신하여 견적을 계산한다. 이러한 서비스로 견적 비용을 5분의 1 정도로 줄일 수 있을 것으로 보고 있다. 견적 비용 절감은 중소 건설 회사에게는 수주 확대 효과를 가져오고, 결국 건설 코스트가 삭감되어 고객(발주자)에게도 이익이 돌아가게 된다.

다음으로 일본 건설 기업과 소비자와의 관계인 B2C 사례를 살펴본다. 일본 건설 업체의 B2C는 주로 주택 건설 업체를 중심으로 인터넷을 통하여 고객의 요구를 반영하고, 이를 통하여 고객 자료를 축척하여 향후 주택 건설에 활용하기 위한 것이다.

미와자와홈은 인터넷을 이용하여 단독 주택 주문의 '플랜 작성'이 가능한 서비스를 개시, 홈페이지에 접속하여 건설 예정지의 면적, 형상, 자기 자금, 희망하는 공간 배치를 입력하면 실현 가능한 주택의 평면 및 주택 구입 자금의 상환 계획이 제시된다. 이를 통하면 고객과 영업 담당자가 직접 만날 필요가 없어진다. 특히, 지방이나 해외 거주자, 몸이 불편한 사람들에게 편리할 것으로 예상하고 있다.

시미즈 하우스는 영업 및 설계, 애프터서비스 등 관련 부문에서 고객의 주택 관련 데이터의 공유가 가능한 새로운 사내 기간 시스템의 운용을 개시했다. 설계도 작성 및 견적, 건물 개축(reform) 제안 등을 고객에게 즉시 제공할 수 있다. 이러한 신시스템을 고객 개척의 무기로 활용하여 주택 시장 점유율 10%, 문의 건수의 계약 전환율 70% 달성을 목표로 하고 있다. 이러한 새로운 시스템은 평면의 공간 구분도를 PC 화면상에서 입체적으로 나타낼 수 있고, 개별적으로 설계한 건물과 차고를 조합하여 표시하는 것도 가능하다.

## 한국의 건설 업체 전자 거래 사례

그러면 국내 건설 업체의 e-비즈니스는 어떻게 진행되고 있고, 일본과 비교해서 어떤 다른 특징을 가지고 있는가를 살펴보기로 한다. 국내 건설 업체의 경우도 일본과 마찬가지로 대형 건설 업체들의 경우에 사내 인트라넷 구축이 몇 년 전부터 진행되고 있으나, 자재 조달 및 협력 업체 선정을 인터넷을 통하는 B2B는 아직은 초기 단계에 머물고 있다.

　이에 비해 주택 업체를 중심으로 사이버 주택과 사이버 공동체를 조성하기 위한 이업종간 B2B가 활발하게 추진되고 있다. 주택 건설 업체들은 인터넷 확산에 따른 주택 정보화 수요가 확대됨에 따라 통신 업체, 인터넷 전문 업체들과 제휴하여 광통신망 구축, 고속 인터넷망 설치, 입주민들을 위한 정보 서비스 제공 등의 편의를 제공하고 있다.

　다른 나라에 비하여 아파트 단지 위주의 집단 주거 생활이 정착되어 있기 때문에 향후 건설 사업은 기존의 입주자 또는 신규 건설 아파트를 대상으로 한 정보 통신 서비스 사업으로까지 확대되면서 다양한 분야의 이업종 사업자간 B2B가 활성화될 것으로 보인다.

## 한국과 일본의 건설업 e-비즈니스 비교

　건설업의 e-비즈니스 측면에서 우리 나라와 일본의 건설 업체를 비교하면 일본은 연관 산업간 B2B, 우리 나라는 이업종간 B2B가 활발하게 진행중임을 알 수 있다. 일본 건설 업체들의 경우에는 사내 인트라넷을 비롯하여 국내외 연관 산업간의 거래를 중심으로 B2B가 활발하게 진행되고 있는 데 비해 우리 나라는 사내 인트라넷 구축 단계에 있고, 아직 연관 산업간의 B2B가 부분적으로 진행되고 전반적으로는 진척이 되지 못하고 있다.

　일본의 경우는 사내 중심에서 국내외 연관 산업간 e-비즈니스로 확산되는 양상을 보이는 반면, 우리 나라는 사내 중심에서 통신 업체, 인터넷 업체 등 이업종간 e-비즈니스라는 방향으로 진전되고 있다. 국내 건설 업체들이 특히 이업종간의 B2B가 활발히 진행중인

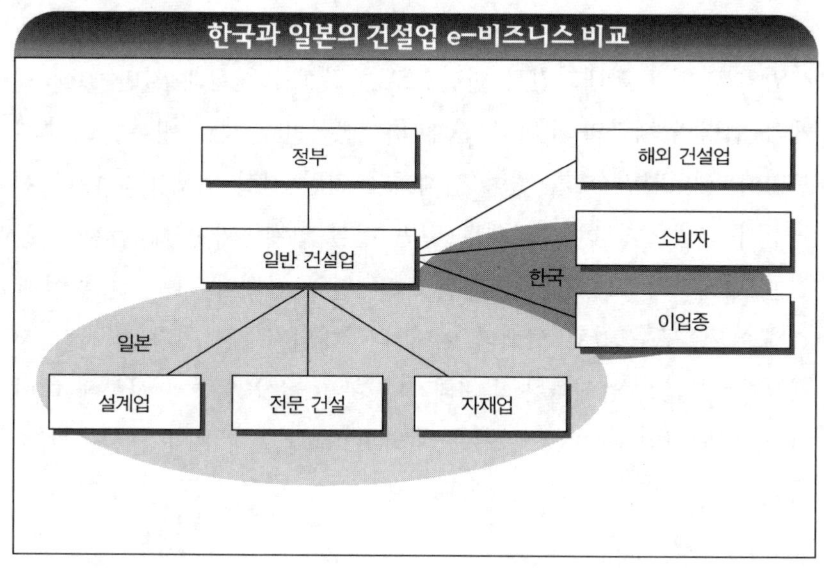



것은 건설 업체 대부분이 주택 사업 부문이 큰 비중을 차지하고 있는 현실을 반영한 것이다. 왜냐하면 아파트 단지 단위로 인터넷을 활용한 부가 서비스 사업의 가능성이 크기 때문이다.

## e-비즈니스로 인한 건설업 변화

이러한 건설업의 e-비즈니스 확대는 건설 경영 효율화 제고 및 건설 산업 구조 변화를 초래할 것으로 보인다. 기존에 문서로 거래하던 것이 전자 거래로 대체되면서 간접 제조원가의 절감은 물론 공기 단축을 통한 비용 절감, 경영 합리화, 고객 만족도 제고 등의 효과가 있을 것으로 보인다.

이와 함께 설계 업체, 일반 건설 업체, 전문 건설 업체, 자재 업체간의 전자 거래가 이루어지면서 업체간의 제휴가 활발해지고 공동 사업의 기회가 확대되면서 한편으로는 경쟁도 심화돼 일반 건설 업체와 협력 업체간의 수직적 관계가 수평적인 관계로 변화할 것으로 보인다. 왜냐하면 과거 협력 업체들은 일반 건설 업체들에 대한 전속성이 강했으나, 전자 거래로 일반 건설 업체들과 자재 업체, 전문 건설 업체간의 교류가 확대되면 일반 건설 업체나 전문 건설 업체, 자재 업체 모두 업체 선택의 여지가 확대되기 때문이다. 이러한 점에서 국내 건설 업체들은 국내외적인 향후 건설업 경쟁 심화에 대비하여 연관 산업 내의 전자 거래 체제(B2B) 구축에 보다 관심을 기울여야 한다.

## 4. 전자 : 미국과 일본 업체간 격화되는 e-비즈니스 경쟁

전자 산업의 e-비즈니스는 크게 기업과 소비자간, 산업 내 기업간 전자 상거래의 유형을 취하고 있고, 향후에는 이업종간 e-비즈니스로도 발전할 것으로 보인다. 이는 전자 산업의 다음과 같은 특성을 고려한 것이다.

### 전자 산업의 특성과 e-비즈니스

첫째, 가전 및 통신 제품의 경우 소비자의 기호에 맞는 제품 개발이 중요하다. 소비자들은 획일적 제품보다는 자신의 기호에 맞는 제품을 소비하려는 경향이 강해지고 있으며, 최근 이들 소비자들의 선호가 다양한 형태로 빠르게 변화하고 있다.

둘째, 컴퓨터, 게임기, 가전 제품 등 대부분 제품은 소비자들과 직접적인 관계를 맺고 있으므로 소비자에 대한 기업의 홍보, 물류 활동이 중요하다.

셋째, 전자 제품의 생산에는 다양한 많은 부품이 소요되므로 협력 업체와의 관계가 중요하다. 넷째, 최근 급속한 디지털화 등 기술 발전으로 통신, 인터넷, 방송, 가전의 결합이 이루어지고 있어, 상호 기술 보완이 중요해지고 있다.

기업과 소비자간 거래와 관련한 e-비즈니스 형태로는 사이버 마케팅, 신규 수요 개발, 인터넷 광고, A/S, 전시 등을 들 수 있다. 첫째, 사이버 마케팅은 인터넷을 통해 소비자들이 제품을 구매할 수 있도록 하는 것이다. 전자 상거래를 활용함으로써 생산자와 소비자를 직접 연결하는 인터넷 직판 체제가 구축되고 있다. 둘째, 인터넷을 활용하여 신규 수요 개발이 이루어지고 있다. 기업들은 인터넷을 통해 소비자에 관한 정보를 확보하고, 데이터 베이스를 구축함으로써 소비자들의 다양한 욕구를 충족시킬 수 있는 신규 제품 개발에 활용하고 있다. 셋째, 소비자에 관한 데이터 베이스를 바탕으로 인터넷을 이용하여 소비자들이 관심을 가지는 내용을 중심으로 제품 광고를 하고 있다. 이 밖에 인터넷을 활용한 전시, A/S 체계의 재편 등도 추진되고 있다.

산업 내 기업간에 행해지고 있는 e-비즈니스로는 구매 체계 및 유통 체계 혁신, 협력 업체 생산 라인 관리 등이 행해지고 있다. 첫째, 인터넷 구매 체계를 구축하여 부품 재고 현황을 실시간으로 파악하는 등 부품 업체와 각종 협력 체계를 구축하고 있다. 둘째, 유통 체계가 재편되고 있다. 가상 세계에서 행해지는 전자 상거래를 뒷받침하려면 현실 세계의 유통 체계가 달라져야 한다. 이에 따라 기존 대리점 체제가 쇠퇴하고, 대신 배송, 설치의 위탁 등 유통 회사들과의 협력이 도모되고 있다. 셋째, 협력 업체 및 아웃소싱 업체의 생산 라인을 본사에서 직접 점검하고 관리함으로써 통합적인 공급 사슬 관리 체계를 실현하고 있다.

향후에는 이업종간 e-비즈니스가 활성화될 것으로 전망된다. 전자 산업에서는 업종간 경계의 약화 및 업종간 통합 경향으로 말미암아 자신의 기업에 부족한 경영 능력과 기술을 여타 기업 또는 다른 업종으로부터 보완하기 위한 노력이 지속적으로 이루어질 것으로 보인다.

## 기업과 소비자간 거래 유형

●소니의 '소니 스타일'

일본의 소니는 디지털화의 진전 및 네트워크화에 대응하여 상품에 관련 서비스 및 컨텐츠를 결합한 새로운 유통 형태를 지향하고 있다. 소니가 주창하고 있는 '소니 스타일'은 상품과 부가 네트워크 서비스, 응용 소프트웨어, 관련 정보 등을 통합적으로 제공하는 전자 상거래 서비스를 통해 소니와 고객간에 새로운 관계를 구축하는 것이다. 이를 위해 소니는 2000년 1월 27일 소니 상품의 마케팅·판매 및 관련 서비스를 제공하는 네트워크 마케팅 전문 회사 '소니스타일닷컴저팬(www.jp.sonystyle.com)' 이라는 회사를 설립했다.

① 인터넷 직판 체제의 구축

소니는 '소니 스타일'을 통해 2000년 봄부터 각종 전자 제품을 인터넷을 통해 소비자에게 직접 판매하는 체제를 구축하려 하고 있다. 이는 기존 전통적인 유통 체제인 도매상, 소매상 체제를 약화시키는 결과를 가져올 것이다.

② 소비자의 요망에 부응하는 상품 개발

소니는 고객의 기호에 부응하는 상품을 개발하기 위한 수단으로 인터넷을 매개로 한 네트워크를 활용하고 있다. 예컨대 소니는 2000년 3월 '플레이스테이션 2'라는 게임기를 출시하였다. 소니는 게임기라는 하드웨어 판매에 머무르지 않고, 게임기에 전자 상거래 기능을 추가하여 인터넷 서비스와 각종 컨텐츠를 제공하고 있다. 이 과정에서 파악되는 소비자들의 기호를 소니는 상품 개발에 충분히 반영하고 있다.

③ 고객 데이터베이스의 구축

소니는 '소니 스타일'을 통해 단순히 인터넷으로 상품을 판매하는 것에 머무르지 않는다. 소니는 고객 데이터베이스를 구축하여, 이를 기반으로 소비자의 다양한 욕구와 기호에 대응한 정보를 제공하고, 각종 광고 등을 수행할 방침이다.

소니는 이러한 e-비즈니스를 효율적으로 수행하기 위해 기존 인프라를 적극 활용하고 있다. 기존의 판매 및 전시장인 소니 빌딩(도쿄, 긴자), 소니 타워(오사카)와 A/S 업체인 소니 서비스(주) 등 소니 그룹의 인프라를 '소니 스타일'과 연계시키고 있다. 이는 소비자들이 이용하기 쉬운 곳에서 필요한 상품 및 서비스 정보를 제공받고, 상품을 구매하게 하려는 것이다. 소니는 2000년 3월 하순에 소니 빌딩, 소니 타워에 네트워크 이용 공간을 마련하여 소니 스타일 사이트 열람, 정보 제공, 회원 등록, 취급 상품의 일부 전시, 수주 등의 업무를 수행하고 있다. 또한 소니 서비스(주)의 A/S에서 축적된 노하우를 충분히 활용할 방침이다.

### ●시스코의 '시스코 커넥션 온라인'

시스코(Cisco)는 '시스코 커넥션 온라인(Cisco Connetion Online)'이라는 통합 고객 관리 시스템을 활용하여 e-비즈니스를 수행하고 있다. 시스코는 1991년부터 온라인 서비스를 제공하기 시작했다. 서비스 제공 초기에는 소프트웨어 다운로드, 판매 제품의 결함 추적 및 기술적 조언 제공 등이 주된 서비스였다. 그러다가 1994년 봄 온라인 서비스 시스템을 인터넷 웹 사이트에 올려놓으면서 본격적으로 전자 상거래를 수행하기 시작하였고, 이름도 '시스코 커넥션 온라인'으로 바꾸었다. 시스코는 인터넷을 활용함으로써 연간 3억 6,500만 달러의 비용 절감 효과를 보고 있는데, 이는 회사 전체 운영비의 17.5%에 달하는 액수이다.

① 전자 상거래 : 온라인 주문

시스코는 거의 모든 제품을 주문 받아 생산하고 있다. 인터넷을 이용하기 전까지는 주문 과정이 상당히 복잡하여 전체 주문의 1/4 가량이 주문서 작성시 시스템 구성상의 오류로 반송되었다. 시스코는 1996년부터 모든 제품을 인터넷을 통해 구매할 수 있게 하였는데, 이로써 고객들은 PC 앞에 앉아 시스템을 구성해 보면서 오류가 있는지를 즉석에서 검증할 수 있을 뿐만 아니라 키보드 몇 번만 두드리는 것으로 완벽한 주문서를 작성할 수 있게 되었다.

온라인 주문 시스템이 가동되게 됨에 따라 납기가 2~3일 단축되었고, 고객들의 생산성도 평균 20% 정도 향상되었다. 현재 전체 매출의 65% 정도가 온라인으로 이루어지고 있다.

② 주문 처리 현황의 확인 등 서비스 제공

시스코는 주문한 제품의 제작 완료 시기, 선적 일자, 선적 방식, 주문한 제품의 현재 배송 위치 등을 고객에게 확인할 수 있도록 하고 있다. 또한 단순한 주문 처리 현황만이 아니라 각 제품의 통관 분류에 관한 정보, 수출 제한 조치 적용 여부 등에 관한 정보를 제공하고 있다.

이 밖에도 시스코는 '시스코 커넥션 온라인"을 통해 소프트웨어 갱신, 공개 포럼 장소 제공, 온라인 기술 교육 등 다양한 서비스를 제공하고 있다.

## 산업 내 기업간 거래 유형

●소니의 '비트-셀렉트'

'비트 셀렉트(bit-select)'는 소니가 네트워크 시대에 전자 상점이라는 형태로 관련 기업들과의 협력을 지향하는 사이트이다. 이 사이트를 '소니 스타일' 안에 개설함으로써 '소니 스타일'의 인프라로 광범위하게 활용하고 있다. 현재 'e-소니 샵(e-sony shop)'과 'PC e-테일러(e-tailor)'가 만들어져 있다. 'e-소니 샵'은 소니와 협력 관계를 맺은 점포로 이루어진 네트워크이다. 'e-소니 샵'은 인터넷을 이용하여 고객 모집, 전시, 물류, A/S 등을 실행함으로써 가상 공간과 현실 세계를 연결하는 새로운 판매 형태를 실현하려고 한다. 소니는 각 점포 내의 '소니 스타일'용 단말기를 통해 수주한 상품의 배송, 설치 업무를 위탁하고 있다. 'PC e-테일러'는 상품 카테고리의 개념으로 PC계 양판점들과 맺은 협력 관계를 지칭하는 네트워크이다.

'비트 셀렉트'에서는 소니 숍의 검색뿐만 아니라 숍이 독자적으로 가진 웹 사이트와도 연결할 수 있다. 이를 통해 개별 소니 숍에서도 다양한 상품 아이템을 취급할 수 있을 뿐 아니라 고객의 기호에 맞춘 상품 및 정보의 제공, A/S 등을 수행할 수 있다.

한편 소니는 타 업종과의 협력, 제휴도 추진하고 있다. 이상의 협력 관계를 전자 제품에 머무르지 않고 유통, 보험, 교육, 정보 서비스 등의 업종으로 확대할 예정이다. 단순한 인프라 제공에 머무르지 않고 특약점과 공동 출자 회사의 설립 등도 추진할 계획이다.


● 씨넥스의 '원소스 서비스'

대만의 씨넥스는 하드 디스크, 드라이브 등 컴퓨터 주변 기기 판매 회사로 경쟁 업체의 재고 상품을 활용하는 시스템을 운용하고 있다. 이 회사가 취급하고 있는 주변 기기는 가격 변동이 급격하기 때문에 재고 보유는 큰 위험이 따르는 문제를 안고 있다. 이에 따라 재고 보유 감소와 수요에 대한 즉시 대응을 함께 실현하기 위해 수립한 모델이 '원소스 서비스(One Source Service)'이다. 이는 고객만이 아니라 다른 경쟁 업체와도 전자 문서 교환(EDI) 시스템을 구축하여, 자사의 창고에 재고가 없는 경우에는 온라인으로 주문 정보를 전송하여 경쟁 업체의 창고에서 출하가 가능하도록 한 것이다.

● EFI의 생산 관리 시스템

미국의 EFI는 컬러 영상 및 디지털 영상의 신호 처리 시스템 개발 회사로 위탁 생산 업체의 생산 라인을 관리하는 '바코드 트래킹 시스템(Barcode Tracking System)'을 운용하고 있다. EFI는 본사에 앉아서 위탁 생산 업체의 라인 가동 상황을 PC를 통해 감시한다. 라인 감시는 전 부품에 부여된 바코드 번호를 통해 이루어지고 있다. 라인상에 있는 부품의 바코드를 읽어들여 그 데이터를 온라인으로 EFI 본사로 지속적으로 전송한다. 이를 통해 어떤 공장의 어떤 라인에서 부품이 조립되고 있는가를 실시간으로 파악할 수 있게 되는 것이다.

EFI는 주도적으로 위탁 생산 업체 6개사 모두에 바코드 트래킹 시스템을 구축하였으며, 본사에는 각 공장 전담 생산 관리자가 있어서 문제가 발생하면 즉시 대처하고 있다. 이를 통해 품질의 안정과 즉시 공급을 달성하고 있다.

## 국내 업체의 동향과 시사점

일반적으로 e-비즈니스는 다음과 같은 단계를 거친다. 첫째, 기업의 홍보를 위한 홈페이지를 구축하는 단계, 둘째, 관련 협력 업체와 고객과의 네트워킹을 구축하는 단계, 셋째, 네트워킹을 수행하는 과정에서 기업의 핵심 역량과 비핵심 역량을 구분하여 가치 사슬 및 네트워킹을 재구축하는 단계, 넷째, 이업종 기업과의 네트워킹으로 발전하는 단계이다.

한국 전자 업체의 e-비즈니스 발전 단계는 전반적으로 첫째 단계에서 둘째 단계로 이행하는 단계에 있는 것으로 보인다. ERP(전사적 자원 관리)를 구축하고 협력 기업 및 고객과의 네트워킹을 통해 경영 효율을 개선하고 고객 가치를 증대하려는 움직임을 보이고 있는 것이다. 그리고 이를 활용하여 고객에 대해 자사의 제품을 전자 상거래(B2C)를 수행하고 있는 수준이다. B2C에 비해 B2B(협력 업체와의 전자 상거래)는 그 중요성에 비해 상대적으로 뒤떨어져 있다.

선진업체의 움직임으로부터 한국 전자 업체들이 눈여겨보아야 할 것은 복합 상품에의 대응이다. 특히 전자 산업은 디지털 혁명의 영향을 크게 받아 개별 영역에서 발전하던 각 제품들의 영역이 무너지고 대신 기존 제품들의 기능을 결합한 멀티미디어의 성장이 눈에 띄고 있으며, 소니의 예에서 보듯이 제조업 상품이 서비스 상품과 결합되어 하나의 상품으로 변화하고 있다. 선진 업체들은 이러한 복합 상품을 창조하기 위해 이업종 기업과의 네트워킹 구축, 즉 4단계의 e-비즈니스 구축에 노력하고 있다.

한국 전자 업체로서는 B2B 확대를 통해 2단계 e-비즈니스를 완결짓는 과제를 안고 있다. 그리고 물론 e-비즈니스의 발전은 단계를 밟으면서 진화되어야 하겠지만, 복합 상품의 출현에 대비하여 멀티미디어화를 효율적으로 추진하기 위한 e-비즈니스, 기존 제품과 서비스를 결합을 추구하기 위한 e-비즈니스의 모색이 주요한 과제로서 제기되고 있다.

## 5. 금융 : 디지털 시대의 고객 창구, 인터넷

미국의 유명한 투자 은행인 제이피모건(J. P. Morgan)의 금융 분석가 후 반 스티니스(Huw van Steenis)는 금융 서비스업의 미래를 '마티니 뱅킹'에 비유하였다. 인터넷 접속이 가능한 개인용 컴퓨터, 이동 전화, 개인 휴대용 단말기, TV, 게임기 등의 사용이 보편화되는 것을 전제로 한 예측이다. 이러한 언급이 현실화된다면, 금융 거래를 원하는 고객은 식전에 반주(飯酒)인 마티니를 마시듯이 언제, 어디서나 편안하게 모든 금융 업무를 볼 수 있게 된다는 것이다.

물론 현재 전 세계적으로 볼 때, 주식 거래 분야나 전자 기술이 발전한 스웨덴, 핀란드 등 몇 개 국가를 제외하고는 금융 서비스업의 e-비즈니스화가 초기 단계에 머물러 있는 것이 사실이다.

그러나 정보 통신 기술의 발전은 인터넷에 기반한 금융 거래의 보안성과 정확성, 그리고 신속성 등 기술적 문제를 해결하고 있다. 아울러 금융 서비스업 자체도 비용 절감과 고객 서비스 질의 제고 차원에서 e-비즈니스에 대한 투자를 불가피하게 하고 있다.

## 금융 서비스의 e-비즈니스 특성

금융 서비스업의 e-비즈니스는 제조업과 다소 차이가 있다. 첫째, 제조업과 달리 주식 거래, 보험, 여신 등 무형의 제품을 주거래 대상으로 한다. 아울러 일반 상품 거래에서 지급 결제 기능이 반드시 필요하다는 점에서 그 적용 범위가 넓다.

둘째, 제조업과 마찬가지로 기존의 서비스 비용을 직접적으로 인하시켜 금융 기관의 생산성 향상에 도움을 준다. 그러나 기존 금융 기관의 e-비즈니스에 대한 대규모 투자로 인한 비용이 여타 부문의 구조 조정을 통해서 보완되지 않을 경우에는 오히려 수익성 악화로 이어질 수 있다.

셋째, 비금융업에서 진출한 하이테크 벤처 기업과 경쟁해야 한다. 인터넷의 발전은 현금 지급 결제, 계좌 이체 등 금융 기능의 탈금융 기관화(disintermediation)를 촉진할 수 있다. 이에 따라 금융 거래에 필요한 핵심 기술을 보유한 하이테크 벤처 기업의 참여가 훨씬 용이해지고 있다.

넷째, 현재는 주로 금융 기관과 개인 소비자간의 e-비즈니스가 대부분이지만 다른 금융 업종과의 협력 및 일반 제조 및 유통 기업와의 거래 등에서 e-비즈니스 기회를 포착하기 용이하다. 미국, 일본 등은 금융업의 겸업화가 허용되어 있으므로 원스톱 서비스의 제공을 위한 금융업간 합병, 전략적 제휴 등이 활발하며, 제조업, 유통 소매업(인터넷 사이트 포함)과의 제휴도 활발하다. 이러한 금융권간 협력 관계 구축 혹은 여타 업체와의 제휴는 결과적으로 소비자에게 원스톱 서비스를 제공하는 것을 용이하게 한다.

금융 서비스업의 e-비즈니스화 유형은 첫째, 기존 금융 기반을 가진 금융 기관(offline)의 e-비즈니스화와 둘째, 순수 네트워크 전문 금융 기관화 등으로 대별할 수 있다.

먼저, 오프라인 금융 기관이 인터넷상으로 그들의 브랜드를 확장한 것으로 체이스맨하탄(chase.com), BOA(bankamerica.com), 메릴린치 증권, 찰스슈왑 등이 있다.

둘째, 순수 네트워크 전문 금융 기관으로 운용되는 형태로는 윙스팬닷컴(wingsfan.com), SFNB(Security First National Bank), 텔레뱅크(Telebank), E*트레이드 등이 있다.

## 금융 서비스업의 e-비즈니스 사례

금융 서비스업의 e-비즈니스는 그 역사가 아직 일천하지만 전 세계적으로 급속하게 진전되고 있는 상황이다. 미국에는 100개가 넘은 온라인 브로커가 있고 여전히 그 수는 증가 추세인데, 찰스슈왑(시장 점유율 25%)과 E*트레이드(시장 점유율 14%)가 대표적이다. 물론 기존의 거대 은행인 시티뱅크와 체이스맨하탄, 증권사인 메릴린치 등이 사이버 금융 거래에 참여하고 있다.

국내의 경우에는 E*트레이드 코리아, e미래에셋 등 네트워크 전업 증권 회사가 나타나고 있으나, 금융 서비스업 전반적으로 아직은 초기 단계로 파악된다. 그리고 일부 은행을 중심으로 인터넷 뱅킹이 시작되고 있으나 예금 조회, 계좌 이체, 대출 신청 등에 그치고 있다. 점포가 없는 상태에서 대출까지 온라인으로 가능한 인터넷 은행은 등장하지 못하고 있다. 현재는 기존 은행, 증권, 보험사 등이 자사의 사이트에서 각각 여타 금융 업종, 유통업, 인터넷 유통 사이트 등과 협력하는 경우가 일반적이다.

### ●타 금융 업종, 제조 및 유통 업체와의 협력

금융 기관이 타 금융 업종이나 일반 제조 업체 및 유통 업체와 e-비즈니스를 행하는 경우가 많다. 체이스맨하탄 은행은 미국의 대표적인 금융 기관으로, 자사의 인터넷 사이트에 상품 판매 코너를 마련하고 있다. 약 4만 개의 인터넷 소매 업체를 묶은 가상 쇼핑 센터인 쇼핑나우닷컴(shoppingnow.com)과 제휴하여 결제 등의 금융 서비스를 제공하고 있다. 시티은행도 사이트에 제조업 상품 판매 코너를 마련하고 있으며, 약 1,900여 개의 인터넷 소매 업체와 제휴하고 있다.

미국의 뱅크원(Bankone)은 별도의 인터넷 전업 은행인 윙스팬(wingspanBank.com)을 설립하였고, 증권 회사 및 보험 회사 등을 자회사로 보유하여 상호 업무 제휴를 통해 다양한 서비스를 제공하고 있다. 이 밖에도 뱅크원은 자동차 전문 사이트인 카스디렉닷컴(carsdirect.com)과 협력하여 자동차 대출, 리스, 보험 알선 등을 실시하며, 부동산 관련 회사인 컨트리웹닷컴(countryweb.com) 사와도 협력하고 있는 등 광범위한 업무를 영위하고 있다.

●대(對)소비자 거래

현재 금융 서비스업이 가장 보편화되어 있는 것은 소비자와 금융 서비스업간의 e-비즈니스이다. 미국의 시티코프는 시티은행의 지주 회사로 1998년 증권 회사인 솔로몬스미스바니를 자회사로 둔 트라베라즈 그룹과 합병하였다. 신생 시티 그룹은 전세계 1억에 가까운 개인 고객을 대상으로 정보 기술을 활용하여 주택 자금 대출, 외화 예금, 보험 상품, 뮤추얼 펀드와 같은 다양한 금융 등 상품 서비스를 판매하고 있다.

윙스팬은 뱅크원이 1999년 6월에 설립한 별도의 인터넷 전업 은행으로 뱅크원의 증권, 보험 등의 자회사와 제휴하여 주식 거래, 뮤추얼펀드 판매, 자동차 보험, 생명 보험, 의료 보험, 주택 보험, 주택 자금 대출 등의 서비스를 제공하고 있다.

텔레뱅크는 인터넷, 콜센터, ATM을 주고객 채널로 활용하여 금융 업무를 하는 순수 네트워크 전문 은행으로 높은 예금 금리를 제시하여 고객을 유치하고 있다.

E*트레이드는 개별 소비자에 주식 중개 서비스를 제공하고 있다. 이 회사는 챨스슈왑 등 다른 증권사에 거래·결제 시스템만을 제공하던 기술 기업이었으나, 증권 사업에 참여하여 네트워크 전업 증권 회사로 전환하였다. 점포, 영업 직원, 기업 분석가가 없는 독특한 증권사로서 대부분의 인력은 컴퓨터 관리 등의 시스템 요원이다.

인스웹닷컴(insweb.com)은 인터넷상에서 생명 보험, 장애 보험, 의료 보험, 자동차 보험, 주택 보험, 보트 보험 등을 제공하고 있으며, e-론닷컴(e-loan.com)은 주택 담보 대출, 가계 대출, 자동차 금융 등을 실시하고 있다.

## e-비즈니스 구축 전략

금융 서비스 업체가 경쟁력 있는 e-비즈니스를 위해서는 금융 업무의 편리성과 정보 제공면에서의 경쟁 우위를 점하는 것이 중요하다.

●금융 업무의 편리성 제고

미래의 금융 서비스업은 인터넷에 기반 하여 다른 금융업간, 국가 간 금융업의 업무 제휴 혹은 통합이 지속될 것이며, 소비자는 개방형 금융, 즉 슈퍼마켓에서 물건을 사는 것처럼 인터넷상에서 경쟁사의 상품을 포함한 모든 상품을 구매하는 것을 선호할 것이다. 따라서 e-비즈니스에서 성공하기 위해서는 금융 사이트에서 제공하는 컨텐츠는 은행, 증권, 보험, 카드 업무를 망라하여 고객에 대한 원스톱 금융 서비스의 제공이 가능해야 할 것으로 보인다.

이를 위해서는 단계적인 접근이 필요하다. 먼저, 각 금융 업체는 통합적 금융 중개 기능으로 가는 과도기로서 최소한 현재 영위하고 있는 특정 업무 분야에서는 완벽하게 전자적 금융 서비스를 제공하는 전략이 필요하다. E-론과 인스웹닷컴은 보험, 대출 분야에 특화한 대표적 '특화형 중개 기관(middle man)'인데 각각 보험, 대출 관련의 모든 서비스를 제공하고 있다.

● 특화된 정보 제공이 필요

특화된 정보 서비스의 제공을 통한 고객 유인이 필요하다. 미국의 E*트레이드는 금융 포털 서비스에서 기존 금융 기관과 다른 정보 서비스 개발하였다. 예를 들어, 실시간 주식 포트폴리오 관리, 종목별 상세한 투자 정보 제공, 주식 보유자의 매각 예정 정보 표시, 새로운 투자 지표 개발 등이 그것이다.

자산 운용에 대한 지식을 제공하거나 자문해 주는 코너도 필요하다. E*트레이드는 인터넷상에서 개별 고객에게 금융 자산 운용에 관한 일반적 지식을 제공하고, 찰스슈왑은 전문적 지식을 필요로 하는 개인에게 자문 서비스 제공하고 있다.

● 다양한 정보 제공과 인지도 제고 필요

이업종과 제휴하여 정보 서비스를 다양화해야 한다. 인터넷 기업, 동호회, 인터넷 사이트 운용 기관, 유통업, 제조업 등과 연계할 필요가 있다. 아울러 시장 인지도의 획득을 우선시 해야 한다. 인터넷상에서 부동산, 증권, 재테크 등 다양한 정보 서비스의 제공을 통하여 많은 고객의 관심을 유도하는 것이 중요한 선결 과제이기 때문이다.

# 6. 주요 산업의 e-비즈니스 특성과 구축 전략

주요 산업 내 기업들의 e-비즈니스는 기업 경영 측면에서는 대부분 생산 프로세스의 효율화에 치중되어 있다. 재무, 인사 또는 연구 개발을 위한 e-비즈니스 전략은 아직까지 크게 활성화되고 있지 않다. e-비즈니스 유형 차원에서는 산업별로 서로 다른 특징을 보이고 있다.

유형별 차이는 제품의 특성, 주요 거래 대상의 차이, 판매 과정 및 생산 프로세스가 산업별로 다른 데 기인한다.

## 산업별 e-비즈니스 특성

산업별로 보면 전통 산업 중에서 e-비즈니스 전략을 가장 적극적으로 활용하고 있는 부문은 소비자와 직접적인 접촉도가 가장 높은 자동차 산업이다. 자동차는 기업 내, 산업 내 기업간, 이업종 기업간, 소비자 대상 모든 측면에서 e-비즈니스 전략을 적극 도입하고 있다. 특히 자동차는 제품 서비스뿐만 아니라 소비자 관련 금융 서비스까지 활용하고 있어 e-비즈니스 활용면에서 가장 앞서 있다.

전자 산업의 경우 부품 조달 및 생산 과정에서 산업 내 기업간 제휴를 통한 생산 프로세스의 효율성 증대와 소비자에 대한 제품 서비스에 치중하고 있다. 일반 소비자 대상 제품보다는 특수한 소비자 대상의 대형 제품을 생산하는 중공업은 주로 생산 프로세스의 효율성 향상을 위한 기업 내 및 산업 내 기업간 e-비즈니스에 주력하고 있다.

| 주요 산업의 e-비즈니스 특성 | | | | | | | | |
| --- | --- | --- | --- | --- | --- | --- | --- | --- |
| | 기업 내 | | 산업 내 기업간 | | 이업종 기업간 | | 소비자 대상 | |
| | 생산 프로세스 | 경영 전략 | 생산 프로세스 | 경영 전략 | 생산 프로세스 | 경영 전략 | 제품 서비스 | 금융 서비스 |
| 자동차 | ◎ | | ◎ | | ○ | | ◎ | ○ |
| 조선 | ◎ | | ◎ | | | | ○ | |
| 건설업 | ◎ | | ◎ | | ○ | | ○ | |
| 전자 | | | ◎ | | ○ | | ◎ | |
| 금융 | | | | | ◎ | | | ◎ |

주 : 1) ◎ : 매우 활발하게 추진, ○ : 시도중이거나 활성화해 나갈 계획.
　　 2) 앞에서 소개된 해외 사례를 중심으로 분석.

건설업은 기업 내 및 산업 내 기업간 생산 프로세스에서 초월성을 높이기 위한 e-비즈니스가 활발히 이루어지고 있다. 건설업의 경우에 일본 기업들과 국내 기업을 비교해 볼 때 일본 기업은 기업 내 및 산업 내 기업간 e-비즈니스를 통한 생산 프로세스의 효율성을 높이는 데 치중하고 있는 데 반해, 국내 기업들은 이업종 기업간 및 소비자 대상 e-비즈니스를 통해 새로운 사업 영역을 개척하는 데 주력하고 있다.

금융 산업은 기존 제품을 인터넷 업체들과 연계하여 소비자 서비스를 향상시키는 이업종 기업간 e-비즈니스에 초점을 맞추고 있다. 금융 산업은 타산업과의 연관성이 높기 때문에 이업종 기업간 e-비즈니스가 활발히 추진되고 있다. 또한 소비자와 일대일 마케팅이 중시되어서 소비자를 대상으로 한 e-비즈니스가 가장 활발한 것으로 나타났다.

## e-비즈니스의 구축 전략

전통 산업에 e-비즈니스를 효율적으로 접목시키기 위해서는 일곱 단계의 과정을 거치는 전략을 구사해 나갈 필요가 있다. 1단계는 e-비즈니스 경영 비전 설정이다. CEO의 주도 아래 e-비즈니스 비전 및 경영 전략이 선포되어야 한다.

2단계는 전략적 우선 순위를 결정하는 것이다. 동업종 및 타업종의 구축 사례, 사내외 설문과 인터뷰, 전문가 진단 등을 통해 자사에 맞는 전략적 추진 사업 분야를 설정해야 한다. 일반적으로 기업의 e-비즈니스는 정보 기술 기반을 토대로 지식 공유, 업무 효율성 향상, 경쟁력 제고, 새로운 시장 창출 순으로 활용 단계가 설정된다.

3단계는 e-비즈니스 추진 조직을 정비하는 것이다. 기존의 조직 구조를 e-비즈니스 운영 체제에 맞추어 재정비하고, e-비즈니스 전략을 추진할 구체적 절차를 수립하는 것이다.

4단계는 전자 정보 기술 기반을 구축하는 것이다. e-비즈니스의 효율적 추진을 위해 전사 차원의 업무 개발 표준 환경을 구축하고, 업무의 표준 환경과 경영 전략에 맞는 정보 기술 인프라를 구축해야 한다.

5단계는 시범 프로젝트를 수행하는 단계이다. 1개 부서 단위로 e-비즈니스를 시범적으로 운영하고, 이를 통해 문제점과 과제를 도출해야 한다. 6단계는 전사적 e-비즈니스 체제를 구축하고 이를 확산해 나가는 것이다. 시범 프로젝트를 토대로 문제점을 해결하고 e-비즈니스를 전 기업 차원에서 운영하는 단계이다.

마지막 7단계는 측정과 보완 단계이다. 향후 추진 과정에 대한 성

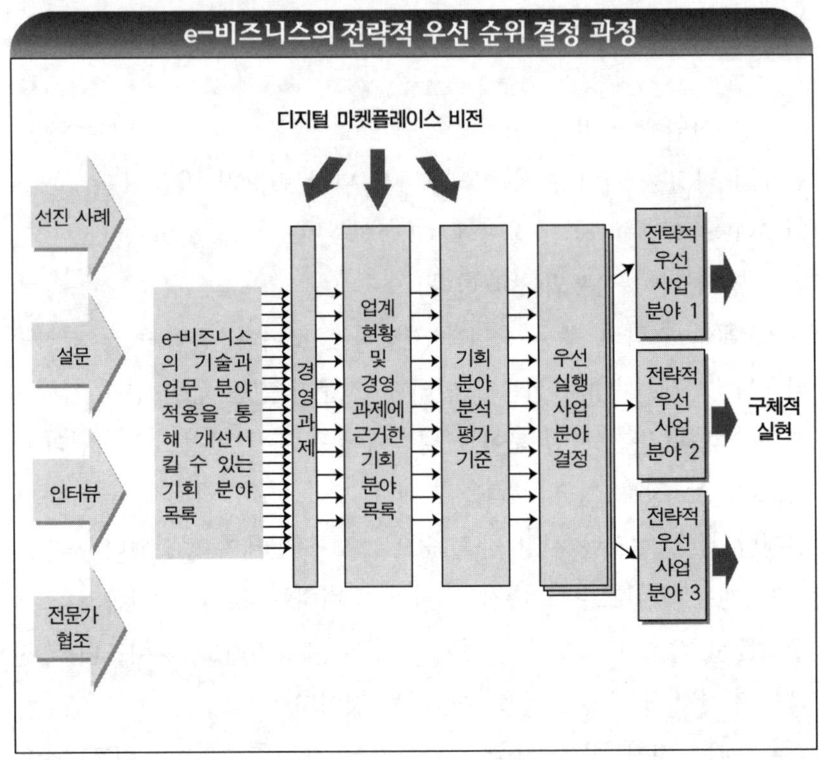


자료 : 한국IBM, 「e-비즈니스 발전 모델」, 1999. 10.

과 지표를 개발하여 성공적인 추진 여부를 정기적으로 검증하고 미비점을 보완해 나가야 한다.

# 4 성장 원천의 변화와 성장 주체간 협력

## 1. 새로운 성장 분야와 미래 투자

디지털 경제는 새로운 주력 산업, 새로운 선도 산업, 새로운 성장 산업을 요구한다. 그렇다면 그러한 미래 성장 산업은 무엇일까? 미래 성장 산업을 예상하고, 그에 대한 전략적 투자를 감행하는 것은 디지털 경제 시대뿐만 아니라 그 이후를 위해서도 중요한 작업이다.

### 미래 성장 분야의 추출 방법

미래 성장 분야는 단순히 성장률이 높을 뿐 아니라 그 시장 규모도 커야 한다. 이와 더불어 해당 분야에 이미 지배적인 사업자가 존재하는 경우에는 신규 사업 진출 대상으로서의 매력은 떨어진다고 할 수 있다. 이러한 관점에서 미래의 성장 분야는 성장성이 높으면서 동시에 투자 매력도가 큰 산업 분야를 가리킨다.

먼저 성장성이 높은 업종을 산업 구조의 변화, 과학 기술의 발전, 사회 경제적 요구라는 세 가지 관점을 통해 선정할 수 있다. 이 세

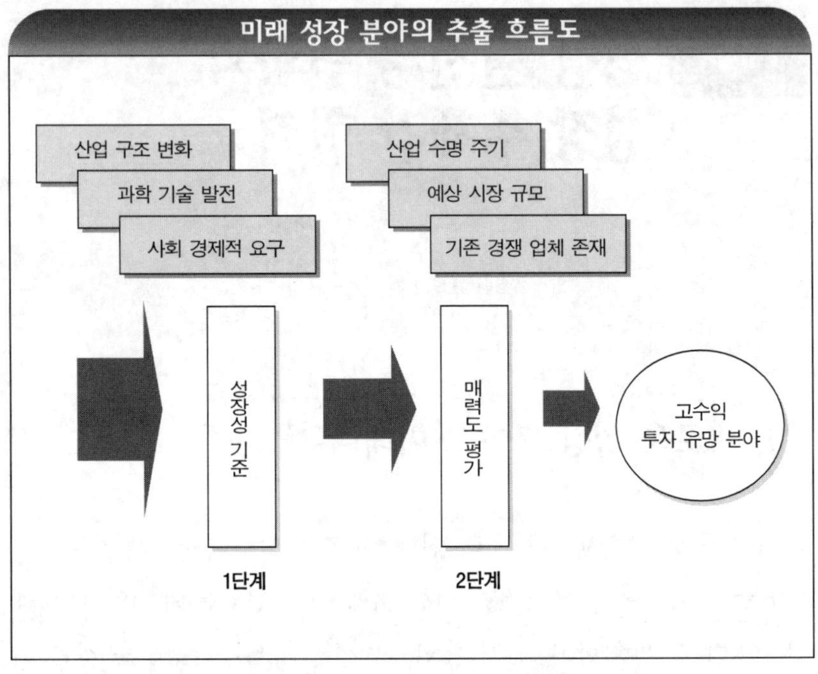



가지 관점은 상호 배타적이기보다는 보완적이어서, 하나의 관점에서 놓칠 수 있는 산업이 다른 관점에서 볼 때 그 성장성이 부각될 수 있으며, 또한 세 가지 관점 어느 것으로 보거나 모두 중요하게 부각되는 산업이 있을 수 있다.

그리고 매력도 평가라는 측면에서 보면, 단순히 시장의 성장성 자체만 높은 것이 아니라 산업 수명 주기상 초기 단계여서 아직 지배적인 사업자가 존재하지 않을 뿐 아니라, 예상 시장 규모가 큰 분야라야 산업의 투자 매력도가 높고, 이들 분야가 진정한 의미에서 미래 성장 분야라고 할 수 있다.

<table>
<tr><th colspan="2">고성장 분야의 추출을 위한 세 가지 관점</th></tr>
<tr><th>관점</th><th>주요 내용</th></tr>
<tr><td>산업 구조의 변화</td><td>산업 구조의 변화 추이 전망을 통해 고성장 분야 추출</td></tr>
<tr><td>과학 기술의 발전</td><td>혁신 활동이 활발한 기술 영역을 통해 고성장 분야 추출</td></tr>
<tr><td>사회 경제적 요구</td><td>사회적 진보와 욕구의 변화를 통해 고성장 분야 추출</td></tr>
</table>

## 고성장 분야 추출(Ⅰ) : 산업 구조의 변화 관점

역동적으로 변하고 있는 산업 구조의 흐름을 통해 앞으로 부상할 산업의 성격과 구체적 분야를 추출할 수 있다. 산업 구조는 고정되어 있지 않고 역동성을 가지고 지속적으로 변해 가고 있으므로 이를 통해 미래의 산업 구조와 특징을 예상할 수 있고, 장래 성장성이 높은 산업 분야를 추출하게 된다.

최근 관찰되고 있는 산업 구조 변화의 가장 큰 특징은 두 가지인데, 하나는 일반적인 산업 구조 고도화의 패턴을 따라 서비스 산업의 비중이 높아진다는 것이고, 하나는 산업의 연관 효과가 큰 핵심 소재 산업이 기존의 철강과 석유에서 반도체, 정보, 통신으로 변해 가고 있다는 사실이다.

먼저 디지털 경제 혹은 지식 기반 경제로의 패러다임 변화와 더불어 경제의 서비스화가 빠르게 진전되고 있다. 실제로 최근 한국 경제의 국내총생산(GDP) 대비 서비스 비중이 증가하고 서비스업의 고용자 수가 증가하고 있다. 국내 산업 구조의 서비스화는 제조업-서비스업간 융합을 동반하는데, 이 때문에 기존의 제조업보다 서비스업에서의 사업 기회가 다수 발생할 것으로 판단된다.

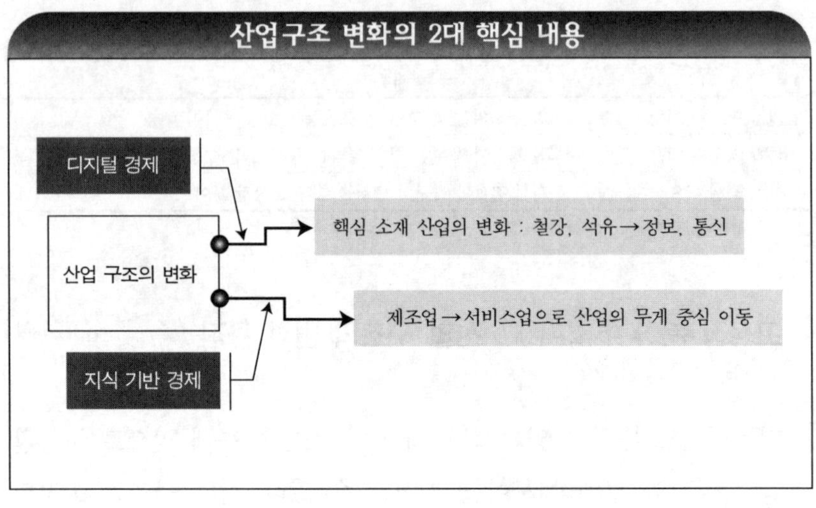


경제의 서비스화와 관련하여 유망한 산업들은 지식 기반 경제와 밀접하게 관련되어 있는 연구 개발 서비스, 사업 지원 서비스(아웃소싱 관련)와 디지털 경제와 관련된 정보 처리 및 컴퓨터 관련 서비스, 통신 서비스 등을 들 수 있다.

한편 핵심 소재 산업의 변화도 새로운 성장 산업을 부각시키고 있다. 과거에는 철강, 석유 등 소재 산업을 기반으로 하고, 그 위에서 이를 활용하는 자동차, 기계, 건설, 조선, 화학, 정유, 섬유 등이 산업의 성장을 주도하였다. 그러나 정보 통신 혁명으로 인한 경제의 디지털화가 가속화되면서 석유와 철강이 차지했던 핵심 소재 산업의 자리를 정보, 통신, 반도체가 차지하게 되고, 이에 따라 정보 기술(IT) 산업과 IT 응용 산업이 장래의 성장 산업으로 부각되고 있다. 특히 IT 산업 자체 못지 않게 IT 응용 산업에 더욱 관심을 가질 필요가 있는데, 지능형 교통 시스템(IT+교통), 지능형 카(IT+자동차), 원

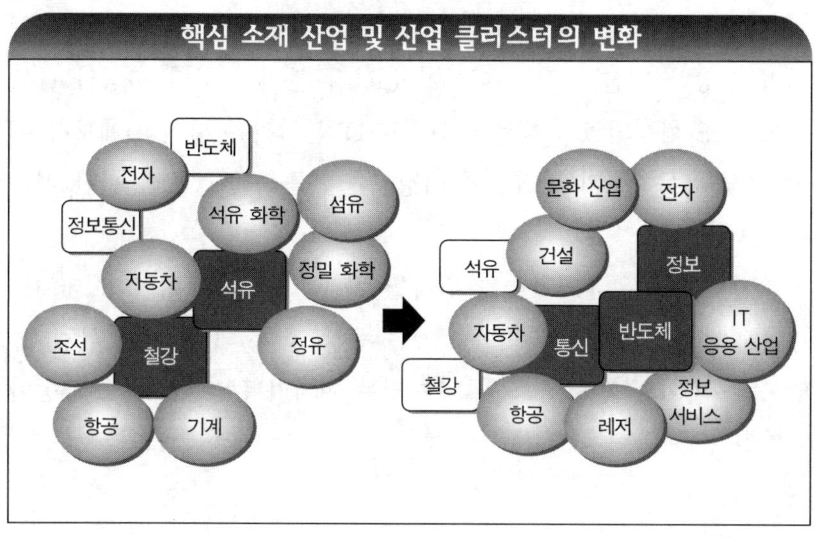



격 진료(IT+의료), 바이오 인포매틱스(IT+생명 공학), 메카트로닉스 (IT+기계) 등이 대표적인 IT 응용 산업 분야이다.

## 고성장 분야 추출(Ⅱ) : 과학 기술의 발전 관점

과학 기술의 발전은 사회 경제의 패러다임을 변화시키고, 이전에 는 전혀 존재하지 않았던 새로운 사업 기회를 부각시키는데, 향후 혁신 활동이 가장 왕성하게 진행될 양대 기술 분야는 IT와 바이오 (생명 공학) 분야이다. IT 기술은 현재 폭발적으로 혁신이 이루어지고 있는 분야이고, 바이오 기술은 유전자 지도(Genome) 프로젝트 성 공 후 2차 혁신과 기술 상용화가 가속화될 것이다.

IT 기술과 관련된 미래 성장 분야는 반도체, 컴퓨터, 인터넷, 정보 처리, 전자 상거래, 소프트웨어 등이다. 하지만 IT 기술 분야에서는 이미 상당한 기술 혁신이 이루어졌고 각 분야에 따라 시장의 틀도 어느 정도 형성되었기 때문에 앞으로 IT 분야라는 사실 자체보다 해당 기술의 독창성과 시장성이 성장성을 가늠하는 중요한 판단 기준이 된다.

바이오 기술은 IT 기술을 뒤이을 차세대 기술 분야이다. 대체로 바이오 기술이 직접 적용될 수 있는 유전 공학, 의약, 생물 산업, 농업 등과 바이오 기술을 응용할 수 있는 여지가 큰 환경, 신소재 등이 유망하다.

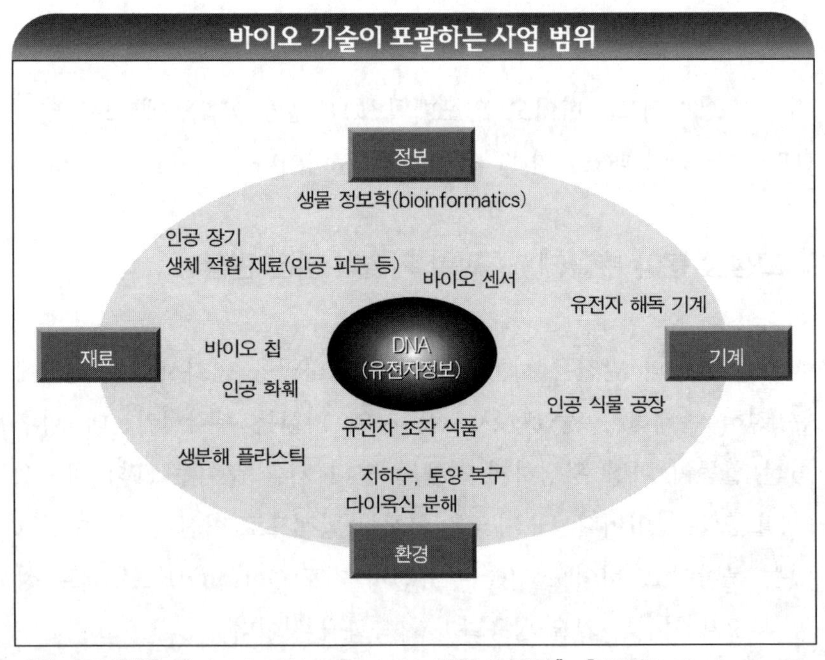


출처 : 富士通總研, "これからの日本のリーディング産業とその育成", 「FRI研究レポート」 No. 67, January 2000.

## 고성장 분야 추출(Ⅲ) : 사회 경제적 요구 관점

소득의 증가, 사회 의식의 변화, 새로운 규범의 등장 등 사회 경제적 변화와 새로운 욕구들로 인해 유망한 투자 분야가 등장하고 있다. 현재 사회 경제적 요구와 관련된 주요 이슈는 경제 성장으로 인한 소득 증대로 삶의 질을 높이고자 하는 사회적 욕구와 범세계적 환경 규제라는 새로운 규범이 등장했다는 사실이다.

우선 소득 증가로 삶의 질을 중시하는 사회적 욕구가 증가하면서 레저, 문화, 생활 정보, 주택 정보화, 홈 네트워크, 의료 복지, 건강 관리 등이 유망한 투자 분야로 부상할 것이다. 삶의 질을 중시하는 사회적 욕구는 크게 육체 건강과 관련된 의료, 건강 관리 분야와 정신적 만족에 초점을 맞춘 레저, 문화, 정보 분야로 나눌 수 있다. 특히 우리 나라도 고령화가 진행될 조짐을 보이고 있기 때문에 의료 복지, 건강 관리 분야의 성장성도 매우 높을 것으로 전망된다.

환경 문제와 관련해서는 폐기물 처리, 배기 가스 처리, 리사이클, 환경 친화형 신소재, 환경 컨설팅, 신에너지, 에너지 절감 사업 등이 유망한 분야로 부각될 것이다. 환경 문제는 21세기 산업 활동에서 가장 중요한 제약 요소로 등장하고 있다. 이미 1997년 12월에 선진국을 중심으로 2008년부터 온실 가스 배출량을 대폭 줄이자는 국제적 협약을 마무리했으며 최근 EU를 비롯한 선진국의 환경 규제가 강화되고 있기 때문이다. 이에 따라 온실 가스 감축을 비롯한 환경 규제는 환경 산업의 성장과 기술 개발을 촉진할 것이며, 궁극적으로는 기존의 석유, 가스, 석탄 등 화석 원료를 대체할 새로운 에너지 개발도 촉발할 것이다.

## 미래 성장 산업의 매력도 평가

앞에서 평가한 성장성이 높은 분야를 대상으로 해당 분야의 산업 수명 주기상의 단계와 예상 시장 규모를 기준으로 투자 매력도를 상, 중, 하로 평가할 수 있다. 산업 수명 주기상 성장기 초기이거나 도입기인 경우 아직 지배적인 사업자가 존재하지 않고 경쟁도 덜 치열하

| 주요 고성장 분야와 투자 매력도 평가 | | | 주요 업종 | 매력도 |
|---|---|---|---|---|
| 산업 구조 변화 | 서비스화 | 사업 지원 | •교육 •경영 컨설팅 •엔지니어링 서비스 | ■ |
| | | 지식 산업 | •연구 개발 서비스 •지식·문화 산업 | ■ ■ |
| | 핵심 소재 산업 변화 | IT 산업 | •정보통신 •반도체 •소프트웨어 •IT 솔루션 •인터넷 | ■ ■ ■ |
| | | IT 응용 산업 | •메카트로닉스 •광전자 •지능형 교통 시스템(ITS) •지능형 카 부품 •바이오 인포매틱스 •원격 진료 | ■ ■ ■ |
| 과학 기술 발전 | IT 기술 | 정보 | •컴퓨팅 서비스 •소프트웨어 •반도체 •정보 기기 •정보 처리 서비스 •인터넷 산업 | ■ ■ ■ |
| | | 통신 | •통신 기기 및 서비스 •방송·미디어 | ■ ■ |
| | | IT+타산업 | •메카트로닉스 •광전자 •지능형 교통 시스템(ITS) •지능형 카 부품 •생물 정보학 •원격 진료 | ■ ■ ■ |
| | 바이오 기술 | 식량 | •종묘(種苗) •유전자 조작 농작물 •복제 축산업 | ■ ■ ■ |
| | | 생명 | •유전자 정보 제공 •유전자 진단 및 치료 | ■ ■ ■ |
| 사회 경제 적 요구 | 환경 | 환경 | •폐기물 처리 •배기 가스 처리 •환경 서비스 •환경 컨설팅 •리사이클 •신소재 | ■ ■ ■ |
| | | 에너지 | •청정 에너지 •에너지 절감 기술 •연료 전지 | ■ ■ ■ |
| | 삶의 질 | 의료 복지 | •재택 의료 기기 •재택 원격 진료 시스템 •유전자 진단 | ■ ■ ■ |
| | | 레저 문화 | •여행·관광 •레크리에이션 •문화 산업 •생활 정보 | ■ ■ |
| | | 생활공간 | •주택 건축 및 개보수 •공간 재개발 •정보화 건축 •지능형 SOC •우주·해양 공간 개발 | ■ / ■ ■ |

■ ■ ■ 매력도 상 : 도입기이거나 성장기 초기이면서 예상 시장 규모가 큰 경우
■ ■ 매력도 중 : 매력도 상과 매력도 하의 중간 수준
■ 매력도 하 : 성장기 후기이거나 성숙기이면서 예상 시장 규모도 작은 경우
주 : 예상 시장 규모는 日本經濟新聞社·三菱總合研究所, 「21世紀の技術と産業」, 1999를 참조함.

| 주요 미래 성장 분야의 세계 시장 규모 전망 (단위 : 백만 달러) | | | | |
| --- | --- | --- | --- | --- |
| | 2000년 | 2005년 | 2010년 | 2020년 | 2000~2020년<br>연평균 성장률 |
| 정보 통신 · 전자 | 13,436,215 | 20,322,757 | 34,020,276 | 49,233,259 | 6.71% |
| 생명 공학 · 의료 복지 | 2,109,589 | 4,052,191 | 7,114,005 | 10,382,119 | 8.29% |
| 환경 · 에너지 | 454,027 | 961,923 | 2,022,527 | 4,187,264 | 11.75% |

출처 : 日本經濟新聞社 · 三菱總合硏究所, 「21世紀の技術と産業」, 1999.

기 때문에 수익성이 높다. 반면 아무리 성장성이 높다 하더라도 이미 다수의 사업자들이 진출해 있으면 투자 매력도는 낮아지게 된다. 그리고 예상 시장 규모는 산업의 연관 효과, 시장의 글로벌화 정도 등을 통해 평가할 수 있다. 전방 및 후방으로의 파급 효과가 크며, 해당 시장이 국내에 한정되지 않고 세계를 대상으로 하는 것이라면 예상 시장 규모가 크다고 할 수 있다.

투자 매력도가 높은 미래 성장 분야로는 크게 IT 관련 산업, 유전 공학 관련 산업, 환경 · 에너지 세 가지 분야로 압축된다. 일반적인 예상과 같이 정보 통신 산업과 관련 산업이 유망한 투자 분야이며, 뒤이어 생명 공학(biotechnology)와 환경 · 에너지 분야가 새로운 성장 원천이자 가장 매력적인 투자 대상 분야로 부각될 것이다.

## 2. 인터넷 벤처 기업의 사업 모델 재구축

벤처 기업의 대표격은 흔히 닷컴 기업으로 불리는 인터넷 기업이다. 이들은 인터넷을 사업 인프라로 활용하는 기업, 즉 인터넷에 대한 의존도가 매우 높은 기업을 말한다. 닷컴 기업은 일반적으로 인터넷을 이용하여 구매, 제조, 판매, 마케팅, 고객 관리, 고객 서비스 등 일반적인 사업 활동을 수행하며, 통상 광속(光速)성, 범세계(global)성, 양방향(interactive)성 등의 강점을 가지고 있다. 하지만 기업체에 따라 활동의 일부만을 인터넷에 의존하는 부분 닷컴 기업이 있는가 하면, 거의 모든 활동을 인터넷에 의존하는 순수 닷컴 기업도 있다. 초기에는 순수 닷컴 기업이 주류를 이루었으나, 최근에는 오프라인 기업의 닷컴 기업화가 진전되면서 부분 닷컴 기업의 비중이 크게 증가하고 있다.

최근 성장률의 둔화 조짐, 영업 실적 부진, 오프라인 기업의 반격 등의 환경 변화에 따라 닷컴 기업의 경쟁력 기반과 수익 모델에 대한 의문이 제기되면서 닷컴 기업에 대한 비관론이 확산되고 있더, 닷컴 기업들의 성장성 지표인 매출액 증가율이 둔화되고, 대부분의 닷컴 기업들이 영업 이익을 내지 못하고 있다는 점이 비관론의 근거가 되고 있으며, 또한 기존의 전통적 기업들이 온라인 사업에 적극 참여하면서 닷컴 기업의 생존 기반이 위협받고 있는 것이다. 이러한 사정은 닷컴 기업의 주가 급락으로 이어지고 있고, 투자가들의 닷컴 기업에 대한 투자 판단도 신중해지고 있다. 이에 따라 사업 지속을 위한 자금 조달 측면에서 애로를 겪기 시작했다.

## 닷컴 기업의 현황과 성과 분석

수많은 기업들이 인터넷상에 빠르게 등장하고 사라지고 있기 때문에 닷컴 기업의 현황을 정확히 파악하기 어렵지만 최근 닷컴 기업

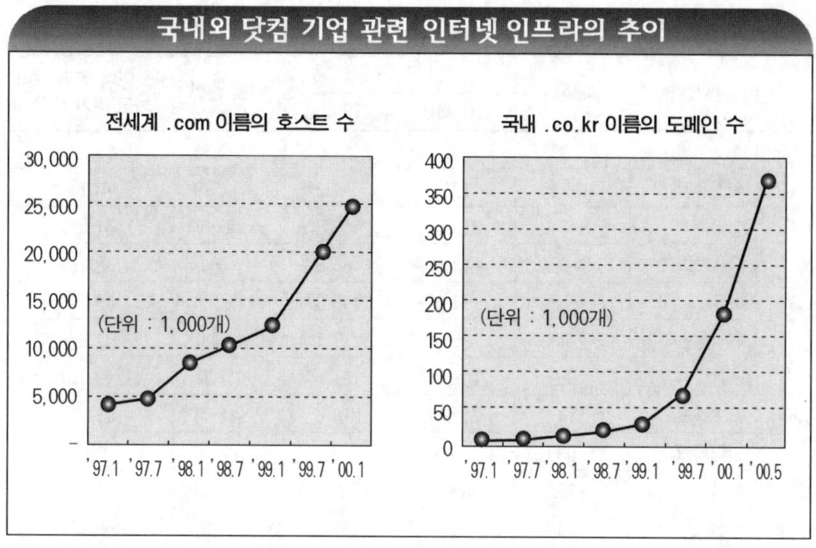



자료 : www.isc.org; www.stat.nic.or.kr.
주 : 호스트(host)는 인터넷에 연결되어 고유한 주소를 가지고 있으면서 이름이 네임 서버에 등록되어 있
   는 컴퓨터를 말하며, 도메인(domain)은 문자로 표시된 인터넷 주소를 가리킴.

의 수가 급속히 증가하고 있다는 사실은 분명하다. 주로 닷컴 기업이 사용하는 최상위 도메인 이름(.com)을 가진 인터넷 호스트 수를 보면, 1997년 이후 연평균 84.4%의 높은 성장률을 보이고 있다. 국내에서도 닷컴 기업의 대표적인 도메인 이름인 .co.kr를 가진 도메인 수도 매 6개월마다 2배씩 증가하고 있다.

한편 닷컴 기업의 성장성 지표인 매출액 증가율이 여전히 높지만 일부에서 성장세 둔화의 조짐이 있고, 영업에서는 아직 적자를 지속하고 있는 경우가 대부분이다.

예를 들어 대표적인 닷컴 기업에 해당하는 아마존이나 야후 등에서는 성장률이 둔화되는 조짐도 보이고 있다. 그리고 미국 닷컴 기업의 경우, 인터넷 접속 업체로 성장해 온 AOL과 일부 온라인 금융

| 주요 닷컴 기업의 경영 성과(1999년) | | | | | |
|---|---|---|---|---|---|
| | 업체명 | 매출액 | 매출액 증가율 | | 영업 손익 | 1년 이내 최고 대비 최근 주가 비율 |
| | | | 1998년 | 1999년 | | |
| 미국 | AOL | 4,777 | -11.2% | 24.9% | 578 | 55.2% |
| | 찰스슈왑 | 3,945 | 19.0% | 44.2% | 589 | 75.1% |
| | 아마존 | 1,640 | 312.2% | 168.8% | (606) | 31.9% |
| | E*트레이드 | 621 | 43.6% | 84.8% | (54) | 38.7% |
| | 야후 | 588 | 194.5% | 140.0% | 25 | 49.5% |
| | 프라이스라인 | 482 | – | 1,277.1% | (58) | 31.9% |
| | e베이 | 225 | 108.2% | 161.6% | (1) | 42.7% |
| 한국 | 골드뱅크 | 114.2 | 212.5% | 813.6% | (115.7) | 17.8% |
| | 인터파크 | 99.0 | 435.3% | 792.3% | (38.3) | 21.2% |
| | 다음 | 77.3 | 52.7% | 352.0% | (9.5) | 26.3% |
| | 옥션 | 14.8 | – | 290.5% | (41.9) | 69.2% |
| | 새롬기술 | 262 | – | 52.9% | 1.5 | 15.1% |

주 : 1) 매출액 단위는 미국 업체의 경우 백만 달러, 국내 업체의 경우 억원임.
　　2) 야후의 영업 손익은 회계연도 1998년의 당기 순이익을 가리킴.
　　3) 금융회사인 찰스슈왑과 E*트레이드의 영업 손익은 당기 순이익(net income)을 가리킴.
　　4) 최근 주가는 2000년 7월 3일 기준 시가임.

회사를 제외하고는 영업 이익이 발생하지 않고 있다. 영업 이익이 발생하고 있지 않다는 사실은 닷컴 기업의 영업 기반인 수익 모델에 문제가 있다는 것으로 판단할 수 있고, 따라서 기존의 수익 모델에 대한 철저한 평가와 강력한 현금 창출력을 갖춘 수익 모델로의 방향 전환이 시급하게 된다.

## 기존의 주요 수익 모델 유형 및 평가

닷컴 기업의 위기를 타개할 수 있는 근본적인 방안은 강력한 현금 흐름 창출력을 가진 수익 모델을 확보함으로써 자체 생존력을 강화하는 것이다. 현재 다양한 수익 모델이 알려져 있지만 기본 모델로서 광고료 모델, 중개 수수료 모델, 판매 마진 모델, 고정 회비 모델, 정보 중개료 모델을 들 수 있다.

●광고료 모델

기존의 대중 매체에 의한 광고 수익 모델을 인터넷상에 접목한 수익 모델이다. 핵심 전략은 최대한의 광고 시청자를 확보하는 것이기 때문에 풍부한 컨텐츠, 광고 클릭시 현금 지급, 무료 전화와 S/W 등 인센티브를 제공한다.

TV와 신문 등 기존의 매체와의 경쟁, 낮은 광고 단가, 인터넷 시장 규모의 제한성, 인터넷 광고의 유효성 등에 의문이 제기되면서 수익 모델로서의 매력이 반감되고 있는 실정이지만, 회원 수가 많은 웹 사이트의 경우에는 여전히 유효한 수익 모델이다.

●중개 수수료 모델

위탁 거래, 대리 거래, 거래 중개, 사이버 상점 대여 등의 서비스를 온라인상에서 제공하고 수수료를 구매자, 판매자 혹은 양자 모두에게 부과함으로써 수익을 창출한다. 핵심 전략은 각 거래 특성에 맞게 거래 정보, 거래 속도, 거래 편의성 등을 구비하고, 이를 통해 가능한 많은 거래가 성사되도록 하는 것이다.

현재 실적 측면에서 가장 양호한 수익 모델로 평가받고 있으며, 미국의 선진 닷컴 기업 가운데 영업 이익을 내고 있는 기업들도 이 모델을 채용하고 있는 닷컴 기업들이 다수이다.

<table>
<tr><th colspan="5">수익 원천에 따른 닷컴 기업의 사업 모델 유형</th></tr>
<tr><th>수익 원천</th><th colspan="2">사업 모델</th><th>해외 대표 업체</th><th>국내 대표 업체</th></tr>
<tr><td rowspan="4">광고료</td><td rowspan="2">포털형</td><td>종합 포털형</td><td>AOL, 야후, 라이코스</td><td>다음, 새롬, 네이버</td></tr>
<tr><td>전문 포털형</td><td>위민닷컴(Women.com)</td><td>마이클럽</td></tr>
<tr><td rowspan="2">인센티브형</td><td>현금 보상형</td><td>사이버골드(Cybergold)</td><td>골드뱅크</td></tr>
<tr><td>공짜 · 할인형</td><td>바이닷컴(Buy.com)</td><td>–</td></tr>
<tr><td rowspan="4">중개 수수료</td><td rowspan="2">위탁 · 대리형</td><td>위탁 거래형</td><td>E*트레이드, 찰스슈왑</td><td>키움닷컴</td></tr>
<tr><td>대리점형</td><td>트래벨로시티(Travelocity)</td><td>3W투어</td></tr>
<tr><td rowspan="2">직거래형</td><td>경매형</td><td>e베이, 프라이스라인(Priceline)</td><td>옥션, 와와</td></tr>
<tr><td>상점 대여형</td><td>엑사이트스토어닷컴(ExciteStores.com)</td><td>바이엔조이, 삼성몰</td></tr>
<tr><td rowspan="4">판매 마진</td><td rowspan="2">오프라인 제품형</td><td>e-tailer형</td><td>아마존, e토이즈</td><td>인터파크, 한솔CSN</td></tr>
<tr><td>제조업체 직판형</td><td>델컴퓨터, 인텔</td><td>다수 국내 기업</td></tr>
<tr><td rowspan="2">온라인 제품형</td><td>디지털 제품 판매형</td><td>CD나우(CDNow), MP3</td><td>–</td></tr>
<tr><td>용역 제공형</td><td>패브레인(Fabrain), 더블클릭(Doubleclick)</td><td>–</td></tr>
<tr><td rowspan="3">고정 회비</td><td rowspan="2">커뮤니티형</td><td>종합 커뮤니티</td><td>AOL</td><td>하이텔, 천리안</td></tr>
<tr><td>전문 커뮤니티</td><td>구루(Guru)</td><td>팍스넷</td></tr>
<tr><td>컨텐츠형</td><td>전문 정보 제공</td><td>월스트리트저널</td><td>드림엑스</td></tr>
<tr><td rowspan="2">정보 중개료</td><td>고객 DB 제공형</td><td></td><td>넷제로(Netzero)</td><td>–</td></tr>
<tr><td>여론 정보 제공형</td><td></td><td>e피니언즈(ePinions)</td><td>–</td></tr>
</table>

주 : 각 대표 업체의 사업 모델은 엄격하게 말하면 하나로 구성된 것이 아니라 다수의 모델이 결합된 것
이 보통임. 대표 사례로 든 것은 해당 사업 모델을 잘 구현하고 있는 업체 가운데 하나라는 의미이지
특정 사업 모델만을 채택하고 있다는 것을 의미하는 것은 아님.

## ●판매 마진 모델

제품을 원가 이상으로 판매함으로써 판매 마진을 확보한다는 점
에서 기존의 도소매 업체와 동일한 수익 모델이며, 다만 온라인으로
수행한다는 점과 디지털 제품(S/W, 컨텐츠 등)의 온라인 판매가 가능
하다는 점에서 차이가 있다. 핵심 전략은 원가 및 판매 부대 비용의
절감 능력과 매출액을 극대화가 핵심 전략이며, 특히 물류 시스템,

고객 관리 및 서비스 시스템을 구축하는 것이 중요하고, 고객이 사이버 상점을 신뢰할 수 있도록 브랜드 파워를 확보해야 한다.

현재 대표 기업인 아마존(amazon.com)의 영업 손실 지속으로 수익 모델의 현금 창출력에 대한 논란 많으나, 향후 닷컴 기업의 주요 수익 모델로 부상할 것이라는 것이 일반적인 전망이다. 특히 기존 오프라인 기업들이 온라인으로 진출할 때 가장 많이 채택하게 될 수익 모델이다. 그러나 전자 지불 시스템, 보안 문제, 물류 시스템 등 관련 인프라의 정비가 동반되어야 한다는 점에서 단기적인 수익력 개선을 예상하기는 어렵다.

### ●고정 회비 모델

인터넷상의 사이버 공동체에 접속하거나 특정한 정보를 얻기 위해 접속하는 경우 부과하는 가입비 혹은 회비가 주요 수입원이 된다. 인터넷의 대중화 이전에 PC 통신 업체들이 활용했던 수익 모델이다. 핵심 전략은 동호회 모임의 활성화와 전문 심층 정보의 제공을 통해 가입비를 부담하고서라도 이용할 수 있는 '단골 고객'을 확보하는 것이다.

인터넷 접속과 일반적인 정보에 대한 접근이 거의 무료로 이루어지고 있는 현실을 감안할 때, 매우 특수한 틈새 분야를 공략하거나 강한 공동체 의식을 가진 커뮤니티를 구축한 1~2위 업체만이 성공할 수 있는 수익 모델이라는 점에서 한계가 있다.

### ●정보 중개료 모델

인터넷 이용자를 대상으로 확보한 고객 DB나 상품 구매 패턴, 여론 조사 결과 등을 다른 업체에게 판매하는 수익 모델이다. 핵심 전략은 인터넷상에서 사용자의 개인 정보를 최대한 끌어 내기 위한 다양한 인센티브를 제공하는 것이다. 예를 들어 신상에 관한 정보를 입력하고 등록하기만 하면 무료 인터넷 접속이나 무료 S/W를 제공하는 등의 전략을 사용하게 된다.

모델 평가 면에서는 인터넷 상거래에서 개인 비밀 보호 문제와 관련하여 마찰을 빚을 가능성이 있다는 점이 걸림돌로 작용할 수 있으나, 인터넷 마케팅, 사이버 고객 정보에 대한 업계 요구가 크다는 점에서 성장성은 크지만 시장 규모는 제한적인 것으로 판단된다.

한편 개별 수익 모델이 각각 하나의 완결된 모델이긴 하나, 사업 기반이 서로 중복되거나 유사한 부분이 많으므로 여러 수익 모델간 상호 결합과 모델간 상호 전환이 가능하다. 일반적으로 광고료 모델로 알려진 포털 사이트의 경우에도, 컨텐츠를 보강하여 가입비를 부과할 수 있고 다수의 회원을 상대로 상품 판매를 할 수 있다. 또한 쇼핑몰 사이트를 제공하고 수수료를 받는 수익 모델과 인터넷 백화점식으로 직접 판매를 통해 매출 이익을 확보하는 판매 마진 모델간은 완전히 분리되는 독자적인 모델이 아니라 대부분 양자의 모델을 결합하고 있는 것이다.

## 수익 모델의 진화와 향후 전망

초기에는 검색형 포털을 중심으로 광고료 모델이 주류를 이루었으나, 이후 중개 수수료 모델의 성공이 부각되었고, 최근에는 판매마진형 모델로의 이전이 눈에 띄고 있다.

닷컴 기업의 수익 모델은 야후, 라이코스, 알타비스타 등 사이트 안내와 검색 엔진을 구축한 업체들을 주축으로 하는 광고료 모델과 더불어 시작되었다.

그러나 광고료 모델의 현금 창출력이 크지 않다는 한계가 있고, 이와 더불어 가장 큰 각광을 받은 것이 중개 수수료 모델로서 주로 인터넷 경매와 온라인 증권 회사의 등장으로 부각되었다. 중개 수수료 모델은 신속한 거래, 다수가 밀집하는 거래를 특성으로 하는 업종을 중심으로 순식간에 확산되었다.

최근에는 기존 오프라인 기업의 온라인 진출에 힘입어 온라인 도소매업이라고 할 수 있는 사이버 도소매점(e-tailer)이 각광받으면서, 판매 마진 모델이 부각되고 있다.

## 미래형 수익 모델의 재구축

현재의 위기 탈출과 경쟁력 기반 강화를 위해서, 닷컴 기업이 선택할 수 있는 수익 모델 전략은 새로운 수익 모델의 지속적인 개발, 온라인 수익 모델간 결합, 온라인-오프라인 수익 모델간 결합, 사업 모델의 전환이 큰 줄기가 될 수 있다.

●대안 Ⅰ : 지속적인 수익 모델 혁신

자체 새로운 모델의 개발과 모델 혁신을 지속하여 선발자로서의 지위를 적극적으로 고수하는 전략이다. 이를 위해서는 변화에 대한 적응력과 유연성, 기술적 역량이 뒷받침되어야 한다.

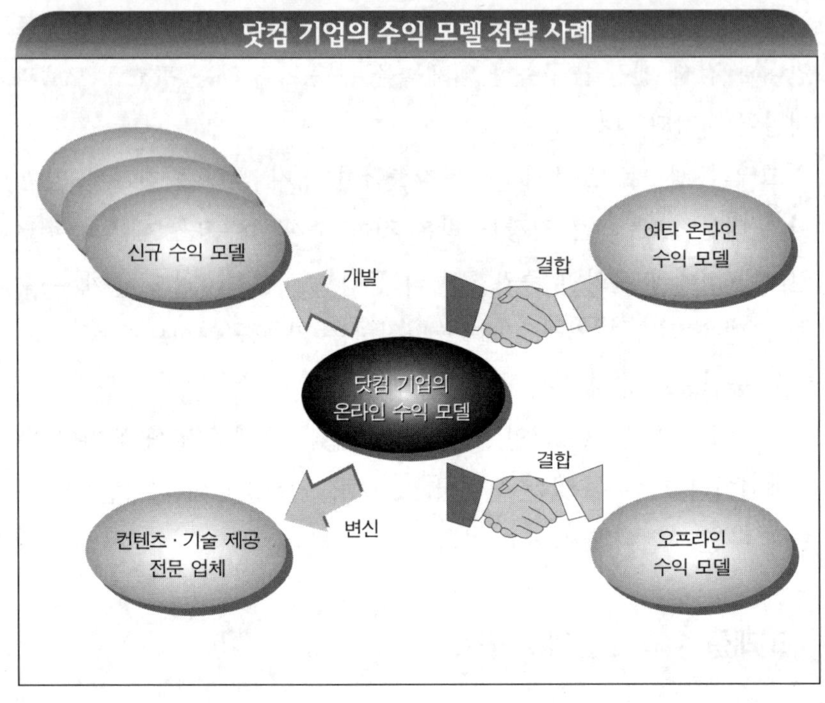



## ●대안 Ⅱ : 온라인-온라인 모델간 결합

온라인에서 수익성이 검증된 모델 혹은 시너지 효과를 높일 수 있는 다른 모델을 찾아 결합시킴으로서 결합 수익의 극대화를 도모하는 전략이다. 예를 들어, 광고료 모델과 고정 회비 모델, 광고료 모델과 판매 마진 모델, 판매 마진 모델과 중개 수수료 모델 등 다양한 모델간 결합이 가능하며, 이 가운데 결합 수익을 극대화할 수 있는 모델 조합을 찾아 내는 것이 핵심 과제이다. 결합의 방법으로서는 전략적 제휴, 인수 · 합병, 자회사 설립 등이 동원될 수 있다.

● 대안 Ⅲ : 온라인-오프라인 모델간 결합

이미 수익성이 검증된 오프라인 수익 모델과, 성장성이 크지만 리스크가 높은 온라인 모델을 상호 결합시킴으로써 리스크는 줄이되 수익은 극대화하는 전략이다. 닷컴 기업은 온라인 사업만으로서는 리스크가 크기 때문에 오프라인 기업과 수익 모델을 접목시켜야 한다는 욕구가 있고, 오프라인 기업으로서는 향후 성장성이 높은 온라인 부문을 보강하려는 요구가 강하기 때문에 현실성이 높은 결합 방식이다. 통상 '클릭 앤 몰타르(Clicks & Mortars)' 라고 불리는 수익 모델이다. 이러한 수익 모델 결합은 기존의 온라인 업체와 오프라인 업체가 손잡는 경우도 있으나, 온라인 업체의 오프라인 사업 진출 혹은 오프라인 업체의 온라인 사업 진출을 통해서도 실현될 수 있는 전략이다. 전략적 제휴, M&A, 분사, 신규 회사 설립 등의 방법이 동원될 수 있다.

● 대안 Ⅳ : 사업 모델의 근본적 전환

기술력 있는 수익 모델을 구비하고 있으나 후발자로서의 지위 등으로 인하여 수익 모델을 실현하는 것이 어렵다고 판단될 때 수익 모델, 관련 기술, 컨텐츠 등을 전문 개발하는 부품 업체로 변신하는 것이다. 기술력이 있다는 이유로 무리하게 자체 사업을 강행하기 보다 시장 선점 등을 통해 시장 지배력을 확보한 업체에게 수익 모델과 관련 부품, 컨텐츠 등을 전문적으로 제공하는 업체로 변신하는 것이 현명하기 때문이다. 자신의 사업 경험으로부터 경쟁 우위를 가지고 있다고 판단되는 기술 및 컨텐츠 부문을 선택하여 집중 공략하는 것이 성공의 지름길이 될 수 있다.

이상의 대안들 가운데 수익 모델의 성장성과 안정성이 중요한 기준이라고 할 때, 양자에서 강점을 가진 온-오프(On & Off) 라인의 수익 모델간 결합이 가장 현실적이고 바람직한 대안이 될 수 있다. 온-오프 라인 모델간 결합에서는 특히 판매 마진형 모델을 가진 닷컴 기업과 기존 오프라인 기업과의 결합이 이상적이다. 닷컴 기업은 풍부한 정보 제공, 신속한 거래, 고객 서비스, 마케팅 등에서 강점이 있고, 오프라인 기업은 물류 시스템, 오프라인 상점 구비, 기존 고객 풀 등의 영업 자산을 가지고 있기 때문에 결합에 따른 시너지 효과가 클 것이다.

## 국내 닷컴 기업에의 고려 사항

첫째, 사업 모델의 독창성과 첨단성에 집착하기보다 현금 유입을 가능하게 하는 수익 모델의 창출에 역량을 집중해야 한다. B2B니 B2C니 하는 사업 모델의 유형보다 수익을 창출할 수 있는 채널(P2P: Path to Profitability)을 확보하는 것이 중요한 것이다. 고객들의 관심은 첨단 기술이나 사업 모델이 아니라 상품 혹은 서비스의 품질과 편의성에 있으므로, 여기에 집중해야만 양호한 수익 모델 창출이 가능하다.

둘째, 기존의 전통 기업들과 같이 구매, 생산, 판매, 서비스, 고객 관리 등 모든 활동을 자체적으로 해결하는 사업 모델에 집착해서는 안 된다. 닷 기업이 모든 활동을 자체 해결할 수 있는 능력이 부족할 뿐 아니라, 이로 인해 닷컴 기업의 핵심 역량이 희석될 우려가 크다. 따라서 핵심 역량을 근간으로 하되 여타 활동은 철저하게 아웃소싱하거나 다른 기업과의 전략적 제휴, 나아가 인수·합병까지 적극적으로 고려해야 한다.

셋째, 많은 고객을 확보하는 것 못지 않게 기존 고객에 대한 서비스를 철저히 함으로써 수익을 얻을 수 있는 방안을 모색하는 것이 중요하다. 대부분의 닷컴 기업들이 신규 방문자 수나 회원 수 확보에 주력할 뿐 기존의 사용자에 대한 서비스와 사후 관리에는 소홀한 측면이 많다. 그러나 고객의 신규 확보 비용이 고객 유지 비용보다 높고, 신규 고객을 단골 고객으로 전환시킬 수 있는 서비스가 존재하지 않는다면 고객 확보는 무의미하다.

넷째, 하나의 수익 모델을 고집하지 말고 끊임없이 혁신하고 변화시켜야 한다. 사업 모델의 기반이 되는 인터넷과 관련 기술이 매우 빠른 속도로 변하고 있기 때문에, 이에 대응한 사업 모델도 빠르게 변신할 수 있어야 한다. 이러한 점에서 환경 변화에 신속하게 변화할 수 있는 개방형 사업 모델을 애초부터 구상하는 것이 바람직하다.

다섯째, 시장 선점 전략 못지 않게 비용 절감 등 내부 혁신을 통한 수익성 확보에도 관심을 기울여야 한다. 닷컴 기업이 등한시해 왔던 재고 관리, 원가 관리, 고용 정책, 물류 관리 등에도 전략적 초점을 맞춤으로써 과도한 현금 유출을 차단해야 한다. 지금까지는 미지의 영역에 기업을 세우는 것이 목적이었다면, 이제는 그 기업을 지속적으로 성장시킬 수 있는 경영 노하우를 확보하는 것이 중요하기 때문이다.

# 3. 대기업과 벤처 기업의 협력 방안

최근 대기업과 벤처 기업의 협력 제휴가 커다란 이슈로 떠오르고 있다. 미국의 경우 벤처 기업에 대한 투자는 전통적인 벤처 캐피탈 업체와 대기업 주도형 벤처 캐피탈(CVC : Corporate Venture Capital)이 양대 축을 이루고 있다. 예를 들어 막강한 자금력과 글로벌 네트워크를 갖춘 인텔과 시스코, 마이크로소프트 등의 대기업이 벤처 투자에 뛰어들어 성공을 거두고 있다.

우리의 경우도 1999년 이후 본격적으로 대기업의 벤처 기업 투자가 이루어지고 있으며, 향후 위와 같은 추세가 정착될 것으로 예상된다. 그러나 대기업과 벤처 기업간의 협력이 과거와 같이 대기업과 하청 기업간의 관계처럼 수직적이라면 협력의 효과가 반감될 수밖에 없다. 따라서 여기서는 대기업과 벤처 기업의 바람직한 협력 모델을 찾아보기로 한다.[21]

## 디지털 시대에 대기업과 벤처 기업의 협력은 필수

먼저 전통 제조업 대기업을 입장에서는 디지털 경제로의 전환에 따라 기존의 저 부가가치형 생산 구조의 혁신을 필요로 하게 되었다. 비관련 다각화로 핵심 역량을 분산시키거나 규모의 경제에 집착한 대기업의 사업 구조는 낮은 부가가치 생산성에 직면하고 있다. 게다가

---

21) 여기서 말하는 대기업은 전통 제조업 대기업을, 벤처 기업은 벤처 기업 중에서도 정보 기술(IT) 관련 기업을 의미한다.

최근에는 전통 산업에서도 정보 기술을 수용하지 않으면 도태될 수밖에 없는 상황이다.

즉 정보·통신의 발달로 전통적 제조업도 전자 상거래 등 네트워크를 기반으로 하는 다양한 사업 기회를 만들지 않으면 안 된다. 이에 따라 개개 분야에 높은 기술 수준을 보유한 벤처 기업과의 정보 기술 관련 협력이 필수적이라고 할 수 있다.

한편 벤처 기업으로서도 대기업과의 협력은 필요하다. 일반적으로 벤처 기업의 사업은 대부분 신성장 분야로서 위험이 높고 충분한 자금을 확보하기도 힘들다. 따라서 대기업의 막대한 자금력을 이용하면 자금 확보에 유리하다. 그리고 벤처 기업은 독자적 기술력은 뛰어나지만, 경영 관리를 위한 인프라가 취약하고 시장 경험의 부족으로 실패할 가능성도 높다. 또 브랜드 인지도가 낮으므로, 홍보 및 유통망 개척에 많은 애로가 있다. 따라서 뛰어난 기술력을 상용화하기 위해서 벤처 기업으로서는 대기업이 가진 제조 기반 역량과 마케팅 네트워크가 필요할 것이다. 사업 초기에 독자적 기술을 보유하고, 단순한 조직 및 기동성으로 시장에 진입하는 대부분의 벤처 기업들이 사업 규모가 확대됨에 따라 조직 관리, 즉 인적 자원 관리, 회계, 자금 관리 등 경영 문제에 봉착하지만 이를 해결할 수 없는 전문 인력이 부족한 실정이다. 이러한 벤처 기업의 난관을 대기업과의 협력을 통해 돌파할 수 있다.

## 대기업-벤처 기업 협력의 기대 효과

상호간에 의존 관계가 형성될 수밖에 없는 대기업과 벤처 기업으

<table>
<tr><th colspan="3">전통 제조업 대기업과 벤처 기업의 강약점</th></tr>
<tr><th></th><th>강점</th><th>약점</th></tr>
<tr>
<td>대기업</td>
<td>• 막대한 자본<br>• 풍부한 사업 경험 및 마케팅 능력<br>• 광범위한 네트워크망<br>• 높은 사회적 인지도</td>
<td>• 비관련 다각화로 인한 핵심 역량의 분산<br>• 의사 결정의 비신속성<br>• 규모에 집착하여 저 부가가치형 생산 구조에 직면</td>
</tr>
<tr>
<td>벤처 기업</td>
<td>• 높은 연구 개발 투자 비중<br>• 스피드 경영<br>• 단순하고 수평적 조직<br>• 관련 다각화를 통한 기술력 제고</td>
<td>• 낮은 사회적 인지도로 인한 홍보 및 유통망 개척 애로<br>• 사업 경험 및 마케팅 능력 부족<br>• 수익 전망의 불투명</td>
</tr>
</table>

로서는 자신의 강점과 약점을 파악하여 강점을 더욱 부각시키고, 약점을 보완할 수 있는 협력 관계를 유지해 나가야 한다.

먼저 대기업의 경우 벤처 기업과의 협력에 의한 관련 다각화를 통해 디지털 경제 시대에 걸맞은 신규 사업에 진출할 수 있는 계기를 마련할 수 있다.

또한 기존 사업을 경제의 네트워크화에 맞춤으로써 기존 사업의 효율성 및 수익성을 증대시키고, 보다 진전된 경영 환경을 마련할 수 있을 것이다. 그 외에도 적절한 벤처 기업 투자 및 협력을 통해 높은 투자 수익을 기대할 수 있다.

한편 벤처 기업으로서는 대기업의 자금 조달 능력 및 사업 경험을 활용하여 기술 개발에 필요한 자금 확보 및 사업 위험성 감소라는 이득을 얻을 수 있다. 이와 동시에 대기업의 인력, 조직, 마케팅 능력, 네트워크 등을 활용하여 경영 능력을 제고시키고 순조로운 사업 확장 기반을 마련할 수 있을 것이다.

## 대기업과 벤처 기업간 협력의 유형

대기업과 벤처 기업의 협력 유형은 크게 출자형, 공동 사업형, 인수·합병형, 아웃소싱형, 분사형 등으로 구분할 수 있다.

### ●출자형

출자형이란 대기업이 벤처 기업에 지분 참여를 하는 상호 협력 형태를 의미한다. 출자 유형으로는 크게 직접 발굴 투자와 간접 투자가 있다. 직접 발굴 투자는 사내 벤처 펀드를 활용하여 유망 기업을 발굴하고 사업 자금을 지원하는 형태이며, 간접 투자는 벤처 캐피탈이나 창업 투자사와 공동으로 컨소시엄을 구성하여 유망 벤처 기업에 지분을 투자하는 형태이다.

| 4대 그룹의 직접 투자형 주요 협력 현황 | | |
|---|---|---|
| 그룹 | 회사명 | 내용 |
| 현대 | 현대종합상사 | • 글로벌 벤처 지주 회사 구축을 목표로 2002년까지 3,000억 원을 벤처 기업에 투자<br>• 몬덱스코리아에 대한 5억 원 투자 등 10여 개사에 투자 및 투자 예정 |
| 삼성 | 삼성전자 | • 2000년부터 3년간 1,500억 원을 벤처 기업에 투자 계획 |
| | 삼성물산 | • 2000년 1월까지 150억 원 투자, 2000년 300억 원 투자 계획 |
| LG | LG상사 | • 벤처 기업에 연내 100억 원 투자 계획<br>• 유망 벤처 기업 투자를 통해 벤처 지주 회사화 모색 |
| SK | SK텔레콤 | • 한국정보인증과 코리아사이버페이퍼먼트 등에 총 86억 원 투자. 향후 3년간 500억 원을 벤처 기업에 투자 |
| | SK(주) | • 100억 원의 자금으로 생명 공학, 의약, 정밀 화학에 투자 |

| 4대 그룹의 간접 투자형 주요 협력 현황 | | |
| --- | --- | --- |
| 그룹 | 회사명 | 내용 |
| 현대 | 현대기술투자 | • 올해 벤처 펀드에 280억 원을 투자할 계획임. |
| | 현대건설 | • 목동 벤처 지원 센터 임대(임대료를 주식으로 받음) |
| 삼성 | 삼성벤처투자 | • 지난 99년 10월 자본금 200억 원으로 설립<br>• 3,000억 원에 달하는 4~5개 펀드를 형성하여 국내 벤처 기업과 해외 기업에 투자 계획 |
| LG | LG창업투자 | • 최근 80여 개 벤처 기업에 500억 원 이상을 집중 투자 |
| SK | SK상사 | • 100억 원 규모의 벤처 투자 회사인 인터베스트에 35억 원 투자 |
| | SK텔레콤 | • 벤처 투자사인 STICIT 벤처 투자(자본금 180억 원)에 80억 원을 출자 |

출자형 협력 방식은 최근 4대 그룹을 중심으로 다양한 벤처 투자가 이루어지고 있다.[22] 현재 100대 기업 중 15개 기업은 벤처 기업에 직접 투자하고 있으며 직접 투자는 그룹의 종합 상사 등을 중심으로 이루어지고 있다. 현대의 경우 현대종합상사가 글로벌 벤처 지주 회사 구축을 목표로 하고 있다.

한편 간접 투자의 경우 대표적으로 현대기술투자, 삼성벤처투자와 인터베스트 등을 들 수 있다. 이 경우 유사 업종의 계열사끼리 투자 자금을 부담, 벤처 펀드를 구성·투자하는 형태가 상당수 존재

---

22) 최근 대기업의 벤처 투자 지원을 허용하는 방향으로 법규정이 변화되어 벤처 기업과의 협력을 더욱 강화시킬 것으로 보인다. 2001년 4월에 시행되는 출자 총액 제한 제도는 기본적으로 30대 기업 집단이 순자산의 25%를 넘는 금액을 다른 계열사에 출자할 수 없도록 되어 있으나, 몇 가지 예외를 인정하고 있다. 그 중 하나가 바로 벤처 투자와 관련된 내용이다. 즉 대기업과 중소·벤처 기업의 협력 강화를 위해 최대 주주가 아니고 30% 미만의 지분을 출자하는 경우에는 출자 총액 제한 제도의 예외로 인정해 주기로 한 것이다.

한다.

LG창업투자의 경우 LG전선과 LG전자가 공동으로 300억 원을 출자하고 있으며, 삼성벤처투자의 경우 삼성전자와 전기, SDI 등이 공동으로 3,000억 원대를 출자하고 있다.


●공동 사업형(전략적 제휴형)

공동 사업형이란 대기업과 벤처 기업이 유기적 역할 분담과 협력 관계를 통해 사업 영역을 확대하는 방식이다. 공동 사업형은 신규 기업 공동 설립형, 공동 개발·판매형, 단순 지원형 등으로 구분할 수 있으며, 제휴 유형 및 강도에 따라서 대기업의 역할이 달라진다. 예를 들어 출자형과 유사하게 합작 등의 형태를 취할 수도 있으며,

| 그룹 | 회사명 | 내용 |
|---|---|---|
| 현대 | 현대종합상사 | • 서울시스템과 전략적 제휴 체결, 벤처 기업에 대한 공동 투자, 소프트웨어 개발·판매, 상호 출자 등을 추진 |
| 삼성 | 삼성전자 등 3개사 | • 새롬기술에 1,000억 원 투자<br>• 새롬은 대기업의 경영 노하우와 해외 네트워크 활용<br>• 삼성은 새롬의 기술을 계열사 인터넷 비즈니스에 활용 |
| LG | LG상사 | • 미디어 링크에 마케팅 지원 |
| SK | SK(주) | • 대덕 연구 단지 내 연구 시설을 무상 임대해 주는 공동 연구형 지원 |
| | SK상사 | • 전자 상거래 분야에서 비트컴퓨터, 메디다스 등과 제휴<br>• 보안 메일 시스템인 '데일리시큐어'와 합작 |
| 기타 | 태영·두산건설 | • 태영, 두산건설은 5개 벤처 기업(로커스, 버추얼텍 등)과 공동으로 '제니시스 멀티미디어' 설립(자본금 88억 원) |
| | 한화 | • 한국종합기술금융과 인터넷 방송국을 개국하기로 합의 |

대기업 그룹의 공동 사업형 주요 협력 현황

일정 역할을 담당하고 그 대가로 수수료의 형태를 취할 수 있다.

대기업의 벤처 기업에 대한 지분 참여라는 점에서는 출자형과 유사하나, 유기적 역할 분담이 사전적으로 이루어진다는 점에서 차이가 있다. 최근 각종 경영 능력의 지원 형태 등으로 그 형태가 다양화되고 있다.

### ● 인수 · 합병형

인수 · 합병(M&A)형은 대기업이 필요로 하는 기업을 직접 인수 · 합병하는 방식이다. 이 방식은 최근 관심의 초점이 되고 있는데, 대기업의 경우 성장 잠재력이 높고 급속한 기술 혁신이 일어나는 정보 · 통신 분야 진출시 시간과 비용을 절약할 수 있다는 장점을 가지고 있다. 반면 기술력은 있지만, 판매력 등이 부족한 벤처 기업의 경우 신기술을 제품화한 후 본격 양산 단계에 들어가기 전에 사업을 매각하고 새로운 벤처 분야로 진출하는 것이 기업 경쟁력에 유리할 수도 있다는 점에서 매력적인 방식이다.

아직까지 본격적인 인수 · 합병은 별로 없으나, 향후 성장 가능성이 가장 높은 형태이다. 인터넷 산업 규모가 가파르게 성장하고 대기업의 본격적 참여가 이루어질 경우 대규모 인수 · 합병이 본격화될 가능성이 높다. 대표적인 사례로는 현대백화점의 까치네(포털 서비스 업체) 인수, SK(주)의 (주)아이윙 기술 및 연구 인력 인수 등이 있다.

### ● 아웃소싱형

아웃소싱형은 연구 개발, 핵심 부품 개발, 전용 장비 공급, 인터넷 관련 서비스, 조립 가공 공정 등 최신 정보 기술 관련 부문을 벤처

기업으로부터의 조달하는 방식이다. 이 유형의 장점은 대기업으로서
는 막대한 자금을 투자한 직접 개발보다는 새로운 기술과 아이디어
를 가진 벤처 기업으로부터 정보 기술을 아웃소싱하는 것이 훨씬 경
제적이라는 점에 있다.

아웃소싱형은 가장 느슨한 형태의 대기업과 벤처 기업의 협력 형
태이다. 현재 인터넷 및 전산 관련 부문에서의 벤처 기업 하청 등 다
양한 협력이 이루어지고 있으며, 향후 인터넷 사업 진출과 관련하여
대기업과 벤처 기업의 협력을 심화하는 계기가 될 수 있다.

### ●분사형

분사형은 대기업의 일부 사업을 분리하여 독립 법인의 형태를 취
하는 능동적인 방식이다. 대기업의 경우 자신의 관련 분야를 분사함
으로써 분사 기업과의 협력을 강화할 수 있으며, 이 경우 대기업과
벤처 기업의 장점만을 취한 사업 모델 구축을 통해 효율성을 극대화
할 수 있다.

이 유형은 목적에 따라 적자 부문 분사형, 신사업 창출형 등으로
세분할 수 있다. 원래 분사는 기업 구조 조정 과정에서 경쟁력이 떨
어지거나 적자가 누적된 사업을 분리시키는 목적을 가지고 있었으
나, 최근 새로운 아이디어를 가진 신사업을 창출하기 위한 수단으로
활용하기도 한다.[23]

---

23) 공정거래위원회의 '1999년도 30대 기업 집단 분사화 현황'에 따르면 30대 그룹은 1998년 366개
에 이어 작년에도 185개의 회사를 분사화했다. 기업별로는 LG 56개, 삼성 51개, 대우 24개,
SK 23개, 현대 11개 등 5대 그룹이 165개로 대부분을 차지했다. 그리고 분사 회사의 규모가 점
차 커지고 있는 경향을 보이고 있다.

분사와 유사한 형태로 사내 벤처 제도가 있다. 사내 벤처는 기업 내부에 독립적인 팀을 운영하여 독립 경영이 가능하게 하는 방식이다. 사내 벤처를 통해 대기업은 신사업 영역을 개척하거나 유능한 벤처 기업을 산하에 두는 이익을 누릴 수 있는데, 분사는 모기업 지분이 30% 미만으로 사실상 독립 법인인 반면, 사내 벤처는 100% 모기업 소속이라는 점에서 차이가 난다.

## 각 유형별 장단점 비교

| 유형 | 의미 | 장점 | 단점 |
| --- | --- | --- | --- |
| 출자형 | 지분 참여를 통한 수익 창출 | • 투자 수익 목적시 유리<br>• 분산 투자 유리 | • 비관련 분야의 경우 잘못된 선택으로 인한 수익성 악화 가능성 |
| 공동 사업형 | 공동 사업으로 시너지 효과 제고 | • 유망 협력 업체 확보에 유리<br>• 사업 다각화의 원천<br>• 대기업의 우위 역량 발휘에 유리 | • 지나친 간섭시 벤처 기업 활력 제거<br>• 불명확한 업무 분담시 시너지 효과 없거나 마이너스 효과의 가능성 |
| 인수 · 합병형 | 대기업 양산 체제의 활용 | • 신규 사업 진출시 유리<br>• 기술 부족 분야의 신속한 보충 가능 | • 문어발식 확장으로 인한 폐해 발생<br>• 부적절한 사업 선택시 실패 가능성 |
| 아웃소싱형 | 열위 분야의 과감한 아웃소싱으로 경쟁력 제고 | • 초기 유망 업체 선별을 통한 향후 협력 심화<br>• 유망 업체 선정시 위험 부담 최소화 | • 기존의 수직적 하청 형태를 취할 경우 시너지 효과 전무 |
| 분사형 | 대기업 핵심 역량의 집중 | • 대기업과 벤처 기업의 장점만을 취할 수 있음.<br>• 분사가 유망 벤처 기업과의 협력 그 자체임. | • 지나친 간섭시 경영상의 폐단 발생<br>• 부적절한 분야의 분사로 인한 부정적 효과 발생 가능성 |

## 각 유형별 장단점과 기업의 투자 전략

각 유형은 나름대로의 장단점을 가지고 있다. 예를 들어 출자형의 경우 투자 수익 목적시 유리하지만, 대기업이 지나치게 벤처 기업에 간섭할 경우 벤처 기업의 활력을 떨어뜨릴 수 있다는 단점을 가지고 있다.

따라서 대기업과 벤처 기업의 협력시 각 유형의 장단점을 분석하고, 어느 유형이 자신의 업종에 바람직할지를 결정해야 한다.

## 대기업의 사업 목적별 협력 유형

대기업과 벤처 기업의 협력 유형 선택시 기본적으로 협력의 목적, 해당 사업의 성격, 자신의 강약점 등에 대한 분석이 선행되어야만 한다. 그리고 그러한 목적에 따라 협력의 유형도 크게 달라질 수 있다.

예를 들어 신규 사업 진출의 경우 신속성이 요구될 때는 M&A형이 유리하며, 공동 사업형의 경우 장기적 전망 및 계획이 필요할 것이다. 기존 사업의 인터넷 기반화를 위해서는 출자형보다 공동 사업형을 통해 유망 협력 업체를 확보하는 것이 유리하리라 생각된다. 기존 사업의 관련 다각화가 필요한 경우에는 다각화 정도에 따라 인수·합병형이나 공동 사업형이 바람직할 것이며, 분사화도 고려할 수 있다.

<table>
<tr><th colspan="2">사업 목적별 협력 유형</th></tr>
<tr><th>목적</th><th>협력 유형</th></tr>
<tr>
<td>신규 사업 진출</td>
<td>• 신속성을 요구하는 사업의 경우 인수·합병형이 유리<br>• 출자형의 경우 투자 수익 목적인지, 신규 사업 진출 목적인지를 확실히 해야 함.<br>• 공동 사업형의 경우 적절한 역할 분담을 통해 신규 사업 진출에 용이할 것이나, 사업에 대한 장기적인 전망이 필요함.</td>
</tr>
<tr>
<td>기존 사업의 인터넷 기반화</td>
<td>• 출자형보다는 공동 사업형을 통한 유망 협력 업체 확보가 유리<br>• 아웃소싱형을 통해 인터넷 기반화와 관련된 각종 하드웨어 및 소프트웨어 등을 아웃소싱하는 것도 바람직함.</td>
</tr>
<tr>
<td>기존 사업의 효율성 증대 및 기업 구조 조정</td>
<td>• 기존 사업에서 비교 열위에 있는 사업을 분사하는 것도 한 방법임.<br>• 비효율적 부문에 대한 아웃소싱도 가능함.<br>• 기존 사업에 필요한 사업 분야의 경우 공동 사업형 채택 가능</td>
</tr>
<tr>
<td>기존 사업의 관련 다각화</td>
<td>• 사업의 관련 다각화 정도에 따라 M&A형이나 공동 사업형 추구<br>• 아웃소싱을 통해 관련 다각화 능력을 제고하는 것도 가능<br>• 조직의 활성화가 필요한 경우 사내 벤처를 통한 분사 또는 직접 분사의 방식도 가능</td>
</tr>
<tr>
<td>투자 수익 목적</td>
<td>• 출자형이 기본적으로 목적에 적당함.</td>
</tr>
</table>

## 협력의 성공 조건

한편 최근의 대기업과 벤처 기업 협력이 출자형에 집중되어 있고 공동 사업형이나 인수·합병형과 같은 유형이 별로 없다. 이는 대기업-벤처 기업간 협력이 주로 투자 수익 제고라는 측면에 머물러 있다는 것을 보여 주고 있다. 이와 더불어 중요한 점은 대기업 입장에서 벤처 기업과의 공정한 협력이 아니라 유리한 지위에서 부당한 협력을 강요하는 사례도 존재한다는 것이다. 공생을 위한 대기업과 벤처 기업의 장기적 협력에 커다란 걸림돌이라 할 수 있다.

게다가 대기업이 벤처 기업과 협력할 때 비관련 다각화의 경향을

강하게 보이고 있어서 이로 인해 장기적으로 부정적인 효과가 발생
할 여지가 존재한다. 이 외에도 일부 대기업의 경우 일시적인 단기
수익 위주의 방향으로 협력을 진행시키고 있어, 장기적인 기업 성장
전략에 맞춘 협력 방안이 절실하다.

이러한 점에 비추어 대기업과 벤처 기업간 협력이 성공하기 위해
서는 다음 몇 가지를 고려해야 한다.

첫째, 협력 당사자인 대기업, 벤처 기업 모두 바람직한 전략적 방
향을 사전에 설정해야 할 것이다. 먼저 사업 분야의 설정 및 이 분야
에서 자신의 장점과 약점을 파악해야 하며, 전략적 방향, 추진 방안
(자력 성장, 인수 합병, 제휴 등), 전략적 제휴의 목적, 전략적 제휴를
위한 자원 등을 분석해야 한다.

둘째, 주력 업종의 연관 효과를 고려해야 한다. 대기업은 분사된
조직이나 제휴 파트너들을 자기 조직의 일부로 활용해야 하고, 새로
운 기술 확보를 위해 출자, 인수 · 합병, 전략적 제휴 등의 협력 모델
이 필요하다. 특히 국민 경제에 미치는 영향을 고려해 대기업들은
주력 업종과의 연관 효과를 고려한 전략적 투자에 관심을 기울여야
할 것이다.

셋째, 시너지 효과가 가능한지 타당성 분석이 선행되어야 할 것이
다. 장기적 수익성 관점에서는 대기업과 벤처 기업 협력이 향후 새
로운 비즈니스 모델을 만들어 낼 수 있는가가 중요하며, 이런 측면
에서 연관 효과가 높은 사업에 대한 투자가 유리할 것이다.

넷째, 대기업 · 벤처 기업간의 수평적 관계 및 신뢰 관계가 구축되
어야 한다. 대기업의 벤처 투자는 단기적인 투자 이득보다는 신기술
확보를 통해 새로운 시장을 창출하는 것이 목표가 되어야 하며, 단

**바람직한 협력 방향**

- 주력 업종의 연관 효과 고려
- 시너지 효과가 가능한지 타당성 사전 분석
- 대기업 · 벤처 기업간 수평적 관계 및 신뢰 구축
- 자금 투자 이외의 각종 다양한 협력 수반

▼　▼　▼　▼　▼

| | |
|---|---|
| 출자형 | • 경영 간섭의 최소화 : 유망 기업의 자생력 키워 수익을 공유하는 방향으로 이루어져야 함.<br>• 투자뿐만 아니라 각종 지원의 확대 : 대기업은 벤처 기업의 인큐베이터 역할 담당 |
| 공동 사업형 | • 명확한 업무 역할 분담 : 대기업은 대규모 생산 · 유통 과정 및 연구 개발, 마케팅 관리, 브랜드 관리, 벤처 기업은 틈새 기술 및 핵심 부품의 연구 개발, 신비즈니스 모델 개발 등을 맡음. |
| 인수 · 합병형 | • 관련 다각화 : 핵심 역량 분산보다는 신사업의 경우라도 관련 다각화가 바람직<br>• 시너지 효과 발휘 가능한 기업 선정 |
| 아웃소싱형 | • 수평적 분업 구도 : 기존의 대기업-중소 기업의 수직적 하청 구도 탈피<br>• 협력 관계 심화를 위한 중간 단계로서의 지원 가능 |
| 분사형 | • 적자 부문의 해소 측면보다는 유망 사업 창출 수단으로 활용 |

기간에 높은 투자 수익을 올리려는 치고빠지기식 투자를 지양하여야 한다. 이러한 측면에서 대기업과 벤처 기업간의 수평적 관계가 설정되어야 하며, 역할 분담에 대한 합의와 이의 철저한 수행이 필요하다.

다섯째, 자금 투자 이외의 각종 다양한 협력이 수반되어야 한다. 대기업은 자금과 경영 지원에 이외에도 벤처 기업에 절실한 연구 인력과 기술 지원을 수행해야 하며, 분야별 실무 전문가 풀이 풍부한 대기업의 인력을 벤처 기업에 적절하게 활용하는 방안도 강구할 수 있을 것이다. 또한 대기업의 경우 벤처 기업들의 각종 해외 활동에 필요한 각종 지원(예를 들어 컴덱스 등 각종 박람회 참가 지원, 해외 출장 지원, 협상 능력 지원)이 가능하다. 이 외에 벤처 기업은 거시적 흐름에 민감하지 못하므로 대기업이 세계적 트랜드나 방향을 잡아 주는 역할을 담당할 수도 있다.

# 5 디지털 시대 노사 관계의 변모

## 1. 고용 구조 변화 : 심화되는 인력 수급의 불일치

디지털 경제는 디지털 기술의 활용을 통해 생산, 소비, 유통 등 제반 경제 활동의 방식이 근본적으로 바뀌게 된 경제 시스템을 의미한다. 이러한 디지털 경제의 도래가 고용에 미치는 영향은 크게 고용량에 대한 영향과 고용 구조에 대한 영향으로 나뉠 수 있다.

먼저 고용량에 대한 영향을 생각해 보자. 디지털 경제가 고용량에 대해 미치는 직접적인 효과는 정보 기술(IT)의 확산으로 인한 고용의 대체 효과이다. 즉, 생산 과정 및 서비스의 자동화·정보화와 더불어 이를 담당하던 인력이 줄어드는 효과가 발생하는 것이다. 그러나 간접적으로는 정보 기술의 확산이 이루어지면서 생산성이 향상되고, 이로 인해 전체 생산량이 증가하면서 고용량도 늘어나는 규모 효과가 존재한다.

더불어 자동화나 정보화를 위한 정보 기술 자체를 만들어내는 것과 관련되어 새로운 일자리가 늘어나는 효과도 고용량을 증대시킬 것이다. 결국 디지털 경제의 도래에 따른 고용량 변화는 상반되는 영향을 미치는 이 효과들 가운데 어느 효과가 상대적으로 더 크냐에 따라 결정되는 것이다.

다음으로 디지털 경제가 고용 구조에 대해 어떠한 영향을 미칠 것인지 살펴보자. 디지털 경제에서는 이제까지와는 다른 새로운 기업 및 작업 조직이 구축될 가능성이 높으므로 이는 고용 구조에 직접적으로 영향을 미칠 것이다. 이러한 조직 변화의 대표적인 방향은 조직의 수평화 및 태스크포스(task-force)형 조직 확산, 근로자의 작업 범위 확대 및 다기능의 요구, 조직 내 의사 소통의 중요성 증대 및 원활화 등이라고 할 수 있다. 결국 이러한 조직의 변화는 적응력이 높은 고숙련·고학력 근로자에 대한 노동 수요 증대라는 효과를 가져올 것이다. 더불어 새로운 정보 기술 산업 및 서비스의 발달은

| 조직과 경영에서의 변화 | | |
|---|---|---|
| 요소 | 구체제(old system) | 신체제(new system) |
| 작업장 조직 | 위계적<br>기능적이고 특화됨<br>경직 | 수평적<br>다기능 팀간의 네트워크<br>유연 |
| 작업 범위 | 좁다<br>한 가지 작업<br>반복적이고 단순하고 표준화 | 넓다<br>많은 작업<br>복수의 책임 |
| 근로자 숙련 | 특화 | 다기능 |
| 노동력 관리 | 명령·통제 시스템 | 자기 관리 |
| 의사 소통 | 하향식(top down) | 광범위하게 분산 |
| 의사 결정의 책임 | 명령 체계 | 분권화 |
| 감독 관리(direction) | 표준화되고 고정적인 절차 | 일정한 변화에서의 절차 |
| 근로자 자율성 | 낮다 | 높다 |
| 조직에 대한 근로자 지식 | 좁다 | 넓다 |

자료: U.S. DOC·DOE·DOL·NIL·SBA, 1999. 강순희·이병희·최강식, 「지식 경제와 직업 훈련」, 한국노동연구원, 1999. 12, p.38에서 재인용.

이들 부문에서 필요로 하는 인력에 대한 수요를 증대시킬 것으로 예상된다.

## 선진국에서의 고용 변화 경험

우리 나라보다 먼저 디지털 경제를 경험하고 있다고 생각되는 선진국에서의 고용 변화 경험을 살펴보자. 먼저 고용량에 대한 영향에 있어서는 일반적으로 고용 증대 효과가 더 우세한 것으로 나타나고 있다. 물론 정보 기술의 확산과 더불어 기존 노동력이 감소하는 대체 효과는 분명히 나타나고 있다. 이에 대해서는 컴퓨터 수치 제어(CNC : Computerized Numerical Control) 공작 기계 1대의 도입에 따라 1~3명의 고용이 대체되었다는 연구 결과도 발표되었다.[24] 그러나 경제 전체적인 효과에 있어서는 대부분 정보 기술 확산에 따른 규모 효과가 더 커서 고용량이 증대한다는 주장이 훨씬 우세하다.[25]

한편 고용 구조에 대한 영향에 있어서는 고숙련 중심으로의 변화가 예상되고 있다. 디지털 경제가 고용 구조에 대해 미치는 가장 큰 영향은 고숙련·고학력 근로자에 대한 수요가 증대하는 반면, 저숙련·저학력 근로자에 대한 수요가 감소할 것이라는 점이다. 이러한 변화는 특히 직종 구조 변화에서 가장 극명하게 드러날 것이므로,

---

24) Attenborough, N. G., "Employment and Technical Change: The Case of Micro-electronics-based Production Technologies in UK Manufacturing Industry", Working Paper No.74, Government Economic Service, Department of Industry, London, 1984.
25) 이에 대한 자세한 선진국 경험에 대해서는 채창균·홍성민, "정보화 투자와 고용", 「지식 경제」, 현대경제연구원, 2000. 1. 참조.

| 미국의 고용 구조 변화 (단위 : %) | | 고숙련 사무 | 저숙련 사무 | 고숙련 생산 | 저숙련 생산 | 전직종 |
|---|---|---|---|---|---|---|
| 1983~1993년 | 제조업 | 0.8 | -0.5 | -0.4 | -0.2 | -0.1 |
| | 서비스업 | 3.0 | 2.4 | 1.3 | 2.3 | 2.5 |
| | 전산업 | 2.7 | 2.2 | 0.8 | 0.6 | 1.9 |
| 1998~2008년 전망 | 제조업 | 0.4 | -0.6 | -0.1 | 0.0 | 0.0 |
| | 서비스업 | 2.5 | 1.5 | 1.7 | 2.1 | 1.9 |
| | 전산업 | 2.1 | 1.3 | 0.8 | 0.9 | 1.4 |

주 : 각 부문의 연평균 고용 증가율임
자료 : OECD, "OECD Data on Skills: Employment by Industry and Occupation", *STI Working Papers*, 1998. 4.; 미국 노동통계국(BLS), *Occupational Outlook Handbook*, 2000~2001 Edition.

여기서는 미국의 직종 및 산업별 고용 구조 변화 추세를 통해 분석해 보자. 구체적으로는 미국의 1983~1993년 직종 및 산업별 고용 증가율과 1998~2008년 고용 증가율 전망을 서로 비교해 볼 수 있다.[26]

이러한 비교 분석에서 파악할 수 있는 미국 고용 구조 변화 추세의 특징은 네 가지로 요약된다.

첫째, 사무직의 고숙련화가 심화된다. 전반적으로 고용 증가율이 저하되는 추세 속에서도 사무직의 경우 고숙련직과 저숙련직 증가율

---

26) ISCO-80 분류에서 고숙련 사무직은 대분류 1~3의 행정 관리직, 전문직, 기술자 및 관련직을, 저숙련 사무직은 대분류 4~6의 사무 관련직, 판매직, 서비스직을, 고숙련 생산직은 대분류 7~8의 농림 어업직, 정밀 생산 및 기능공을, 저숙련 생산직은 대분류 9의 조작원, 조립원, 단순 노무직을 포괄하는 것으로 구분한다. 한편 ISCO-88 분류에서 고숙련 사무직은 직종 대분류 1~3번에 해당하는 입법 공무원, 고위 임직원 및 관리자, 전문가, 기술공 및 준전문가를, 저숙련 사무직은 4~5번에 해당하는 사무 직원, 서비스 근로자 및 상점과 시장 판매 근로자를, 고숙련 생산직은 6~7번에 해당하는 농업 및 어업 숙련 근로자, 기능원 및 관련 기능 근로자를, 저숙련 생산직은 8~9번에 해당하는 장치, 기계 조작원 및 조립원, 단순 노무직 근로자를 뜻한다.

의 격차가 커지는 현상이 나타나고 있다. 미국의 경우 1980년대의 고숙련과 저숙련 사무직의 증가율 격차는 0.5%p였으나 2000년대 초에는 0.8%p까지 확대될 것으로 전망되는 것이다.

둘째, 생산직에 있어서는 제조업을 중심으로 오히려 저숙련직 증가율이 더욱 높아지는 현상이 나타나고 있다는 점이 특징적이다. 생산직의 경우 고숙련 및 저숙련 고용 증가율이 80년대에는 각각 0.8%, 0.6%였으나, 2000년대 초에는 각각 0.8%, 0.9%로 역전될 전망인 것이다.

셋째, 서비스업에 있어서는 생산직의 경우에도 고숙련화가 심화될 것으로 나타나고 있다. 비록 전체에서 차지하는 고용 비중은 작지만, 고숙련 생산직 증가율이 다른 부문과 달리 유일하게 상승할 것으로 전망된다. 이에 따라 고숙련직과 저숙련직의 고용 증가율 격차도 1.0%p에서 0.4%p로 급격히 감소할 것으로 보이는 것이다.

마지막으로 제조업의 경우 저숙련 사무직 감소 추세가 확대되는 것이 특징적이다. 제조업의 경우 생산직의 감소 추세는 완화되는 반면 저숙련 사무직 감소 추세만이 확대될 것으로 나타나고 있다. 제조업의 1980년대 저숙련 사무직 고용 증가율은 −0.5%였으나 2000년대 초에는 −0.6%로 확대될 전망이다.

이러한 미국의 고용 구조 변화 추세가 디지털 경제화에 따른 고용 구조 변화에 대해 시사하는 바는 다음과 같다.

첫째, 사무직 중심의 디지털 경제화가 진행되는 점이 명확하게 나타나고 있다. 디지털 경제화에 따라 심화될 것으로 예상되는 고숙련화 현상은 사무직에 집중해서 나타나고 있다는 점이 특징적이다. 이는 컴퓨터 이용 증대, 네트워크화 등으로 특징지워지는 디지털 경제의 영향이 최소한 초기에는 사무직을 중심으로 나타날 수밖에 없기 때문이라고 판단된다.

둘째, 제조업에서는 디지털화가 상대적으로 부진한 것으로 여겨진다. 생산직의 저숙련화는 생산직이 많이 고용되어 있는 제조업에서의 디지털화 경향이 약한 데 주로 기인하고 있다고 판단된다. 이는 제조업에 비해 상대적으로 디지털화 경향이 더 진전되었을 것으로 보이는 서비스업의 경우 고숙련 생산직이 크게 증가할 것으로 전망되는 데서 확인할 수 있다. 또 제조업의 경우에는 사무직에서도 숙련별 고용 증가율 격차가 완화될 것으로 전망된다는 점도 이를 뒷받침한다.

그러나 제조업의 디지털화에 따라 저숙련직에 대한 노동 수요가 증대하였을 가능성도 무시할 수는 없다. 생산직 저숙련화의 다른 원인으로 디지털화의 진행과 더불어 생산직에 있어서는 '탈숙련화' 현상이 나타나 저숙련직에 대한 노동 수요가 증대하는 현상이 일어날 수 있다는 것을 들 수 있다. 즉, 디지털화에 따라 컴퓨터의 이용 등이 증가하자 사람의 손이 필요한 부문은 거의 숙련이 필요 없는 단순 조립, 제품 배달 등의 단순한 직무에만 국한되면서 이들 인력에 대한 수요만이 증대하였을 가능성이 존재하는 것이다.

## 국내 고용 구조의 변화는 어떠한가

우리 나라에 대해서도 미국에서 행한 것과 같은 비교 분석을 통해 고용 구조 변화를 분석할 수 있다. 그러나 우리 나라의 경우 디지털 경제화 현상이 비교적 최근이라는 점과 1994년 이전의 경우 직종 및 산업별로 세분된 자료가 존재하지 않는다는 한계가 존재한다. 따라서 분석 대상은 1994년부터 1999년으로 한정하고, 직종 및 숙련별로 향후 5년간의 고용 증가율을 전망한 자료를 이용해 향후의 고용 구조 변화 추세에 대한 시사점을 이끌어 낼 것이다.

다음의 두 그림은 이러한 분석의 결과를 요약적으로 나타내 주는 것이다. 여기에서부터 파악할 수 있는 고용 구조 변화의 특징은 다음과 같다.

첫째, 우리 나라에서도 미국 고용 구조 변화에서 나타나는 것과 유사한 특징이 나타나고 있다. 비록 비교 대상이 존재하지 않아 명확하지는 않지만, 분석 기간중에는 고숙련 사무직의 높은 증가율, 저숙련 생산직의 낮은 감소율, 서비스업의 높은 고숙련직 증가율 등의 현상이 그대로 나타나고 있는 것이다. 이는 결국 우리 나라에서도 디지털 경제화에 따른 고용 구조 변화 현상이 벌써 나타나고 있음을 보여 주는 간접적인 증거라고 할 수 있다.

둘째, 미국과는 달리 제조업 생산직에서도 숙련별 격차가 명확히 나타나고 있다는 점이 특징적이다. 제조업의 경우 고숙련 생산직은 분석 기간에 0.7% 감소하는 데 그친 반면, 저숙련 생산직은 5.5%나 감소하였던 것이다. 또한 제조업 사무직의 경우에도 고숙련 사무직은 2.9% 증가한 반면, 저숙련 사무직은 7.1%나 감소하였다. 결국 우리 나라의 경우 제조업과 서비스업 모두에서 고숙련직과 저숙련직 사이의 고용 증가율 격차가 명확하게 나타나고 있는 것이다.[27]

---

27) 물론 여기에는 1997년 말에 발생한 외환 위기라는 외부적 충격의 영향이 반영되어 있을 가능성이 존재한다. 그러나 외환 위기의 충격은 디지털 경제화에 따른 고용 구조 변화 추세를 더욱 강화하였을 것이라고 판단되므로 이를 특별히 고려하지 않고 분석했다.

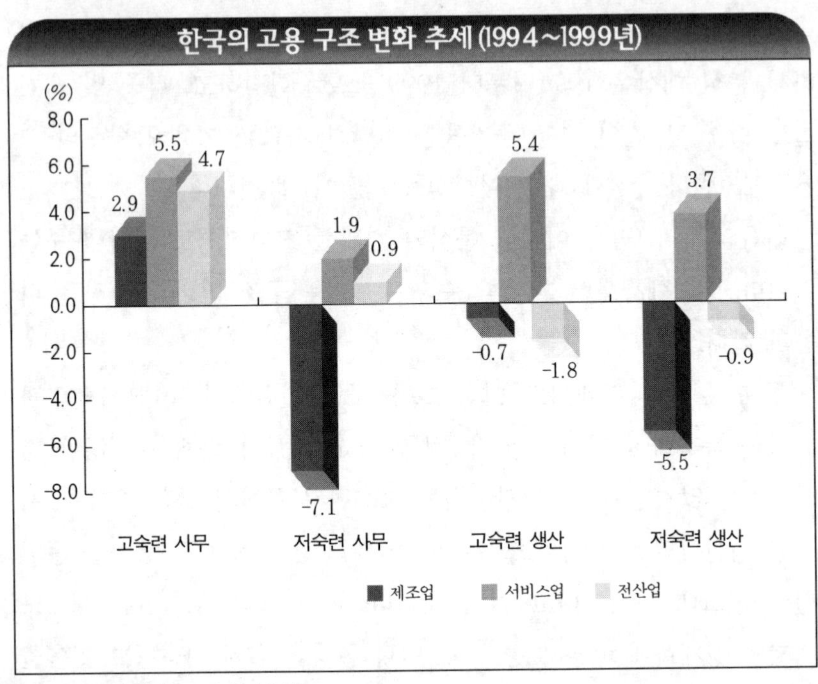


주 : 각 부문의 연평균 고용 증가율임.
자료 : 통계청, 『경제활동인구연보』, 각년도.

　마지막으로 향후 고용 구조 변화 추세를 전망한 자료에 따르면 앞에서 나타난 것과 같은 숙련별 고용 증가율 격차는 앞으로도 지속될 것으로 판단된다. 향후 5년간의 직종 및 숙련별 고용 증가율 전망을 살펴보면, 고숙련 사무직이 매년 2.2%씩 증가해 가장 높은 증가율을 기록하고, 그 다음은 1.4%씩 증가하는 고숙련 생산직이 될 것으로 나타난다. 반면, 저숙련 사무직은 매년 1.2%씩 증가하는 데 그치고, 저숙련 생산직은 가장 낮은 연평균 1.1% 증가에 그칠 것으로 예상되는 것이다.

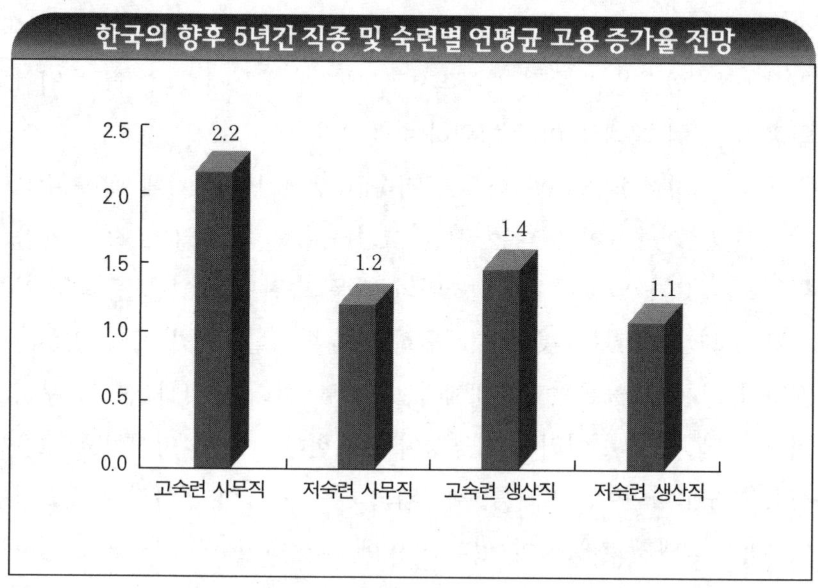


자료 : 한국노동연구원, 「지식 기반 산업 인력 수급 실태 및 수요 전망」, 2000. 3.

## 정부의 적극적인 고용 지원 정책 필요

이상의 분석에서 나타났듯이 디지털 경제화와 더불어 우리 나라의 고용 구조에 있어서도 명확한 변화가 나타나고 있다. 그렇다면 문제는 이러한 고용 구조 변화에 대응하여 정부는 어떠한 고용 정책을 수립하여야 할 것인가라는 점이다.

첫째, 서비스업 부문의 저숙련 사무직 근로자가 고용 증가율이 높은 고숙련 직종으로 원활히 이동할 수 있도록 전직을 지원하는 정책이 필요하다. 미국의 경험에서 알 수 있듯이 디지털화에 따른 고용 구조 변화는 우선 사무직 및 서비스업을 중심으로 일어나고 있으며, 이러한 변화는 우리 나라에서도 이미 시작되었다. 곧 저숙련 사무직의 고용이 앞으로 더욱 불안해질 것이라는 예상이 가능한 것이다. 따라서 이들 인력을 고숙련 사무직으로 빠르게 이동시킬 수 있는 직업 안정 및 훈련 대책을 미리 마련하여야 한다.

둘째, 디지털 경제화와 더불어 저숙련 생산직 근로자에 대한 수요가 늘어날 가능성이 있다는 점을 고려하여 인력 수급 조정 정책을 마련할 필요가 있다. 미국 제조업의 경우 숙련도별 고용 증가율 격차가 완화되고 있는 것은 디지털화에 따른 '탈숙련화'에서 비롯된 것일지 모른다. 물론 이에 대해서는 향후 좀 더 명확한 연구·분석이 필요할 것이나, 이러한 가능성이 존재한다는 점을 명심하고 고용 정책을 수립하여야 한다. 즉, 제조업의 경우 저숙련 생산직의 필요성이 더욱 증대할 가능성이 있다면 이에 대비하여 단시간 근로 제도 정비 등을 통해 이들 부문의 인력 수급을 원활히 하여야 할 것이다. 한편, 이 부문 근로자들은 저임금 및 열악한 근로 조건에 시달릴 가능성이 높은 만큼 이들을 보호하는 적절한 제도적 기반을 마련하는 것도 정부의 역할이다.

셋째, 숙련별 인력 수급의 불일치에 대비한 교육 및 훈련 정책이 필요하다. 우리 나라의 경우 제조업이나 서비스업을 막론하고 숙련별 고용 증가율 격차가 미국에 비해 더욱 뚜렷하다는 특징이 나타나고 있다. 이는 결국 적절한 대책이 마련되지 않는다면 부문별 인력 수급의 불일치가 더욱 심각하게 나타날 가능성이 존재하고 있다는 것을 의미한다. 따라서 이러한 숙련별 격차를 명확히 인식하여 고숙련 인력의 공급 확보를 위한 교육 및 훈련 정책이 일관성 있게 마련되어야 할 것이다.

마지막으로 산업 구조의 차이를 고려한 장·단기 고용 정책 수립이 필요하다. 우리 나라의 뚜렷한 숙련별 고용 증가율 격차는 미국과 우리 나라 산업 구조의 차이를 반영하는 것일 수도 있다. 이는 다른 선진국의 직종 및 산업별 고용 증가율 변화 수준을 비교해 보아도 알 수 있다.[28] 산업 구조가 고도화되어 있는 독일의 경우 1980년대에 저숙련 생산직의 감소 추세가 두드러졌고, 일본에서는 오히려 경공업의 사양 산업화와 더불어 고숙련 생산직의 감소 추세가 두드러졌던 사례가 존재한다. 따라서 이러한 산업 구조의 차이가 고용 구조의 차이도 유발할 수 있다는 것을 고려하면서 고용 정책을 수립하여야 할 필요가 있다.

이런 점에서 볼 때 무조건 디지털 경제화 및 고숙련화 경향이 나타날 것이라고 예측하고, 이에 대비한 직업 훈련 및 직업 안정 시스템만을 구축하는 고용 정책은 위험한 발생이라고 할 수 있다. 결국 고용 정책은 디지털 경제화의 영향과 산업 구조의 차이 등을 고려하여 정확한 장·단기 고용 구조 변화 전망에 입각하여 입안되어야 할 것이다.


## 2. 노사 관계 : 노조보다 개인의 교섭력 중시


21세기에 들어서면서 급속하게 전개되고 있는 경제의 디지털화는 모든 분야의 변화를 요구하고 있다. 노사 관계에 있어서도 예외는

---

28) 다른 선진국의 직종 및 산업별 고용 비중 및 증가율 변화에 대해서는 OECD, "OECD Data on Skills : Employment by Industry and Occupation", *STI Working Papers*, 1998. 4. 참조.

아니다. 생산 요소의 이동이 자유로워지고 지식 자본의 체화체로서
의 인적 자본이 중시되는 디지털 경제 시대에는 분배를 둘러싼 기존
의 경직된 노사 관계보다는 좀 더 유연성을 갖춘 새로운 노사 관계
가 필요하게 된다.

## 노사 관계를 둘러싼 환경 변화

경제의 디지털화는 기업의 사업 여건, 노동 시장 및 사회적 환경 등
노사 관계에 영향을 미치는 환경들을 근본적으로 변화시키게 된다.

먼저 기업의 사업 환경은 불확실성이 증가되고 생산 요소로서의
지식의 중요성이 증가하는 방향으로 바뀌게 된다. 경제의 디지털화
로 세계적인 네트워크화가 진전되면서 시장 확보 및 유지를 둘러싼
경쟁이 전 세계 차원으로 격화되고 이에 따라 기업을 둘러싼 시장의
불확실성이 증가하게 되는 것이다. 네트워크화의 진전은 또한 생산
자와 소비자간 쌍방향 대화를 가능하게 함으로써, 생산품의 수급 정
보가 실시간(real-time)으로 소통되어 기존 공급자 위주의 안정형
제품 시장이 소비자 기호 변화에 따라 변하는 유동형 제품 시장으로
바뀌는 추세가 가속화되는 것도 기업의 사업 환경을 불안정하게 하
는 요인으로 작용하게 된다. 또한 소비자 기호의 다양화에 대응하기
위하여 기존의 소품종 대량 생산 체제가 다품종 소량 생산 체제로
전환되는 것도 중요한 사업 환경 변화로 작용하게 될 것이다.

그리고 노동, 자본 등 기존의 물리적 생산 요소가 중요한 요인으
로 작용하였던 부가가치의 원천이 지식, 정보 등으로 변화하게 된다.
이러한 부가가치의 원천 변화는 기업 활동의 핵심 지식을 소유한 근

로자가 기업 경쟁력을 결정하는 주요 생산 요소로 등장하게 되는 요인으로 작용하게 된다.

디지털 경제의 도래는 노동 시장에 근본적인 영향을 미치게 된다. 노동 시장의 가장 큰 변화는 노동 공급 측면에서 지식 근로자 계층의 등장이라 할 수 있다. 지식 근로자 계층이 등장하고 경쟁력의 원천이 기존의 물적 생산성에서 네트워크 및 지식의 생산성으로 변화함에 따라 핵심 지식 근로자 확보를 둘러싼 기업간의 경쟁이 격화되면서 기존의 수요자 중심 노동 시장을 지식 근로자를 중심으로 한 노동 공급자 중심으로 변화시키게 되는 것이다.

노동시장 수요 측면에서는 인력 수요의 양극화 현상이 발생하게 된다. 급변하는 환경 변화에 대응하고 기업의 경쟁력을 강화하기 위해 핵심 지식 근로자 계층에게는 고착성 및 안정성을, 주변부 인력에 대해서는 유연성을 강조하는 방향으로 인력 수요가 변화되는 것이다.

노동시장 공급측과 수요측의 이러한 변화는 결과적으로 근로 계약의 개별화 현상을 초래하게 된다. 다양한 인력과 고용 형태가 등

| 기존 근로 계층과 지식 근로 계층 비교 | | |
| --- | --- | --- |
| 기존 근로 계층 | 구분 | 지식 근로 계층 |
| 낮은 수준 | 교육 수준 | 높은 수준 |
| 강함 | 공동체 의식 | 약함 |
| 수용 | 권위주의 | 거부 |
| 경제적 욕구 중심 | 욕구 | 다양(자아 실현 동기 강함) |
| 약함 | 참여 동기 | 강함 |
| 약함 | 정보 공유 동기 | 강함 |

자료 : 이원덕, 「신노사문화 창출의 방향과 과제」 1999. 10. p. 10의 표를 재정리.

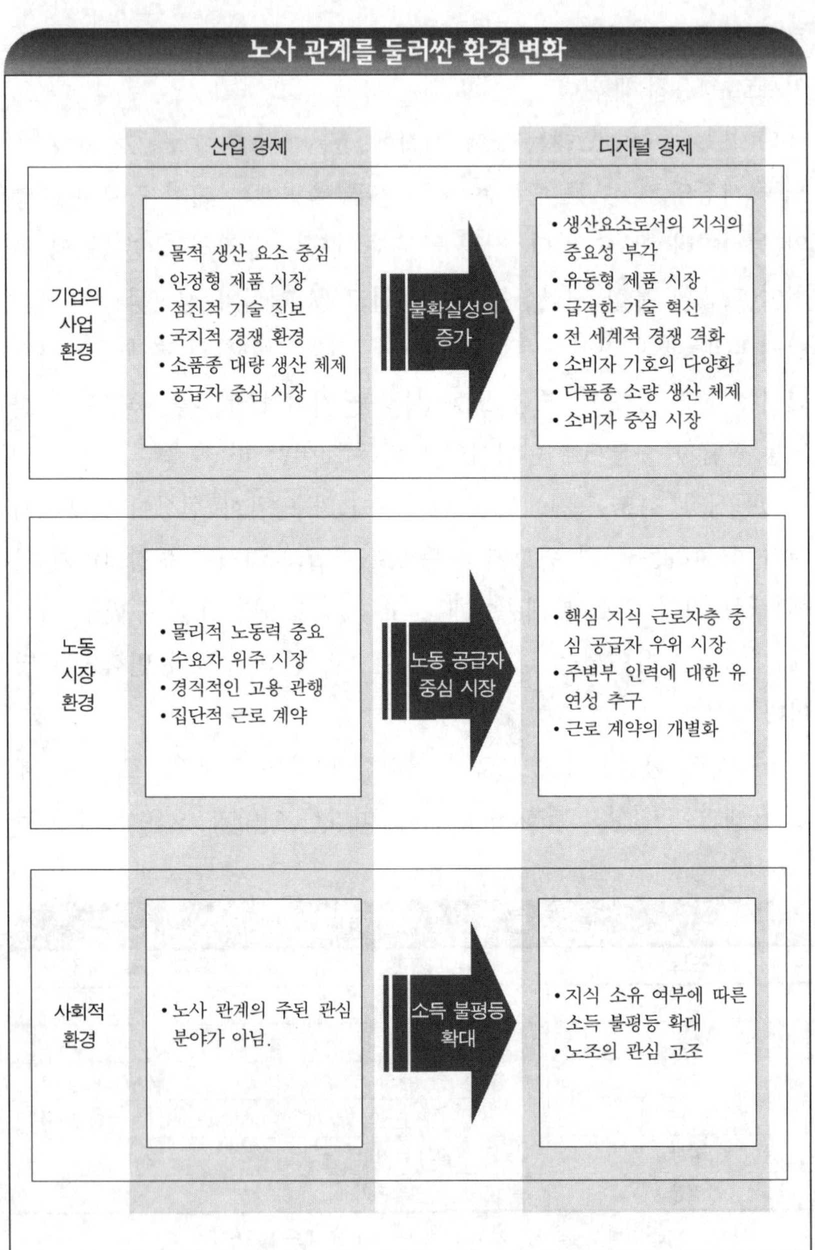
산업 경제
디지털 경제
기업의 사업 환경
• 물적 생산 요소 중심
• 안정형 제품 시장
• 점진적 기술 진보
• 국지적 경쟁 환경
• 소품종 대량 생산 체제
• 공급자 중심 시장
불확실성의 증가
• 생산요소로서의 지식의 중요성 부각
• 유동형 제품 시장
• 급격한 기술 혁신
• 전 세계적 경쟁 격화
• 소비자 기호의 다양화
• 다품종 소량 생산 체제
• 소비자 중심 시장
노동 시장 환경
• 물리적 노동력 중요
• 수요자 위주 시장
• 경직적인 고용 관행
• 집단적 근로 계약
노동 공급자 중심 시장
• 핵심 지식 근로자층 중심 공급자 우위 시장
• 주변부 인력에 대한 유연성 추구
• 근로 계약의 개별화
사회적 환경
• 노사 관계의 주된 관심 분야가 아님.
소득 불평등 확대
• 지식 소유 여부에 따른 소득 불평등 확대
• 노조의 관심 고조

장하면서 임금 및 고용을 둘러싼 근로 계약 통로가 기존의 노조와 사용자 사이의 집단적 관계에서 근로자 개인과 사용자 사이의 개별적 관계로 변화하게 되면서 기존의 노사 관계의 집단성이 약화되는 것이다.

노사 관계에 중요한 영향을 미치는 사회적 환경도 소득 불평등도가 확대되는 방향으로 변화하게 된다. 디지털 경제로의 전환 과정에서 다수의 경제 주체들이 정보·지식의 폭증과 유동적인 경제 환경에 적응하지 못함으로써 소득 격차가 더욱 심화될 것이기 때문이다. 또한 인력 수요의 양극화가 진행되면서 우수한 기술과 능력을 가진 핵심 지식 근로자는 더 많은 능력 개발 기회를 가지게 되어 '고도 기술 → 고보수 → 고능력 개발 기회'의 상승 효과를 가지는 반면, 비정규직, 장기 실업자 등 주변부 인력은 '낮은 교육 기회 → 저숙련 → 저보수 → 빈곤화'의 악순환을 겪게 되면서 소득 계층간 격차는 더욱 심화될 우려가 있다. 이러한 사회적 불평등의 확대는 개별적 고용 계약의 확대로 기업 차원에서의 교섭력에 한계를 느끼는 노조들이 사회적 불평등 문제에 더 많은 관심을 가지게 되는 계기로 작용하게 될 것이다.

## 노사 관계 당사자들의 변화

경제의 디지털화에 의한 환경 변화에 대응하기 위한 노사 양측 및 근로자들의 노력들은 기존의 분배를 둘러싸고 집단적으로 이루어졌던 노사 관계의 기본 틀을 근로자와 사용자간의 개별적인 관계를 중시하는 방향으로 변화시키게 될 전망이다. 앞에 기술한 환경 변화에 대응하기 위해 노사 관계 당사자들이 어떻게 변화해 나가는지에 대해 살펴보자.

　먼저, 기업은 사업 환경 및 노동 수급의 변화에 따라 고능률 생산 조직을 추구하는 등 경영 전략의 변화를 꾀하게 된다. 경쟁의 격화 및 시장 환경의 불확실성에 대응하기 위하여 기업 자체를 하나의 고능률 생산 조직으로 변화시키는 노력이 이루어지게 되는 것이다. 또한 실시간 거래 및 소비자의 다양한 기호를 충족시키기 위하여 다품

| 최근 선진국들의 생산 조직 변화 | | |
|---|---|---|
| 구분 | 이름 | 특징 |
| 전통적 대량 생산 방식의 수정 | 유연 대량 생산 방식 (FMPS) | • 기존의 대량 생산 체제를 유지하면서 신기술의 유연성을 적극 활용하고 고용 관계의 다양성 확립을 통해 생산 유연성 확보<br>• 하청, 외주, 임시직의 광범위한 활용 |
| | 인적 자원 관리 모델 (HRM) | • 근로자의 동기 유발과 근로자들 사이의 성과 차이에 초점을 두고 이를 통해 생산성 향상을 도모<br>• 주로 비노조 사업장에서 실시 |
| 새로운 시스템의 시도 | 스웨덴식 사회 기술 시스템(STS) | • 근로자들을 기능적 팀 혹은 광범위한 책임을 지닌 집단으로 조직<br>• 지속적인 기술 훈련과 성과 배분 실시 |
| | 이탈리아의 유연 전문화 (Flexible Specialization) | • 다양한 제품의 소량 생산<br>• 소규모 전문 생산자들 사이의 네트워크 구성<br>• 경쟁력의 원천은 신속한 신제품 개발 능력 |
| | 독일의 신생산 개념 (New Production Concept) | • 고도로 숙련된 근로자가 대량 생산과 결합하여 다변화된 고품질 제품 생산<br>• 작업자의 책임 확대, 조직 구조의 탈위계화 |
| | 미국식 고성과 작업 체계 (HPWS) | • 작업 방식의 혁신과 품질 개선을 도모하고 급변하는 시장 상황에 대응하는 의사 결정을 내릴 수 있도록 모든 조직 구성원들에게 이에 필요한 각종 정보, 기능, 인센티브와 책임을 제공하는 경영 시스템 |

종 소량 생산 체제 등 사업 조직 자체를 유연한 조직으로 변화시키게 될 것이다.

　노동 시장에서의 기업 행동도 변화를 겪게 된다. 기업의 생존과 시장 가치가 핵심 인력의 보유 및 유지 여부에 좌우되므로 이의 확보를 위한 파격적인 보상 체계를 수립하고 인재 개발 및 양성 전략을 수립하여 핵심 인력 유지에 주력하게 되는 등 공급자 중심의 노동 시장에 적응하게 되는 것이다. 또한 다품종 소량 생산 체제에서는 급변하는 시장 수요에 능동적으로 대처하기 위해서 다기능화된 숙련 근로자들의 자발적이고 창의적인 참여와 정보의 공유를 유도할 필요를 느끼게 되면서 교육 훈련에 대한 중요성이 증가하게 된다. 인력 관리에 있어서도 핵심 근로자에 대한 교육 훈련의 강화 및 주변부 인력의 유연화를 동시에 추구하게 됨으로써 기업 내 노동력의 차별화가 이루어지게 될 전망이다.

　디지털 시대 노사 관계에 있어서 가장 중요한 변화는 근로자의 위상 변화라고 할 수 있다. 스스로 지식의 축적을 통해 '지식 자산'화한 지식 근로자들의 등장은 지금까지 생산 과정에 있어서 수동적인 입장에 처해 있던 근로자의 위상을 생산의 핵심 요소로서 주도적인 역할을 하는 입장으로 바꿔 놓게 된다. 지식 근로자가 기업의 핵심 자산으로 자리잡게 됨으로써 개별 근로자의 위상이 높아지고 생산 과정 및 경영 전반에 대한 영향력이 높아지게 되는 것이다. 지식 자산을 소유한 지식 근로 계층은 경영 전반에 대한 참여 욕구를 지니게 되고 이를 실현하기 위한 활동을 전개하는 한편, '평생 직업'을 확보하기 위해 교육 훈련을 위한 투자에 대해 더 많은 관심을 가지고 이를 경영자측에 요구하게 된다.

환경 변화에 대응하기 위해 유연성을 추구하는 기업의 경영 전략 변화와 근로자들의 개별화로 개별 사업장에서의 위상 하락에 직면하게 된 노조는 새로운 활로를 모색하게 된다. 먼저 노조의 관심이 현재의 고용 안정 및 임금 인상에서 교육 훈련을 중시하는 방향으로 변화하게 된다. 디지털 시대의 고용 안정과 임금 인상은 노조의 교섭력에 의해서 좌우되는 것이 아니라 근로자 개개인의 정보 처리 능력을 비롯한 기술 축적에 좌우되므로 노조의 개입 여지가 적어지기 때문이다. 한편 약화된 노조의 입지 마련을 위해 소득 불평등 해소, 실업자의 노조 가입, 노동의 인간화 등과 같은 사회 문제 해소 전략을 이전보다 강력히 추구하게 될 것으로 전망된다.

경제의 디지털화로 인한 환경 변화와 노사 관계 각 주체들의 대응은 한편으로는 노사 관계 안정화 요인으로, 다른 한편으로는 불안 요인으로 작용하게 될 전망이다.

먼저 경쟁력의 원천으로서 지식의 중요성이 증가함에 따라 인적 자원 축적을 둘러싼 노사간의 협력 체제 구축의 필요성이 증가하게 되는 것은 노사 관계를 안정시키는 요인으로 작용하게 될 것이다. 근로자의 창의적 참여 유도 및 교육 훈련을 통한 경쟁력 강화라는 기업의 이해와 근로자의 인적 자본 축적 동기는 서로 보완적인 관계를 가지고 있기 때문이다. 인적 자원 부문에서는 기업과 노조가 전략적 파트너십이 형성되지 않고는 시너지 효과를 기대할 수 없기 때문에 이 부문에 대한 협조 체제가 구축될 가능성이 높다. 한편 산업별·직종별 노조의 활성화에 따라 교섭이 집중화될 경우에 기업 수준에서의 부담을 경감시켜 줌으로써 기업 수준의 참여와 협력이 가능해질 수 있는 여건이 마련될 것으로 기대된다.

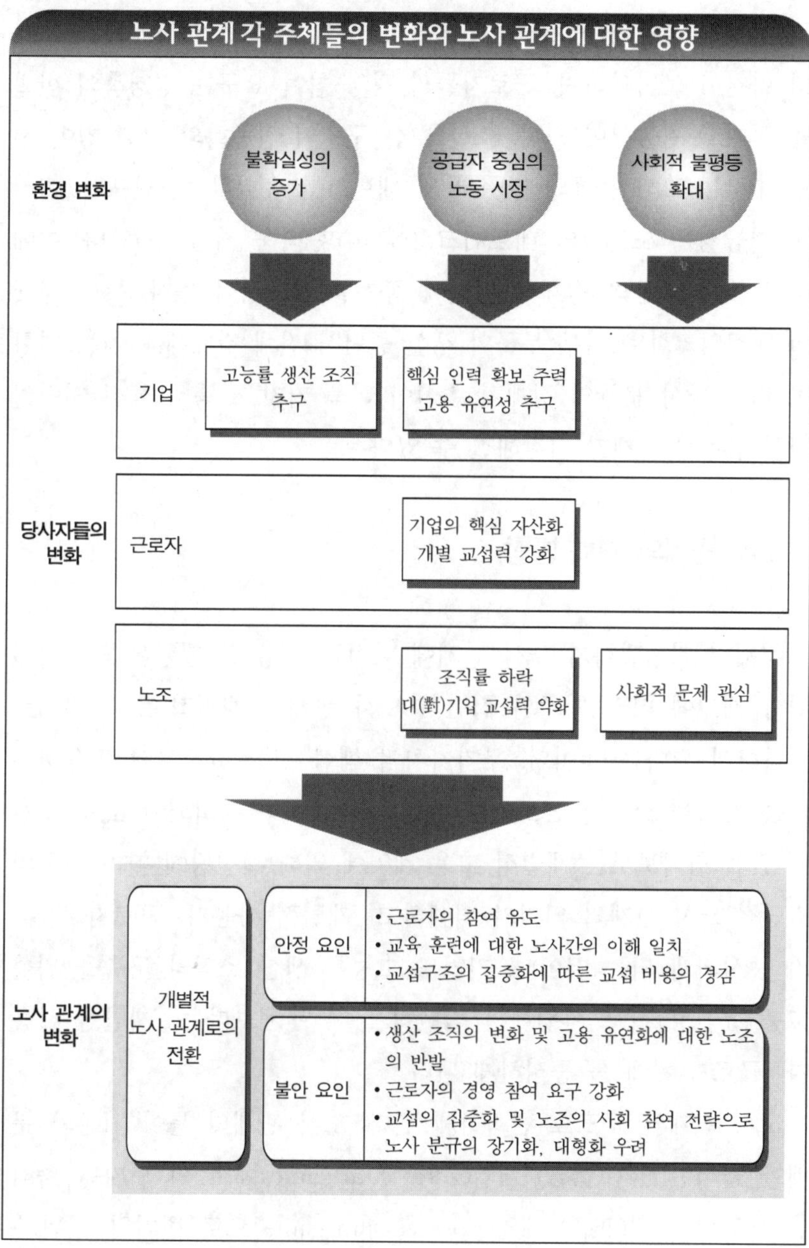

노사 관계 각 주체들의 변화와 노사 관계에 대한 영향

환경 변화

불확실성의 증가
공급자 중심의 노동 시장
사회적 불평등 확대

당사자들의 변화

기업
고능률 생산 조직 추구
핵심 인력 확보 주력 고용 유연성 추구

근로자
기업의 핵심 자산화 개별 교섭력 강화

노조
조직률 하락 대(對)기업 교섭력 약화
사회적 문제 관심

노사 관계의 변화

개별적 노사 관계로의 전환

안정 요인
• 근로자의 참여 유도
• 교육 훈련에 대한 노사간의 이해 일치
• 교섭구조의 집중화에 따른 교섭 비용의 경감

불안 요인
• 생산 조직의 변화 및 고용 유연화에 대한 노조의 반발
• 근로자의 경영 참여 요구 강화
• 교섭의 집중화 및 노조의 사회 참여 전략으로 노사 분규의 장기화, 대형화 우려

반면, 기업의 생산 조직 효율화 및 유연성 추구 과정에서 노조와의 마찰이 불가피하며, 근로자들의 경영 참여 요구는 경영측의 반발을 야기할 가능성이 크다. 또한 교섭 구조의 집중화와 사회 참여 전략 추구는 노사 분규의 장기화 및 대형화를 유발할 수 있으며, 이러한 가능성은 노조간의 네트워크화에 따라 더욱 커질 수 있다. 이에 따라 노사 갈등의 경제적 손실이 증가할 가능성이 높다. 특히 경제의 네트워크화로 일부 부문의 생산 중단시 전체 경제에 미치는 영향이 커져 노사 분규의 경제적 손실이 더욱 커지고, 특히 핵심 인력의 파업 참여시 문제가 심각해질 수 있다.

## 노사 관계의 변화 방향

경제의 디지털화가 노사 관계에 미치는 가장 큰 영향은 근로자의 위상 제고에 따라 기존의 집단적 노사 관계가 개별적 노사 관계로 변화하게 된다는 것이다. 부가가치의 핵심 생산 요소로서 작용하게 되는 지식을 소유한 근로자의 개별적 교섭력이 강화되어 고용 조건이 단체 협약보다는 개별적 고용 계약에 의해 결정됨에 따라 기존의 집단적 노사 관계의 의미가 퇴색하고 '개별적 사용자 - 근로자 관계'가 중시되게 되는 것이다. 기업도 고능률 생산 조직의 구축을 위한 고용 유연성 확보 차원에서 집단적 노사 관계보다는 '개별적 사용자 - 근로자 관계'를 중시하게 된다.

노사 관계의 구도도 변화하게 된다. 노사 관계의 틀이 기존의 분배를 둘러싼 영합(零合) 게임(zero -sum game)에서 인적 자원 축적을 둘러싼 정합(正合) 게임(positive-sum game)으로 변화하게 된다.

과거 노동력과 같이 물적 자원이 중심이었던 제조업 중심 경제의 노사 관계처럼 분배 중심의 투쟁적 노사 관계가 더 이상 힘을 얻지 못하게 될 것이다.

또한 평생 직장이 아닌 평생 직업을 중시하게 되는 근로자의 입장에서도 개개인의 창의력과 기술 축적 정도가 보상과 개인 발전을 결정하게 될 것이므로, 이러한 근로자의 입장을 반영하여 노조도 기업이 어느 정도 인적 자원 개발에 투자를 하며 동기 부여를 하고 있는가에 대해 관심을 집중하게 될 것이다. 기업도 근로자에게 물적 자원 배분 중심에서 인적 자원의 육성과 축적에 보다 힘을 기울이게 되고 이것이 이루어지지 않는 기업은 노사 갈등에 직면하게 될 것으로 보인다. 이처럼 근로자의 지식 축적을 통한 생산성 향상에 노조의 참여를 통한 협조가 이루어질 경우 기업의 경쟁력 제고는 물론 노조도 이득을 볼 수 있는 윈-윈 게임으로 전환될 수 있을 것이다.

## 새로운 노사 관계의 정착을 위하여

디지털 시대의 경쟁력 있는 노사 관계를 구축하기 위해서는 노사 관계 당사자들인 노·사·정 모두의 공동 노력이 요구된다. 경영자 측은 디지털 경제 시대의 지식 자원에 대한 올바른 이해를 바탕으로, 효율적 교육 훈련 체계 수립 등을 통해 근로자들의 협조성과 창의성이 발휘될 수 있도록 뒷받침하는 인적 자원 관리를 실천해 나가야 할 것이다. 노조도 경제의 디지털화에 따른 근로자들의 요구 변화에 부응하는 방향으로 노조의 전문성을 높이는 동시에 노조 운동의 목표를 임금 극대화에서 직업 훈련, 능력 개발 등을 통한 '근로자의 지

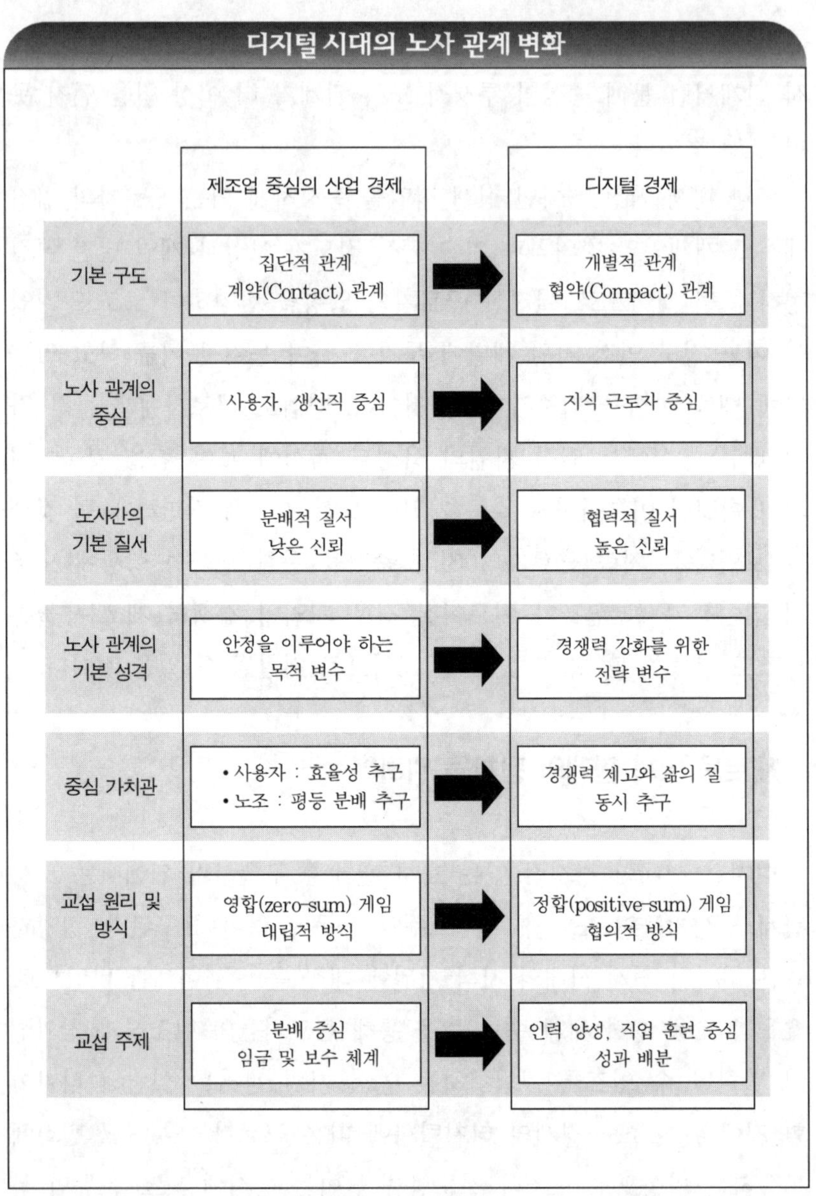


자료 : 이정택 외, 「혁신하는 자만이 미래를 연다」, 한국노동교육원, 1996, p.231의 표를 재구성하고 일부는 첨가함.

식 극대화'로 전환하여, 노사 공존의 협력 체제를 구축하는 데 노력해야 한다. 정부의 역할 변화도 중요하다. 노사 관계 정책이 기존의 분배 문제 해결을 위한 노사간의 중재 중심에서 인적 자원의 축적을 지원하는 방향으로 전화되어야 디지털 경제 시대의 노사 관계 변화에 적절히 대응할 수 있을 것이다.

## 3. 보상 체계 : 실적 중심과 '지식 지분'에 대한 보상 확대

정보와 지식의 중요성 대두, 근로자 단위의 역량 중시, 능력 위주로의 고용 관행 변화와 같이 기업 인사 체계에 관련된 환경에 포괄적인 변화가 나타나고 있다. 이러한 구조적 변화에 직면하여 기업은 조직 구조, 인적 자원 관리, 보상 체계 등 인사 부문 전반의 틀을 디

| 디지털 시대의 인적 자원 관리 환경의 변화 | | |
|---|---|---|
| | 산업 경제 시대 | 디지털 경제 시대 |
| 기업 경쟁력 | 자본, 노동의 생산성 중시<br>사업장 단위의 생산력 중요 | 정보, 지식의 창조성 중시<br>근로자의 조직 몰입, 개인 역량 중요 |
| 노동 시장 | 정규직 중심으로 내부 노동 시장이<br>매우 안정적임. | 임시직, 외국인의 채용 확대 등 외부<br>노동 시장 적극 활용 |
| 고용 관행 | 학벌, 연령 위주 고용<br>평생 직장, 경직적 고용 | 능력 위주 고용<br>평생 교육, 고용의 유연성 증대 |
| 노동력의 성격 | 생산 활동 투입 요소의 하나 | 지식 창출 및 체화의 주체 |
| 근로자의 능력 | 단능공(분업의 극대화) | 다기능, 다능공화 |

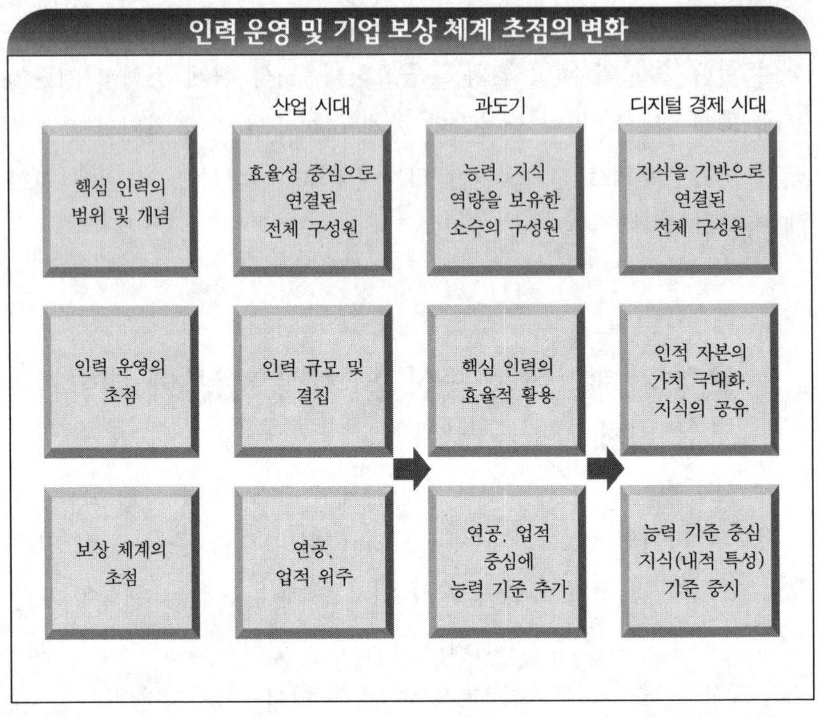



지털 시대에 적합하게 근본적으로 전환해야 하는 상황에 직면하게 되었다. 특히 기업 경쟁력의 원천으로 근로자가 지닌 지식과 정보가 중요하게 인식됨과 더불어 개인 의식도 변화하면서, 근로자에 대한 개발, 보상 및 활용 방안이 크게 달라짐으로써 보상 체계 초점에도 새로운 변화가 나타나게 되었다. 즉 보상 체계의 초점이 연공, 업적 및 능력 위주에서 근로자의 지식과 같은 내적 특성 부문으로 이동하게 된 것이다.

한편 보상·평가의 기준이 기업 내부 가치에서 시장 가치 중심으로 변화하면서, 보상 체계가 실적 중시형인 '능력·성과주의'로 나아가고 있다. 또한 외형적 보상 체계 이외에 고용 가치의 증진, 능력 인정, 하고 싶은 업무 부여, 참여와 커뮤니케이션 등도 중요시되고 있다. 더욱이 평가에 있어서도 새로움에 도전하는 열정, 네트워킹 능력 등이 중시되기까지 한다.

## 보상 체계와 관련한 요인들의 변화

우선 주요 보상 대상이 정신적·무형적 차원으로 확대되고 있다. 과거에는 노동량, 생산량과 같은 물질적·유형적 생산 활동이 부가 가치를 창출하는 데 가장 큰 의미가 있었다. 그런데 디지털화의 진전과 더불어 지식·정보 등이 생산 과정에서 부가가치를 높이는 데 핵심적인 요소가 되어 왔다.

보상 기준면에서는 근무 시간에 따른 임금 비중은 축소되는 반면 근로자들이 스스로 결정해 일한 양과 질에 따르는 양상이 점차 확대되고 있다. 과거에는 시간급이 중심이었기 때문에 일괄적으로 부여된 근무 시간 개념에 따라 임금이 지급되는 양상을 보였다. 또한 보상 수단의 경우도 평균 급여의 인상과 승진과 같은 외재적 보상 위주에서 인정과 믿음, 능력을 배양하는 교육 훈련, 성취감, 삶의 질 향상과 같은 내재적 보상 위주로 변화되고 있다.

한편 근로 시간의 개념에 있어서는 성취될 때까지 일을 한다는 자율 의식과 경영 방식이 확대되면서 초과 근로에 개의치 않는 경향이 나타나고, 법정 근로 시간의 개념도 약화되고 있다. 이 때까지는 삶의 질에 대한 관심 고조와 더불어 근무 시간에 준한 업무 수행과 초과 근로를 기피하는 경향이 강화되어 왔으며, 법정 근로 시간도 단

<table>
<tr><td colspan="3" align="center">디지털 시대 보상 관련 요인의 변화</td></tr>
<tr><td></td><td align="center">기존 산업 경제</td><td align="center">디지털 경제</td></tr>
<tr><td>주요 보상 대상</td><td>노동량, 생산량 등 물질적·유형적 차원에 국한</td><td>지식, 정보 등 정신적·무형적 차원으로 확대</td></tr>
<tr><td>보상 기준</td><td>일괄적으로 부여된 근무 시간(시간급) 중심</td><td>스스로 결정해 일한 업무의 양과 질에 따라 보상하는 양상이 확대</td></tr>
<tr><td>보상 수단</td><td>임금, 승진 등 외재적 보상 위주</td><td>외재적 보상에 더해 능력 인정, 교육 등 내재적 보상 중시</td></tr>
<tr><td>근로 시간 개념</td><td>법정 근로 시간 단축 추세<br>초과 근로 기피 경향</td><td>법정 근로 시간의 무의미화<br>초과 근로 무관심 경향</td></tr>
</table>

축되어 왔던 점에 비추어 볼 때 매우 파격적인 변화다.

## 디지털 시대 보상 제도의 변화 양상

보상 기준으로서 '인적 자본(human capital) 접근법'이 널리 활용되고 있으며, 다양한 형태의 지급 체계로 나타나고 있다. 이 방식은 인적 자본의 가치, 즉 성과를 창출해 내는 근로자 개인의 기본 능력에 따라 보상의 크기가 결정되는 방식이다. 이러한 접근법은 기존보다 체계적인 인적 자원 관리, 근로자에 대한 투자 및 개발 지향적인 사고를 반영하고 있다.

이와 더불어 인력의 확보 및 유출 방지, 사기 증진, 업적 달성 중시, 생산성 제고 등을 유도하기 위해 특별 인센티브 보상의 비중이 크게 증가하고 있다. 특별 인센티브는 개인이나 팀 혹은 부서가 탁월한 성과를 달성했을 때, 즉 과거의 성과에 대한 특별 보상의 성격을 가지는 것을 말한다.

한편 기업 경영 성과에 따라 보상을 결정하는 '실적 중시형 보상 체계'가 확대되고 있으며, 연봉제 등 개인별로 보상에 차등을 두는 관리 방식도 폭넓게 적용되고 있다. 즉 정보, 기술, 지식을 투자하는 근로자에 대하여 그 산출 성과에 따라 보상을 결정하는 경향이 증대하고 있으며, 사업부·팀별 성과급과 같은 집단적 차등 보상도 확대되고 있는 것이다. 또한 역량과 성과, 지식의 축적량과 창출 능력은 개인별로 차이가 날 수밖에 없기 때문에 보상 수준에 있어 개인별 차이가 확대되는 경향을 보이고 있다.

또한 회사 성장에 대한 근로자의 기여 및 체화된 지식 부분을 자본 투자의 일종으로 환산해 보상하는 '지식 지분 보상'이 폭넓게 도입되고 있다.

최근 활성화되고 있는 스톡 옵션 제도가 그것으로서, 근로자가 자본을 투자하지 않았음에도 불구하고 일정 정도의 주식 지분을 인정하는 것을 말한다. 이 제도는 인적 자원의 확충·유지를 위해 도입이 확산되었고, 일반 사원에게까지 적용되는 등 미국이나 유럽에서는 이미 보편화된 방식이 되었다.

더불어 개인별 보상 차등의 기준이 지식의 질적 수준에 준거한 '지식급(pay for knowledge)'으로 확대되고 있다. 과거의 개인별 차별 방식은 일한 시간과 노력에 의해 차등을 두거나 일한 결과, 즉 실적에 연동되는 등 주로 사후에 관찰 가능한 양적 지표에 의존하였다. 반면 근래에는 지식 근로자의 채용, 양성 및 유지를 목표로 하여 관찰할 수 없는 지식의 질적 수준에 의해 사전적으로 차별화하는 경향이 나타나고 있는 것이다.

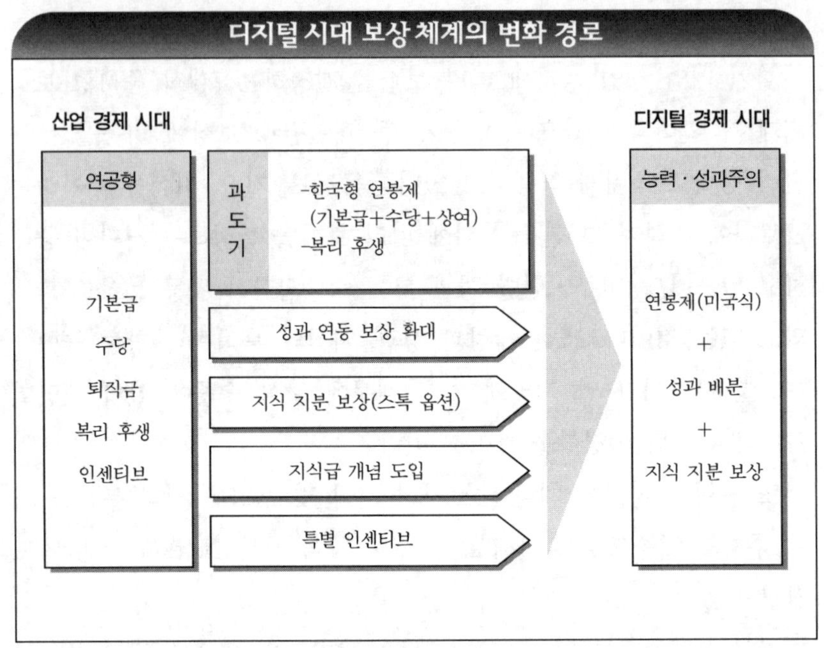


## 과도기적 상황하의 국내 보상 체계의 현황과 문제점

· 무엇보다도 포괄적인 접근의 부족이 문제점으로 지적된다. 즉 IMF 위기 극복 과정에서 근본적인 혁신이 부족한 가운데 선진국의 능력·보수 위주 제도를 서둘러, 무비판적으로 도입함으로써 제도의 부작용이 나타나게 되었다. 예컨대 기존의 인사 제도 및 보상 체계의 틀을 유지한 채 성과급제, 연봉제, 스톡 옵션 등 국제 표준적인 제도들을 부분적으로 도입, 접목하는 정도에 그치고 있었다. 한편 디지털 혁명기를 맞이하여 직업관, 조직 문화, 개인 의식에까지 구조적 변화가 나타나는 가운데 과도기적 현상으로 조직 균열, 인력 이탈

등의 문제점들도 표출되고 있다.

또한 산업별, 업종별, 직종별 임금 격차 확대와 저임금 계층의 박탈감 고조, 즉 계층별 임금 수준의 차이가 확대되는 등 보상과 관련된 구조적 변화가 나타나고 있다. 신산업의 출현과 핵심 산업의 변화에 따라 기업 및 근로자간 보상 격차가 크게 확대되고 있는 것이다. 또한 정보 통신을 중심으로 스톡 옵션, 연봉제 등이 활발히 도입되면서 임금 격차가 더욱 확대되고 있으며, 상층부의 임금 상승이 전체 임금 수준을 끌어올리고 있는 등 소득 배분에 구조적 변화가 나타나게 되었다.

한편 연봉제의 경우 조만간 국내 임금 체계의 주류가 될 것으로 예상[29]되고 있는 상황임에도 불구하고, 여러 가지 문제점을 표출하고 있다. 우선 조직 내 정당성 확보와 설득력이 미흡하여, 연봉이 많을수록 능력과 업적이 높고 이를 높이기 위한 노력도 배가된다는 인식보다는 돈만 많이 가져간다는 불만이 증대되는 원인이 되고 있다. 또한 업적·능력 평가에 대한 불신감도 매우 심각하다. 그리고 직급, 직위 상승에 초점을 맞춘 다수의 직급(급여 등급) 구조가 그대로 유지되어 있어 능력·성과에 따른 보상 차등화라는 목적과 괴리된다는 문제점도 남아 있다.

더불어 스톡 옵션 제도도 핵심 인력의 유치·확보를 위한 중요한 보상 관리 도구로서 폭 넓게 도입[30]되고 있음에도 불구하고, 성과

---

29) 노동부의 실태 조사 결과, 2000년 1월 현재 100인 이상 사업체 가운데 23%가 연봉제를 이미 실시중이며, 도입을 준비·계획중인 업체가 30%에 달하는 것으로 나타났다.
30) 증권 거래소 통계에 따르면 상장사 가운데 35% 이상인 200여 개 회사가 정관을 변경해 스톡 옵션제를 도입할 수 있는 기반을 이미 마련한 것으로 나타나고 있다.

측정 및 평가 시스템의 미비, 제도적 미흡, 수혜 여부에 따른 갈등 등의 과제를 갖고 있다. 우선 스톡 옵션 부여 기준이 합리적으로 평가되지 않는 한편 객관적인 성과에 준하지 않고 특정인을 대상으로 배분하는 경향을 보이고 있다. 또한 지식 사회에 적합한 제도임에도 불구하고 다양한 적용 가능성의 제공, 금융·세제상의 혜택 부여, 주가 조작 차단 등을 위한 방안이 크게 미흡한 실정이다. 이 외에도 시행 과정상의 불합리함으로 인해 우수 인재의 확보·유지 효과를 갖지 못하거나 대다수 인력에게 위화감과 갈등을 초래하는 것과 같은 문제가 발생되고 있는 상황이다.

## 바람직한 보상 체계의 정립 방향

무엇보다도 기업 경영 전략과 인사 시스템과의 조화가 필요하다. 보상 체계는 기업이 목표하는 바를 달성하기 위해서 조직 및 근로자들의 행동, 태도, 능력을 어떻게 강화시킬 것인가를 목적으로 한다. 따라서 효율적 보상 체계의 정립은 기업 경영 전략에 준거한 '균형 잡힌 종합적 보상 제도 전략'의 형태로 접근되어야 한다. 즉 조직의 수행 목표 및 운영 방침과 일관성을 유지하는 방향으로 보상 체계가 수립되어야 하는 것이다. 또한 보상 체계는 인사 시스템 가운데 중요한 한 부분으로서 무엇을 기준으로, 어떤 방식으로 근로자에게 보상해야 하는가 하는 것이다. 따라서 효율적 보상 체계는 조직 내부 관리, 고용 관행, 노사 관계, 기업 문화 등 모든 인사 시스템과 유기적인 관계를 유지하면서 변화를 꾀해야 한다.

이처럼 경영 전략 및 인사 시스템과 조화로운 방향으로 보상 제도

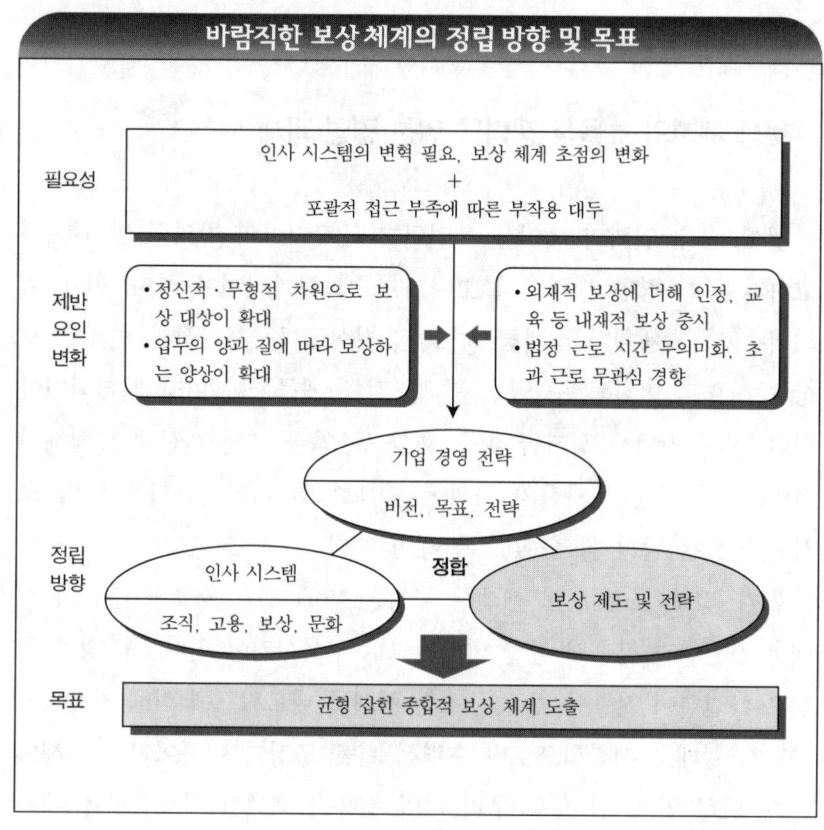


의 개선 및 정착, 그리고 지향하는 보상 체계 및 제도의 실효성 제고 방안이 마련되어야 하는 것이다. 보상 제도의 개선에 있어서는 성과 · 평가의 공정성, 제도적 환경 등 필수 여건의 마련과 더불어 동기 부여 및 생산성 향상 미흡, 보상 제도간의 불균형, 조직 구조와의 불일치 등의 문제점을 해결해 나가야 한다. 그리고 지향하는 보상 체계의 정립에 있어서는 단순히 몇몇 제도를 부분적으로 도입하는 데 그쳐서는 안 되며, 장기적으로 가장 효과적인 보수 체계를 개발,

정립시켜 나가야 한다.

## 보상 체계의 효율성 정립을 위한 경영 과제

첫째, 우수 인력의 유입을 유인하고 근로자들의 창의력 발휘를 제고하기 위한 경영 정책상의 고려가 크게 강화되어야 한다. 이를 위해서는 임금 체계가 성과급, 기술급, 지식급 등 생산성과 연계된 보상 중심으로 변화될 수 있도록 제도적 장애물들이 미리 제거되어야 한다. 한편 기업은 성과급 비중 제고 등 임금 체계 개선에 노력해야 하며, 어떤 역량이 자사의 성과에 중요한 역할을 하는가에 따라 보상의 정도를 달리 할 수 있도록 해야 한다.

둘째, 정보의 공유 및 폐쇄성 극복을 위해 조직 구조를 분권화 형태로 전환함과 아울러 통합 네트워크로 구성시켜야 한다. 즉, 정보 독점으로 권한이 집중된 기존의 조직 형태를 네트워크에 의해 공유되는 분권화 형태로 전환함으로써 수평적 자율 조정이 이루어지도록 해야 한다. 또한 인맥, 연고 등 우리 기업 특유의 폐쇄적 네트워크를 극복, 신뢰를 기반으로 전체가 통합된 네트워크를 구성해야 한다.

셋째, 근로자들이 자발적으로 지식 창조·공유 활동에 나서도록 보상 체계가 유인, 지원할 수 있어야 한다. 즉 보상 체계나 복리 후생 프로그램 등을 통해 구성원에 대한 믿음과 배려를 가시적으로 나타내 보여야 하는 것이다. 이와 더불어 근로자들의 주인 의식을 고취시키고 내재적 보상을 확대해야 할 필요가 있다. 우선 종업원의 주식 소유는 능동적인 주인 의식을 고취하기 때문에 지식 기반 경제에 가장 적합한 모델이다. 또한 성과 보상 차별의 확대에서 비롯되

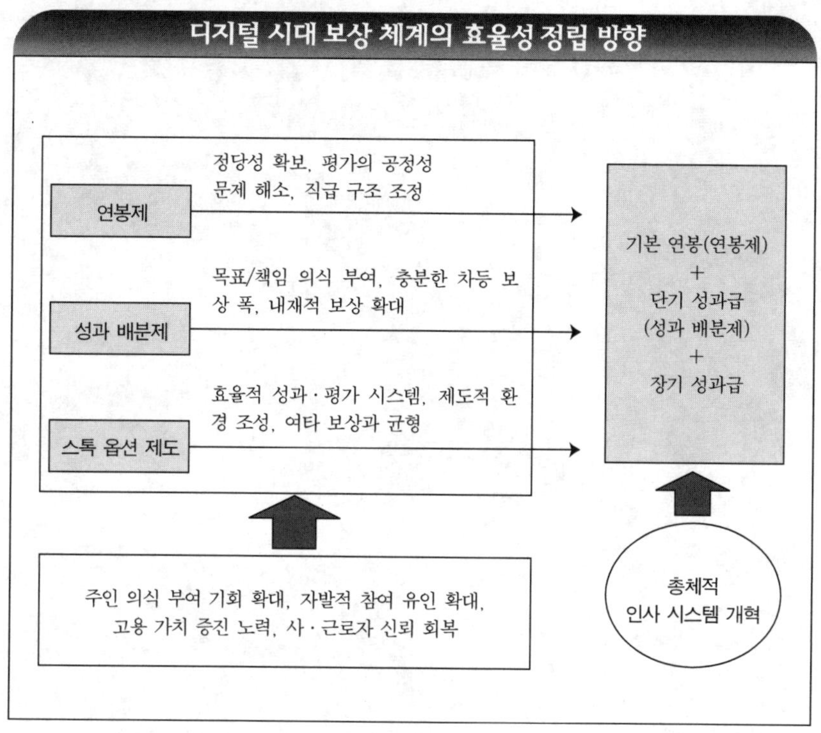



는 부작용 해소 및 인적 자원의 활성화를 위해 내재적 보상의 확대, 병행에도 보다 노력해야 한다.

다음으로는 근로자들이 지식 습득을 통해 자신의 고용 가치를 높이는 데 관심이 많아졌기 때문에 적절한 교육 훈련 시스템을 갖추는 것이 매우 중요하다.

또한 개인별 임금 차등에 있어서도 관찰할 수 없는 지식의 질적 수준에 대한 배려가 중요해짐으로써 임금 차등 관리 방식의 원칙 변경 및 확대가 반드시 필요하다.

# 2

# 디지털 경영 전략

# 6 새로운 경영을 요구하는 디지털 경제

## 1. 디지털 경제와 미래 경영[31]

컴퓨터와 인터넷으로 대표되는 디지털 기술의 발전으로 생활 양식, 경제, 사회, 문화 등 모든 면에서 일대 혁신을 가져오는 혁명이 급속히 진행중이다. 특히, 디지털 혁명은 기존의 경제 패러다임에 획기적인 전환점을 가져옴으로써 디지털 경제 시대를 앞당기고 있다.

### 6가지 디지털 키워드

디지털 경제는 다음과 같은 6가지 키워드로 표현할 수 있다.

첫번째 키워드는 '한계 비용 제로'이다. 디지털 경제하에서 창출되는 재화는 초기 투입 비용은 높지만, 실제 생산 단계에서는 한 단위 생산에 추가되는 원가가 영(零)에 가깝다.

---

31) 이 글은 제6회 「현대경영포럼 : 정보화분야」(1999. 9. 29)에서 발표된 "A peep at the tommorrow's management"(양광민 중앙대 경영학과 교수)를 정리한 것이다.

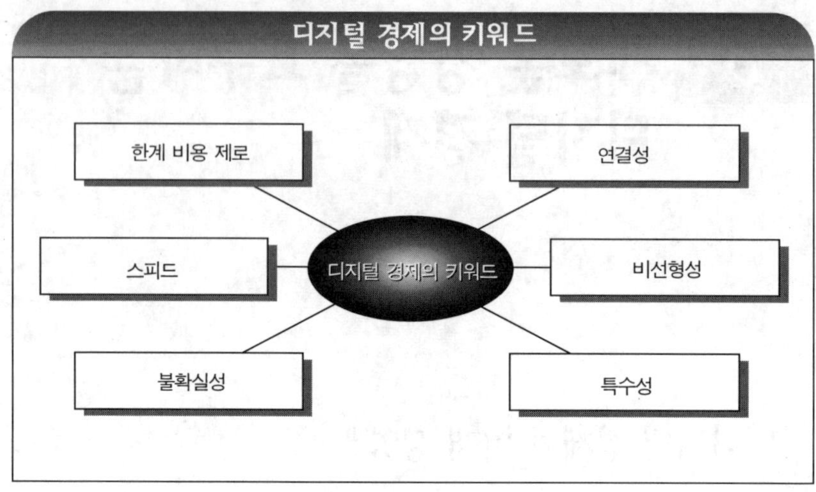


두번째는 '스피드(velocity-time)'이다. 환경 변화, 기술 발전, 고객 욕구 변화 등이 예전에 비해 수십, 수백 배의 속도로 빠르게 전개된다.

세번째 키워드는 '연결성(connectivity)'이다. 한 기업만으로는 절대적인 시장 지배력을 행사할 수 없게 되고, 복수 기업의 역량을 하나로 연결해야 할 필요성이 증대되고 있다.

네 번째 키워드는 '비선형성(non-linearity)'이다. 디지털 경제 하에서의 경제 및 경영 활동은 가시적인 몇몇 변수에 의해 설명될 수 없는 복잡한 모습을 보인다.

다섯번째 키워드는 '불확실성(uncertainty)'이다. 환경 변화가 끊임없이 순식간에 일어남에 따라 1초 후의 미래도 섣불리 예측할 수 없게 된다.

여섯 번째 키워드는 '특이성(not normal)'이다. 정규 분포에서의 평균적인 것이 더 이상 의미를 지니지 않게 되고, 특이하거나 특출한 것이 대다수를 대표하게 된다.

## 인터넷 기반 확대에 따른 디지털 경제의 정착

디지털 경제에서 보편적인 네트워크로서 인터넷의 중요성이 부각되는 것과 동시에 인터넷이 경제 각 부문으로 빠르게 확산되고 있다. 인터넷의 급격한 확산에 따라 개인 생활 양식, 경제·경영 활동 등에 미치는 영향력이 상상도 못했을 정도로 커졌으며, 이는 디지털 경제의 정착을 한 발 앞당기는 원동력이 되고 있다.

인터넷 기반 확대는 인터넷 이용자 수의 폭발적 증가세에서 잘 살펴볼 수 있다. 인터넷 이용자 수가 5천만 명을 돌파하는 데 걸린 시간은 4년에 불과한 반면, 다른 매체의 경우 라디오는 38년, TV는 13년, PC는 16년 이상이 걸렸다.

이러한 폭발적인 증가세에 따라 1999년 세계 인터넷 이용자 수는 1억 7천만 명에 달할 것으로 추정되고 있다. 이용자 수의 외형적인 증가와 더불어 전체 이용자의 34% 가량이 매주 10~20시간을 인터넷 이용에 소비하고 있으며, 40시간 이상 이용하는 사람도 전체의 10.6%에 달하고 있다.

전 세계 지역별로 인터넷 이용 현황을 살펴보자. 전체 인터넷 이용자 1억 7천만 명 가운데 북아메리카 지역 이용자가 약 9천 7백만

| 인터넷 이용 시간 | | | | | |
|---|---|---|---|---|---|
| 이용 시간 | 1~4시간 | 5~9시간 | 10~20시간 | 21~40시간 | 40시간 이상 |
| 이용자 비율 | 10.1% | 24.2% | 34.0% | 21.2% | 10.6% |

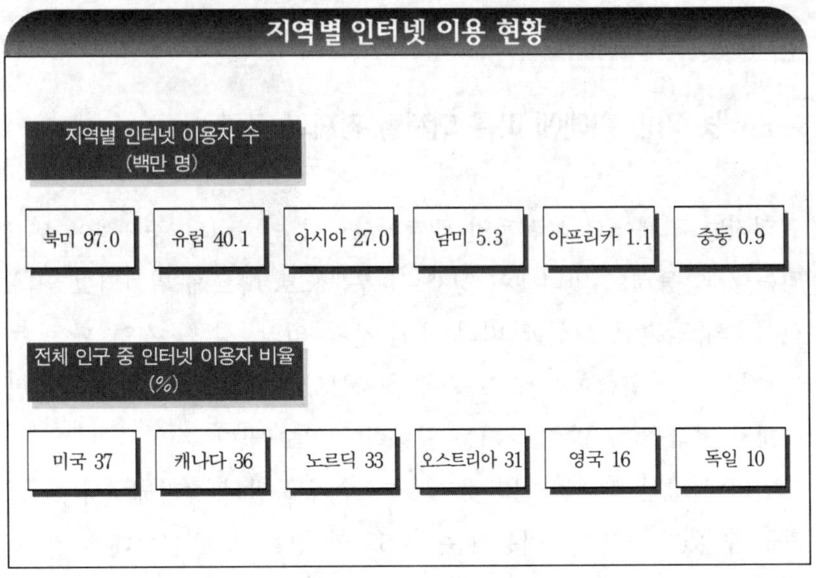


명으로 전체의 56.6%를 차지하여 단연 앞서고 있으며, 그 뒤를 유럽 4천만 명(23.4%), 아시아 2천 7백만 명(15.8%) 등이 잇고 있다. 가정이나 직장에서 인터넷을 이용하는 사람의 비율을 살펴보면, 미국은 전체 인구 중 약 37%가 인터넷을 이용하고 있으며, 이 외에 캐나다 36%, 노르딕 국가들 33%, 오스트리아 31%, 영국 16% 등이다.

일부 전문가들의 전유물이던 인터넷이 전 세계인들이 사용하는 대중적 통신 매체로 대두되었다는 증거는 인터넷 호스트 수의 급증에서도 잘 알 수 있다. 인터넷 호스트 수는 1981년 8월 213개에서 1994년 1월 220만 개, 1999년 1월 4,320만 개로 기하급수적으로 증가하였으며, 2001년에는 1억 개 이상으로 늘어날 것으로 전망되고 있다.

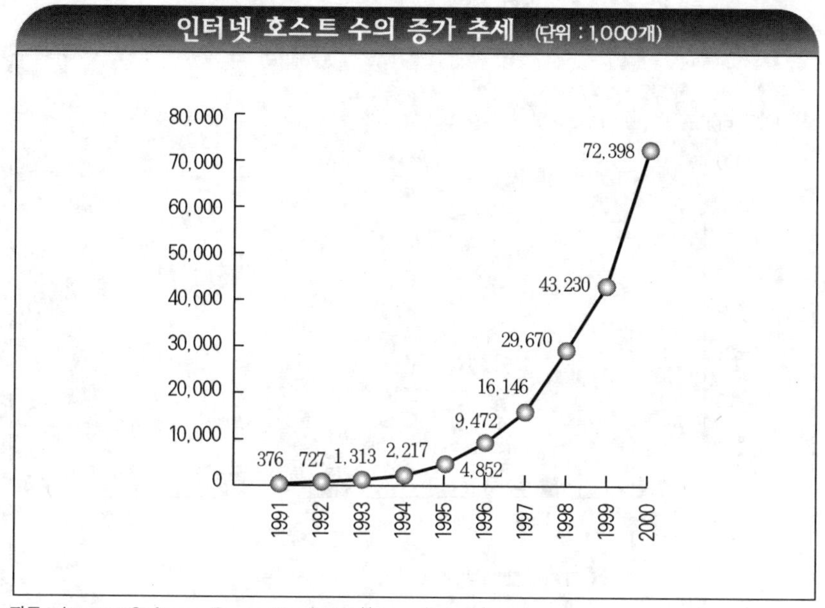



자료 : Internet Software Consortium(http://www.isg.org).

## 인터넷을 통해 창출되는 가치의 증대

인터넷이 일상적인 생활 매체로 자리잡아 감에 따라 인터넷을 활용함으로써 창출되는 가치도 급격히 증가하고 있다. 1996년 29억 달러에 불과하던 인터넷의 창출 가치가 1999년에는 1,800억 달러에 달할 것으로 추정되고 있으며, 3년 후인 2002년에는 1조 2,340억 달러로 그 규모가 크게 확대될 것으로 보인다. 인터넷 창출 가치가 얼마나 빠른 속도로 증가하고 있는지를 살펴보기 위해, 세계적인 부호들이 10억 달러를 벌어들이기 위해 소요된 시간을 비교해 볼 수 있다. 존 록펠러가 25년, 헨리 포드가 23년, 심지어 빌 게이츠도 12년이나 걸린 데 비해, 야후의 제리 양은 불과 3년밖에 걸리지 않았

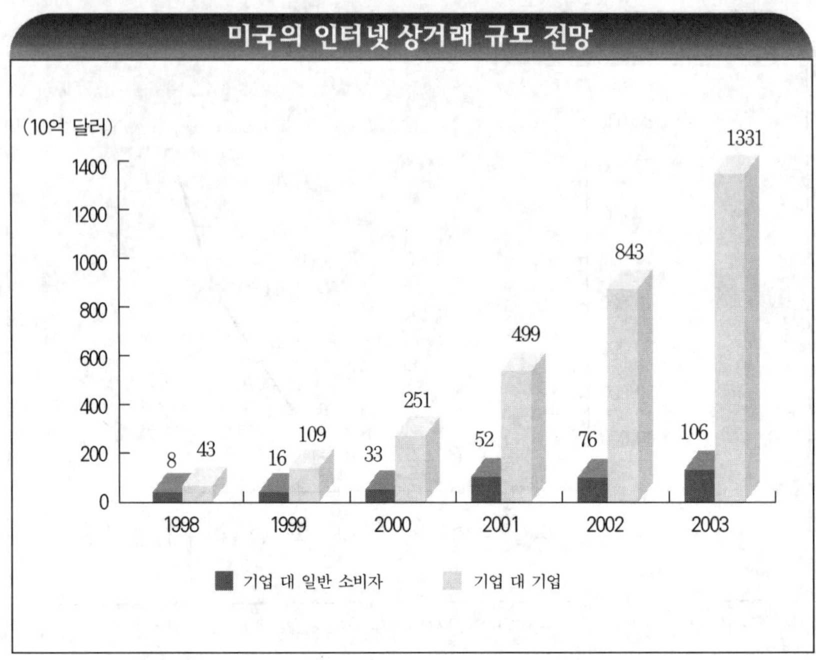



자료 : Forrester Research.

으며, 글로벌 크로싱의 게리 윈닉은 채 2년도 안 되어 10억 달러를 벌어들였다.

이와 더불어, 인터넷이 주요 상거래 수단으로 부상하면서 인터넷 상거래 규모가 엄청난 속도로 증가하고 있다. 금융, 유통, 서비스 등 소프트한 산업에서부터 자동차, 기계, 전자 등 제조업에 이르기까지 인터넷은 모든 기업의 경영 활동을 변모시키고 있다. 심지어 신문의 경우에도 인터넷 매체의 활용이 활성화됨에 따라 지면을 통한 광고의 비중이 2001년까지 현재의 50% 수준으로 떨어질 것으로 예상된다. 전문 연구 조사 기관인 포레스터 연구소에 따르면 2003년 미국의 기업간(B2B) 인터넷 상거래 규모는 1조 3,310억 달러, 기업 대

소비자간(B2C) 상거래는 1,080억 달러에 달할 것으로 추정되고 있
다. 지금까지 인터넷 상거래가 예상보다 더욱 빠른 속도로 확산되어
온 것을 감안한다면, 2003년의 인터넷 상거래 규모는 포레스터 연구
소의 추정치보다 훨씬 더 커질 가능성이 다분하다.

## '디지털' 시대에 대비한 미래 경영 방향

인터넷이 일상 생활의 일부로 자리잡는 등 디지털 기술의 영향력
이 커짐에 따라 디지털 경제가 앞당겨지고 있다. 인터넷 사용과 인
터넷 상거래 규모의 기하급수적인 증가 추세는 21세기에 더욱 급격
해질 것으로 보이며, 디지털 경제는 거스를 수 없는 대세가 되었다.
디지털 경제는 사회 전반에 걸쳐 커다란 변화를 초래할 것으로 예상
되며, 기업들도 디지털 경제 시대에 걸맞은 새로운 미래 경영 전략
을 수립해야 할 필연성이 커지고 있다.

그렇다면 기업들이 수행해야 할 미래 경영의 전략 방향은 무엇인
가? 첫번째 전략 방향은 '스피드 경영'이다. 21세기 경영의 최대 이
슈는 경제의 디지털화에 발맞추어 남보다 한 발 더 신속하게 움직일
수 있는 스피드의 확보가 될 것이다. 따라서 기업들은 '공급망 관리
(SCM)' 체제 구축, 고객 욕구 변화에 대한 신속한 대응 능력 확보
등에 중점을 두어야 한다.

두번째 전략 방향은 '네트워크 경영'이다. 독자적으로 생존·발전
하려 하기보다는 외부와의 연결성 강화를 모색해야 할 필요성이 커
지고 있다. 이를 위해 요구되는 것이 네트워크 경영이며, 기업간 네
트워크와 아울러 고객과의 네트워크 확충에 역점을 두어야 한다.

세번째 전략 방향은 '포커스 경영'이다. 고객 욕구의 다양화로 시장 세분화가 가속화되고 있다. 따라서 정보 기술(IT)의 급속한 발전으로 일대일 마케팅과 같은 개별 고객 단위의 경영 활동이 가능하게 되었으므로 세부 시장 및 고객을 대상으로 하는 포커스 경영을 강화해야 한다.

네번째 전략 방향은 '글로벌 경영'이다. 시장은 세분화되고 있지만, 대상 고객의 범위는 인터넷 활용과 정보 기술의 발전 덕분에 전 세계로 확대되고 있다. 경영의 시각을 전 세계로 넓히고, 글로벌 아웃소싱 및 전략적 제휴 강화 등을 통해 글로벌 경영 역량을 제고해야 한다.

다섯번째 전략 방향은 '기술 및 인재 중시 경영'이다. 차별적인 경쟁 우위는 남보다 뛰어난 기술 및 우수한 인재 확보에 의해 달성 가능하다. 고객 창출·만족을 위한 신기술 개발과 세계 각지의 전문 인력을 적시에 확보·활용할 수 있는 체제 구축이 필요하다.

여섯번째 전략 방향은 '지식 경영'이다. 디지털 경제에서 기업의 핵심적인 자산은 바로 지식이다. 선진형 지식 관리 시스템을 구축하고 개인 및 조직 지식의 효과적인 활용 역량을 제고함으로써 지식 자산 가치의 극대화와 경쟁력 강화를 도모해야 한다.

## 2. 경쟁 우위 요소의 융합·퓨전 경쟁 전략의 추구

인터넷 기술 혁명으로 거리, 시간, 공간 등의 물리적 요인에 대한 한계가 극복되면서 자사의 기존 경쟁 구도를 변모시킬 새로운 경쟁 위협 요인들이 등장하고 있다. 특히 인터넷이 물리적인 거리와 시간을 단축시켜 기존 거래의 비효율성이 급속히 제거되고 있으며, 그에 따라 거래 비용도 축소되고 있다. 그리고 인터넷으로 형성된 가상 공간은 경제 주체들의 정보 유통 및 탐색을 촉진시키고 투명 거래의 공간이 되고 있다. 이에 따라 경제 주체의 네트워크 파워(network power)가 증대되어 기존의 경쟁 구도가 달라지고 있다.

새로운 경영 환경 변화에 직면하고 있는 기업들은 이에 대응하여 디지털 시대에 등장한 새로운 경쟁 기반 요소를 인식하고, 이들을 상호 융합하는 '퓨전 전략(fusion strategy)'을 추진할 필요성이 시급히 요청되고 있다.

## 새로운 경쟁 위협 요인의 등장

경제의 디지털화 진전으로 기존의 경쟁 질서를 바꾸어 놓는 새롭

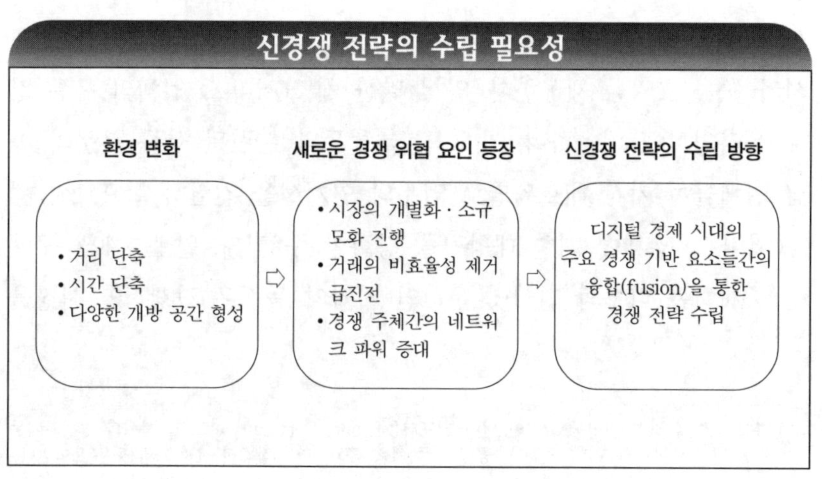

고 다양한 경쟁 위협 요인들이 등장하고 있는데, 이는 직접적인 경쟁자인 동종 업체뿐만 아니라 공급자, 구매자, 잠재 진출 기업, 대체재 제조 기업 등 모든 경쟁자에게서 나타나고 있다.[32]

먼저, 동종 업체로부터의 경쟁 위협을 살펴보자. 인터넷에서는 현실 세계보다 정보 통신망을 통한 정보의 신속한 공유로 동일한 라이프 스타일을 갖는 수요 집단의 형성이 용이하다. 따라서 기업들은 이들을 대상으로 한 틈새 시장을 쉽게 탐색·개발할 수 있다. 그러나 기존 오프라인 경로의 반발로 온라인 유통 경로의 구축이 용이하지 않다. 인터넷을 통한 거래 비용의 절감은 경쟁 업체간의 저가 경쟁을 유발시키고, 제품과 서비스를 결합한 다양하면서 차별적인 제품의 출시 능력이 중요시된다. 또한 제품의 표준화가 강조되면서 다른 제품으로의 교체 비용도 저렴해져, 경쟁 우위를 유지하는 비용이 상대적으로 많이 필요하게 된다.

둘째, 공급 업체의 측면에서 인터넷은 기존 공급 경로의 시간 및 거리 단축, 구매처의 다변화를 통한 대량 거래의 실현 등을 통해 자사 제품을 구매하는 업체, 즉 제조(서비스) 업체와의 교섭력을 증대시켜 주는 효과를 제공한다. 앞서 말한 제조(서비스) 업체의 유통 경로 온라인화에 대응하여, 자재 공급 활동과 관련된 상류 부문의 공급 업체들이 가상 네트워크로 업무의 연계성을 긴밀히 함으로써 제조(서비스) 업체에 대한 대항력을 강화할 수 있다. 원부자재의 구매를 중개하는 다수의 인터넷 온라인 기업의 등장은 경쟁적인 시장을

---

32) 경쟁 전략에 관한 저명한 교수인 마이클 포터(Michael Porter)에 따르면, 자사의 경쟁자에는 동종 업체뿐 아니라 고객(구매자), 공급자, 대체품 제공 기업, 잠재적 진출 기업 모두 포함된다.

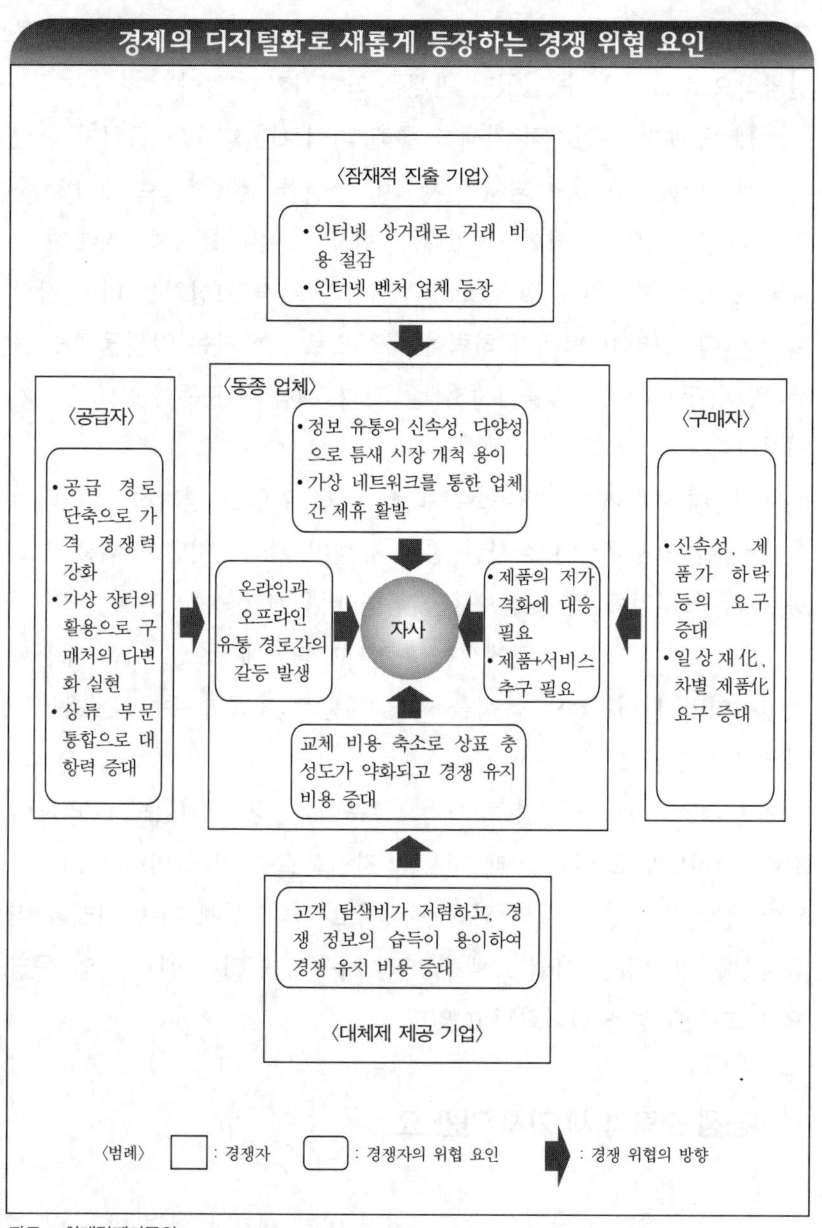
〈잠재적 진출 기업〉
• 인터넷 상거래로 거래 비용 절감
• 인터넷 벤처 업체 등장
〈동종 업체〉
• 정보 유통의 신속성, 다양성으로 틈새 시장 개척 용이
• 가상 네트워크를 통한 업체 간 제휴 활발
〈공급자〉
• 공급 경로 단축으로 가격 경쟁력 강화
• 가상 장터의 활용으로 구매처의 다변화 실현
• 상류 부문 통합으로 대항력 증대
온라인과 오프라인 유통 경로간의 갈등 발생
자사
• 제품의 저가격화에 대응 필요
• 제품+서비스 추구 필요
〈구매자〉
• 신속성, 제품가 하락 등의 요구 증대
• 일상재化, 차별 제품化 요구 증대
교체 비용 축소로 상표 충성도가 약화되고 경쟁 유지 비용 증대
고객 탐색비가 저렴하고, 경쟁 정보의 습득이 용이하여 경쟁 유지 비용 증대
〈대체제 제공 기업〉
〈범례〉  □ : 경쟁자    □ : 경쟁자의 위협 요인    ▶ : 경쟁 위협의 방향

자료 : 현대경제연구원

조성함으로써 과거와 같이 제조 업체가 공급 업체에게 가격 인하를 일방적으로 요구할 수 있었던 관계를 약화시키고 있다.

셋째, 구매자는 전자적 거래를 통해 과거보다 다수의 공급자를 신속하게 탐색할 수 있게 되어 업체들이 가격을 경쟁적으로 제시할 수 있는 환경을 쉽게 조성할 수 있다. 또한 가상 장터를 통한 거래는 업체의 원가를 투명하게 만들므로, 구매자의 가격 교섭력은 더욱 강화될 것이다. 그리고 판매가 하락을 목적으로 구매자는 업체들에게 물류 및 유통 경로를 효율화시켜 줄 것과 제품의 표준화를 요구하기 시작한다.

넷째, 대체재 제공 기업으로부터의 경쟁 위협도 심각하다. 인터넷을 활용한 범지구적인 실시간 정보 검색이 가능해지면서 제품 수요층과 경쟁 기업에 관한 정보를 저렴한 비용에 신속히 포착할 수 있다. 그러므로 기업의 입장에서는 특정 고객을 대상으로 기존 제품과 차별적이면서 대체적인 특성을 지닌 제품을 제공할 수 있는 유리한 환경이 형성되고 있는 것이다.

마지막으로 잠재적 진출 기업으로부터의 경쟁 위협도 고려해야 한다. 인터넷으로 인한 거래 비용의 저렴화로 진입 장벽이 낮아지고 있어, 잠재적 진출 기업의 위협은 커지고 있다. 실제 기존 거래의 비효율성을 제거하는 사업 모델을 가진 다수의 인터넷 벤처 기업 등장으로 그 가능성은 현실화되고 있다.

## 신경쟁 전략의 세 가지 기반 요소

기업들이 신경쟁 전략을 수립하려면 먼저 새로운 환경 변화 및 경쟁 위협에 대응할 수 있는 핵심 경쟁 기반 요소들을 도출해야 한다. 이러한 경쟁 기반 요소들로 지식·정보, 업무 프로세스, 대외(고객, 업체) 관계 수준 등 세 가지를 들 수 있다.

지식과 정보는 디지털 경제 시대의 제품 개발, 사업 운영 방식의 창안 등에 핵심적인 경쟁 자원 요소이다.

업무 프로세스는 기술 혁명이 가져다 준 시간적, 공간적 제약의 해소에 가장 크게 영향을 받는 요소로서 과거 기능 중시로 단편화된 업무 프로세스를 자사, 공급자, 구매자까지 포함하여 효율적으로 통합시켜야 한다.

대외 관계 수준은 신속한 시장 변화에 대응하여 고객 및 동종·이종 업체들과 밀접한 관계를 구축하는 것이 중요하다는 문화적 측면을 강조하고 있는 요소이다. 가상 공간을 이용한 정보 유통으로 급속히 변화하는 시장 환경에 즉각 대응할 수 있는 적시 출시 능력을 확보하려면 대외 관계 수준이 높아져야 한다.

기업들은 경쟁 우위를 확보하기 위해 특정한 경쟁 기반 요소보다는 이들 세 가지 요소들의 상호 융합을 통해 경쟁 전략을 설정해야 한다. 최근 디지털 경제로의 이행은 기업에게 기존 사업 방식의 재편을 요구하고 있다. 그러므로 기업의 경쟁 우위는 경쟁 기반 요인의 개별적 접근이 아닌 전체적인 통합을 통해 이루어져야 한다.

## 퓨전 경쟁 전략의 유형

기업은 경쟁 기반 요소를 바탕으로 세 가지 유형의 퓨전 전략(fusion strategy)을 선택할 수 있다. 첫째는 차별성 지향 전략이다.

지식과 정보 및 대외 관계 수준의 융합으로 기업은 경쟁 업체와의 차별적인 제품 및 서비스를 개발 및 제공할 수 있는 경쟁 기반을 구축할 수 있다. 둘째, 효율성 지향 전략이다. 지식과 정보 및 업무 프로세스의 융합으로 기업은 업무 프로세스를 혁신적으로 재구축할 수 있으며, 이들간의 효과적인 연계로 비용, 품질, 시장 대응의 효율성

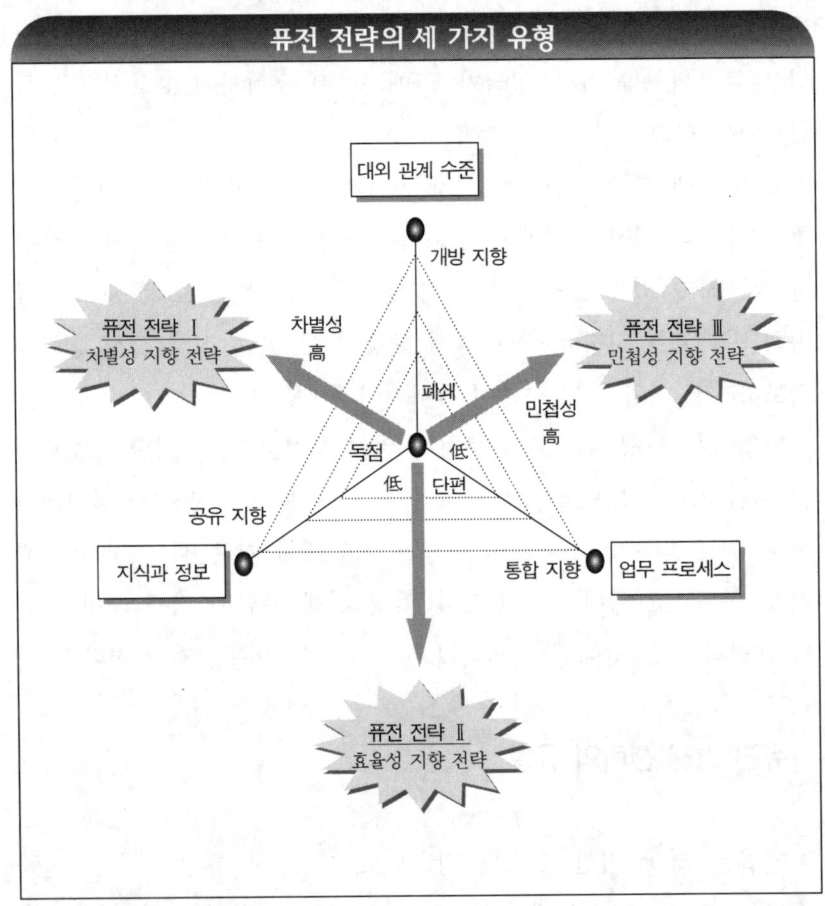


자료 : 현대경제연구원

을 제고할 수 있다. 셋째, 민첩성 지향 전략으로, 대외 관계 수준 및 업무 프로세스의 융합으로 기업은 시장 지향적인 사고를 바탕으로 시장 변화에 민첩하게 대응할 수 있는 경쟁 기반을 구축할 수 있다.

● 퓨전 전략 Ⅰ : 차별성 지향 전략

지식·정보와 대외 관계 수준이 융합한 경쟁 전략이다. 이는 시장에서 수용할 수 있는 제품과 서비스를 개발한다는 전향적인 자세 속에서 조직이 보유한 지식과 정보를 적극 공유토록 하고 이를 효율적으로 활용하는 전략이다.

디지털 경제 시대에는 고객에게 쉽게 띌 수 있는 제품 및 서비스 개발이 더욱 절실히 요구되므로, 지식의 활용을 통해 경쟁 제품과의 차별성을 더욱 제고해야 한다. 특히 차별적인 제품은 경쟁 우위를 확보할 수 있는 수단이 된다. 왜냐하면, 차별화된 제품과 서비스는 다른 경쟁 업체 또는 잠재적 진입자가 쉽게 모방할 수 없는 높은 진입 장벽을 형성하기 때문이다.

하지만 차별적 제품은 시장 확대가 다소 어렵다는 점과 경영 환경의 변화 속도가 빠른 디지털 경제 시대에서는 시장 내 차별적 위치가 오래 유지되지 않는 문제가 존재한다는 점을 염두에 두어야 한다. 따라서 차별성이 지속적으로 유지되기 위해서는 수요 기반 확대의 노력을 전개해야 한다. 이러한 관점에서 보면 수확 체증의 법칙이 적용되는 경제에서는 차별적인 경쟁 우위도 중요하지만, 자사의 기술이나 제품이 시장 내에서 널리 사용될 수 있도록 환경을 조성하는 노력이 필요하다. 이를 위한 방안으로는 라이센싱 확대, 주변 제품 개발 환경 조성, 전략적 제휴를 통한 공동 개발이 있다.

●퓨전 전략 Ⅱ : 효율성 지향 전략

기본적으로 대내적 업무 프로세스의 통합 및 프로세스간 연계에 초점을 두고 운영 측면의 효율성을 지향하는 내부 중심적인 전략이다. 다시 말해 지식·정보의 활용에 의한 프로세스 관리의 혁신을 통해 직접·간접 활동을 효과적으로 수행하기 위한 전략인 것이다.

이 전략을 통해 구매자의 신속성, 저가성 욕구 그리고 동종 기업의 저가격 지향 등의 경쟁 위협에 프로세스의 우위를 수단으로 탄력적으로 대응할 수 있다.

운영 효율성을 추구하는 방법으로는 핵심 역량 개발, 효율적인 구조의 구축, 효과적인 운영 실행 방법의 보유가 있다. 핵심 역량 개발은 최상의 제품 기술, 종업원 숙련, 기능적 전문성 등 사업 성공에 중요한 기능을 수행할 수 있는 능력을 가리킨다. 효율적인 구조는 기능 및 설비를 재배치하는 것을 의미한다. 특히 조직 구조 측면에서 구성원들의 창조적이면서, 부가 가치적인 활동을 뒷받침할 수 있는 프로세스 기반 조직 구조를 구축해야 한다.

프로세스 기반 조직 구조는 업무 프로세스를 중심으로 팀을 구성하며, 그리고 수익성에 기여하는 고객에게 수익성 있는 제품과 서비스를 지속적으로 제공할 수 있는 창의성을 가진 인력을 육성할 수 있는 수평적 조직 구조를 말한다. 한편, 운영 실행 방법은 종업원이 작업을 수행하는 절차 및 프로세스에 관한 것을 가리킨다.

●퓨전 전략 Ⅲ : 민첩성 지향 전략

대외 관계 수준과 업무 프로세스의 융합을 통해 실현될 수 있는 전략이다. 경제의 디지털화에 대응하여 기업들은 신속한 시장 요구에 대응할 수 있도록 가치 사슬 전체를 포괄하는 업무 프로세스를 재구축할 필요가 생겨나고 있다. 즉 제품의 기획부터 폐기까지의 전 라이프사이클 동안 정보와 서비스 제공이 가능하도록 인터넷 기술을 활용하여 자사뿐만 아니라 시장, 협력 업체까지 포괄하여 프로세스를 통합해야 한다.

디지털 경제가 진전될수록 기업간에 공유할 수 있는 정보의 범위가 확대되면서, 기업들은 자신의 강점을 부각시키고, 사업 성과를 높일 목적으로 경쟁력이 있는 프로세스에 대한 아웃소싱을 확대해 나갈 것이므로 이 전략의 활용이 중요시되고 있다.

현재 일부 선진 기업이 자사의 공급 업체나 고객 업체를 대상으로 업무 프로세스를 구축하는 사례가 있다. 한편 최근 설립이 많아지고 있는 가상 장터(e-marketplace)가 현재로는 제품 및 서비스의 구매 프로세스에 초점을 두고 있지만, 이것이 발전되면 설계 도면과 같은 기술, 관리 정보까지 공유하는 프로세스 통합까지 진행될 것으로 예상되고 있다.

업무 프로세스의 통합을 위해서는 여러 가지 조건이 필요하다. 첫째, 이 작업은 제품의 생성부터 성장, 성숙, 쇠퇴까지의 모든 활동에 관한 지식·정보를 전자화해야 하기 때문에 단위 기업의 관점이 아닌 사업 수행의 관점에서 문서 정보의 전자화와 함께 경영 관리에 필요한 업무 수행 절차, 제도 등도 디지털화해야 한다. 둘째, 참여 주체들이 단일 사업 조직처럼 행동할 수 있도록 시간 제약 없이 실시간으로 정보를 교환할 수 있어야 한다. 셋째, 각 참여 주체들이 업무 수행을 위해 투입, 활용하고 있는 경영 자원과 기술들을 모두 통합하고 경영 관리를 자동화해 주는 수단(소프트웨어)이 필요하다. 넷째,

각 참여 주체들이 타 주체에 의해 생성된 제품 개발 정보를 선택하고 이를 자기 정보와 결합할 수 있어야 하며, 그 결과가 통합 시스템 내의 하나의 단위로 존재할 수 있어야 한다.

## 기업들의 대응 방안

첫째, 기존 업종에 국한된 자사 중심적 사고를 극복해야 한다. 우리 기업들은 아직도 자사 업종에 필요한 경영 자원 확보를 위해 관련 업체간 종속 관계를 강화하는 '자원 종속' 전략을 주로 활용하고 있다. 그러나 디지털 경제화로 새롭게 등장하고 있는 시장 및 제품의 개별화 욕구의 증대에 따라 기업들은 자원 종속성에서 탈피하여 다양한 원천을 통해 자원을 동원하고 이를 신속하게 배분할 수 있어야 한다.

둘째, 경쟁을 지속적으로 유지할 수 있는 목표 시장을 명확히 설정해야 한다. 경쟁 상대가 다양하고, 구매자의 정보 수집 능력이 강화되면, 시장 차별화 현상이 더욱 심해지고 있다. 따라서 기업들은 기존과 같이 모든 시장을 상대로 제품과 서비스를 제공하는 것보다 자사가 경쟁 우위를 지속할 수 있다고 판단되는 특정 시장을 대상으로 한 경쟁 전략을 설정해야 한다. 이를 통해 기업은 특정 시장을 대상으로 한 가치 제공에 주력해야 하며, 이렇게 하기 위해서는 가격 결정 방식과 유통 경로 관리 방식이 달라져야 한다.

최근 가상 장터를 통해 다양한 가격 메커니즘이 등장하여, 과거와 같은 원가에 기초한 가격 설정 방법이 무의미해지고 있다. 이제는 구입한 제품 및 서비스에 대해 고객이 인지한 가치를 기준으로 결정해야 한다.

또 다른 방식으로 유통 경로 갈등(channel conflict) 문제를 해소하기 위해 오프라인 경로와 온라인 경로간에 제품과 서비스에 차별성을 두는 것도 좋은 방안이 될 수 있다.

셋째, 모방할 수 없는 지속적인 경쟁 이점을 확보하는 것이 중요하다. 미국의 델(Dell) 사가 구축한 직판 모델을 경쟁 업체들이 쉽게 모방할 수 있을 것이라 생각할 수 있지만, 경쟁 업체인 컴팩(Compaq)은 내부 반발로 이를 채택하지 못했다. 마찬가지로 월마트(Wal-Mart)의 고객 우호적인 문화 속에서 운영되고 있는 유통 채널, 과거 크라이슬러(Chrysler)의 상생(相生)을 지향하는 협력 업체 관리 등은 쉽게 모방될 수 없는 것들이다.


## 3. 창조성 경영과 신뢰 경영

컴퓨터·통신 산업의 기술적 진보와 글로벌화로 인해 세계 경제의 패턴이 변하고 있다. 이제 기술과 생산성을 보유한다면 세계 어디서나 기업 활동을 영위할 수 있게 되었다. 이에 따라 기업의 글로벌 경쟁력의 근간이 되는 창조성 개발과 유지가 주요 과제로 부각되고 있다. 정보 통신 기술의 발전에 따라 적은 비용으로 기업 내부의 정보를 공유하고 활용하게 됨으로써, 업무 결정이 신속하게 될 것이며, 부서 사이의 구분은 희미하게 되고, 기업 내 계층 제도는 힘을 잃을 것이다.

따라서 가치를 창조할 수 있는 기업과 구성원의 창조성을 개발하는 것이 기업의 주요 과제로 등장하게 되었다. 여기에 등장하는 것이 '창조성 경영'이다.

그리고 정보 통신 기술의 급속한 혁신은 기업 활동의 네트워크를 변화시키고 있다. 기업과 기업, 기업과 고객간의 관계가 변하고 있고, 기업간 리더십 확보를 위한 인수·합병과 시너지 창출을 위한 전략적 제휴가 봇물을 이루는 등 네트워크 강화를 위한 기업의 노력이 활발하다. 네트워크 시대가 진전됨에 따라 기업과 기업의 관계, 기업과 고객의 관계가 보다 수평적으로 변하고 있다. 이러한 배경 하에서 기업과 기업간, 기업과 고객간 상호 믿음과 관계를 중시하는 '신뢰 경영'이 부각되고 있다.

전자 상거래 등 가상 공간에서의 기업 경영은 제품과 서비스를 직접 확인하거나 대면하는 것이 아니므로 당사자간의 신뢰가 중요하게 된다. 신뢰 경영을 통해서 직원들은 일하기 좋은 직장에서 일함으로써 직장 생활의 질을 높일 수 있으며, 기업은 거래 비용을 절감하고 경영의 스피드화로 경영 효율을 높일 수 있다.

## 창조성 경영이 왜 중요한가

'창조성 경영(creativity management)'은 기업과 구성원이 자신의 창조성을 발휘하여 새로운 지식과 기술을 개발함으로써 기업을 혁신하는 과정이다. 창조성은 구성원의 전문성, 창조적 사고 기술, 그리고 직무 동기부여로 구성된다. 전문성(expertise)은 구성원이 보유한 특정 영역의 지식과 기술을 의미하는데, 문제를 해결하거나 직무 수행 과정에서 참고하는 준거가 된다. 창조적 사고 기법(creative thinking skills)은 새로운 시각을 받아들이고 탐색하는 생각의 유형으로, 직무를 새롭게 인식하고 수행하도록 한다. 직무 동기 부여(work motivation)는 호기심이나 즐거움 또는 보상을 획득하기 위해서 일을 기꺼이 하고자 하는 정도로서, 창조적인 성과를 획득하는 데 중요한 역할을 한다.

창조성 경영은 기업 성장과 혁신의 원천이다. 창조성 경영은 새롭고 적절한 아이디어를 산출함으로써 기업 성장과 혁신의 근본이 된다. 창조성을 발휘함으로써 기업은 고객의 요구를 충족시키는 새로운 제품과 서비스를 개발할 수 있다.

## 창조성 경영의 핵심 전략

창조성 경영을 위해서는 핵심 가치에 대한 집중, 구성원의 자발적 활동 지원, 다양한 자극의 제공 등이 필요하다. 기업이 명확한 핵심 가치에 자원을 집중해야 하며, 구성원의 자발적인 활동을 지원하는 체계를 보유하고 실행해야 하고, 구성원에게 다양한 자극을 제공함으로써 그들에게 잠재된 창조성을 현실화해야 한다.

### ●핵심 가치에 대한 집중(alignment)

기업이 명확한 가치를 핵심 목표로 삼고 모든 직원의 지지를 획득함으로써 이러한 목표에 부합하는 선택과 결정을 하도록 해야 한다. 이를 위해서는 미래를 준비하는 적극적인 경영 전략과 함께 핵심 가치를 중시하는 기업 분위기를 조성하는 것이 필요하다. 구체적으로 기업 내의 형식적인 절차, 경영자의 엄격한 통제, 조직 내의 지나친 경쟁 등의 요인을 감소시켜야 한다.

기업은 잠재적으로 유용한 아이디어를 보유한 사람들이 기업의 핵심 가치에 긍정적으로 반응하도록 격려해야 한다. 핵심 가치를 촉진시키기 위해 필요한 자금과 시간을 투입해야 하며, 경영자는 핵심 가치에 충실하게 의사 결정을 내리고 책임을 져야 한다.

대표적인 사례로서 델 컴퓨터(Dell Computer)의 다이렉트 경영을 들 수 있다. 델은 고객들에게 컴퓨터를 직접 판매하고, 공급 업체와도 직접 거래하며, 사원들과도 직접적인 대화를 추구함으로써 다이렉트 경영을 추구하고 있다.

컴퓨터 업계 최초로 제조 회사가 제작한 컴퓨터를 중단 단계를 제거하고 최종 소비자에게 직접 판매하는 시스템을 만들었다. 설계부터 제조, 판매에 이르기까지 고객의 목소리를 귀담아 듣고, 고객에게 응답하며, 고객이 원하는 것을 공급하고 있다. 고객에 대한 충분한 정보를 확보함으로써 재고를 최소화하고, 보다 낮은 가격을 고객에게 제시함으로써 수익을 창출하고 있다.

●자발적 활동(self-initiated activity)의 지원

기업 구성원의 자발적인 활동을 적극적으로 지원해야 한다. 사람들은 탐구하고 창조하려는 선천적인 욕구를 가지고 있으며, 창의적인 행동을 스스로 시작하기를 원하므로 이를 지원해야 한다. 기업에서의 창의적인 행동은 대부분 직원 스스로 시작한 것이며, 경영층은 이를 예견하지 못하는 경우가 많다.

기업이 구성원의 자발적인 활동을 증진하기 위해서는 그들의 새로운 아이디어를 적절하게 처리하여야 한다. 이를 위해서는 첫째, 기

업 내의 모든 구성원이 잘 이해하고 이에 쉽게 접근할 수 있으며 사용하기 쉬운 아이디어 개발 체계를 구축해야 한다. 둘째, 구성원들이 자신의 아이디어가 공정하고 시의 적절하게 검토될 것이라는 믿음을 제공해야 한다. 셋째, 모든 구성원들이 자신의 아이디어를 문서화하고 기록으로 남기도록 고무해야 한다.

3M의 제너시스 프로그램과 알파 프로그램을 살펴보자. 3M은 직원들의 자발적인 연구 개발 활동을 지원하여 사용 가능한 아이디어를 활용하기 위한 제너시스 프로그램(Genesis Program)을 운영한다. 새로운 사업 기회를 찾고 신제품 개발의 기술적인 사업가 정신을 장려하기 위해서 실행한다. 통상적인 통로로는 예산을 확보할 수 없는 연구 개발 프로젝트를 선정하여 예산을 지원함으로써 자발적인 활동을 촉진한다.

● **다양한 자극의 제공**

잠재된 창조성을 현실화할 수 있도록 다양한 자극을 제공해야 한다. 자극은 이미 시작한 업무에 신선한 통찰을 제공하거나 완전히 새로운 방향으로 나가도록 하는 계기를 마련한다. 자극은 대부분 업무 자체와 연관되어 있으며, 어떤 사람에게는 강력한 자극 역할을 하는 것이 다른 사람에게는 눈에 띄지 않을 수도 있다.

다양한 자극을 제공하기 위해서는 기업 차원에서 가능한 한 많은 자극을 찾아서 그것을 구성원에게 제공해야 한다. 구성원들을 가능한 한 다양한 직무로 순환시키며, 자극의 원천이 될 만한 회사 외부의 사람들과 상호 작용할 기회를 만들어 준다. 구성원 스스로 얻게 된 자극을 조직에 적용할 수 있는 기회를 제공한다.

세계적인 문구 업체인 홀마크(Hallmark)는 창조성 자원 센터 (Creativity Resource Center)를 운영하여 다양한 서적과 잡지를 제공하며 초청 강연을 실시하고 뉴스레터를 발간한다. 직원들에게 도움이 될 만한 예술 공연, 전람회 소식, 새로운 서적 등에 관한 다양한 정보를 제공한다. 그리고 창조성의 재충전을 위한 안식년 제도 (Refresh Program)를 운영한다.

## 네트워크의 활성화와 신뢰 경영

신뢰 경영은 기업, 고객, 직원, 주요 이해 관계자간의 상호 신뢰 창출과 유지를 중시하는 경영 방식이다. 프랜시스 후쿠야마(Francis Fukuyama)는 공통 목적을 위해 함께 일할 수 있는 능력인 사회적 자본 형성의 핵심이 바로 신뢰라고 역설하며, 경제적 번영의 원천으로 신뢰의 중요성을 강조하였다. 맥킨지의 존 하겔(John Hagel)은 정보 사회를 이끄는 기본 원리는 신뢰이며 누가 더 신뢰의 선순환을 잘 창출하느냐가 경쟁력의 원천이라고 강조한다.

신뢰 경영에서는 기업과 직원 사이의 내부적인 신뢰뿐만 아니라, 기업과 기업, 기업과 고객 사이의 외부적인 신뢰도 중요하다. 로버트 레버링(Robert Levering)은 일하기 좋은 기업을 만들기 위해서는 신뢰, 자부심, 재미가 중요하며, 그 중 신뢰가 가장 기본이 된다고 주장하고 있다. 신뢰를 위해서는 '진실성(credibility)', '존중 (respect)', '공정성(fairness)'이 확보되어야 하며, 고객과의 정보 공유, 고객간의 연결, 고객 관계 관리 등의 요소가 중요하게 부각된다.

## 신뢰 경영의 주요 전략

신뢰 경영의 전략은 네트워크의 수준에 따라 수렴형 전략과 확산형 전략으로 나누어 볼 수 있다. 수렴형 전략(convergent strategy)은 기업과 내부 고객인 직원간의 관계에 있어 신뢰를 창출·유지하기 위한 기업 내적인 전략이다. 확산형 전략(divergent strategy)은 기업과 기업, 외부 고객간의 신뢰 창출 및 유지를 위한 기업간 내지 기업 외부적인 전략이다.

●수렴형 전략

첫째, 정보 공유를 통한 진실성의 강화이다. 신뢰는 진실을 기반으로 하는데, 진실성이란 열린 커뮤니케이션을 의미하므로 정보의 공유가 중요하다. 정보 공유는 위로부터 아래로 흐르는 과정이 열려 있고 아래로부터 위로 향하는 커뮤니케이션이 활발해야 한다. 상하간 신뢰가 뒷받침되지 않으면 커뮤니케이션이 형식적으로 되고, 정보 공유는 제한적으로 된다.

둘째, 개성과 전문성의 존중이다. 직원의 개인 생활을 존중하며, 전문성을 지원하는 것이 중요하다. 기업이 직원의 개인 생활을 배려하고 존중하며, 업무 협조 과정에서 직원 전문성의 개발과 심화를 지원하는 것이 필요하다.

셋째, 공정한 업무 수행과 평가이다. 기업은 객관적인 경영 시스템을 구축하고 프로세스를 운영해야 한다. 구체적인 업무 수행 과정과 평가 과정에서 공정성과 객관성을 유지해야 한다. 여기서의 공정성과 객관성은 기업 자신의 기준이 아니라, 직원이나 고객이 실제로 어떻게 인식하느냐에 달려 있다.

### ●확산형 전략

첫째, 고객과의 정보 공유를 통한 공개 경영의 활성화이다. 기업이 고객에 대해서 알고 있는 것만큼 고객 역시 기업에 대해 알아야 상호 신뢰의 형성이 가능하다. 기업은 고객에 대해 알기 위해서 노력할 뿐만 아니라 고객이 원하는 정보를 신속하고 정확하게 제공하며 고객 교육에 힘씀으로써 고객의 신뢰를 획득할 수 있다. 풍부한 정보를 보유하고 있는 고객과 긴밀한 관계를 유지하는 기업만이 성장할 수 있을 것이다. 아마존(Amazon)은 '세계에서 가장 다양한 선택'을 할 수 있도록 정보 공유 서비스를 제공한다. 상품 자체를 판매할 뿐만 아니라, 각종 서평과 콘테스트를 비롯하여 제품 이외의 다양한 정보와 이벤트를 제공하면서 고객을 끌어들인다.

둘째, 고객과 고객의 연결을 통한 가상 공동체의 형성이다. 네트워크를 통해 고객들은 다른 고객들과 접속하면서 기업에 다양한 정보를 제공할 것이므로 고객들이 서로 대화할 수 있는 장을 만들어 주는 것이 중요하다. 고객 사이의 관계를 창조함으로써 기업은 고객과의 관계를 강화하고 신뢰를 증진할 수 있다. AOL이 판매하는 것은 대부분 게시판과 채팅을 통해 이루어지고 있는데, 이는 고객 스스로 제공하고 있는 것이다. AOL은 단지 고객과 고객을 연결하여 서로 대화할 수 있는 기회를 제공, 고객의 신뢰를 효과적으로 확보한다.

셋째, 고객 참여를 유도하는 고객 관계 관리의 추진이다. 네트워크 시대에는 직원이 고객처럼 행동하고 고객들이 직원처럼 행동하는 등 직원과 고객의 경계가 희미해지므로, 직원을 고객으로 인식하는 동시에 고객을 직원으로 인식하여 고객 참여를 유도하는 고객 관계 관리가 필요하다. 관련 기술을 활용하여 고객들이 회사의 프로세스에 자발적으로 참여하게 하여 가치를 창출하도록 만드는 것이 중요하다. 가상 게임 업체인 얼티마 온라인(Ultima Online)에 들어가면, 고객 스스로가 자신의 기호에 따라 회사가 제공하는 몇 가지 도구를 사용하여 스스로 흥미로운 상품을 만들어 내게 된다. 이 때 고객들은 스스로 상품 생산에 참여하기 때문에 최종 상품에 대한 만족도가 상당히 높아진다.



## 피플소프트(Peoplesoft)의 신뢰 경영

소프트웨어 업체인 피플소프트는 사람, 고객, 통합, 혁신이라는 핵심 가치를 지향하며 직원과 고객의 신뢰를 획득한다. 고객, 전략적 파트너, 직원, 주요 이해 관계자 등 사람이 가장 중요한 자원임을 인식하고 그들을 존중한다. 고객에게 탁월한 서비스뿐만 아니라 고객의 가치를 향상시킬 수 있는 기회를 제공한다.

'Advantage Customer Service'라는 글로벌 지원 서비스를 고객에게 제공한다. 고객 회사의 계획, 실행, 생산, 성과 향상 등 전사적 자원 관리(ERP) 라이프사이클에 맞추어 그에 적합한 컨설팅, 훈련, 파트너링, 지원 등의 서비스를 광범위하게 제공한다. 가능한 최적의 해결책을 신속하게 실행하고, 고객 회사에 보다 이익이 되도록 프로세스를 통합하며, 시스템 효율성을 지속적으로 개선한다.

## 창조성 경영과 신뢰 경영의 성공 조건

우선 창조성 경영을 위해서 첫째, 최고 경영자는 기업의 핵심 가치를 명확하게 제시하며, 창조성 개발자로서 역할을 수행해야 한다. 명확한 핵심 가치를 중심으로 기업의 자원을 집중함으로써 창조성을 개발할 수 있다. 혁신을 지향하고 자율적인 직무 수행을 보장하는 기업 분위기 조성이 필요하다. 새로운 아이디어를 개발하는 체계와 활발한 의사 소통, 그리고 창의적인 성과에 대한 공정한 인정과 보상이 중요하다.

둘째, 기업 내에서 창조성을 발휘하기 위한 여유(redundancy)를 제공해야 한다. 기업에서 어떤 형태로든 여유가 전혀 없다면, 아마 현재의 환경에 최적화되어 있을 것이고, 미리 계획될 수 있는 일만 하게 될 것이다. 기업이 전략적으로 여유를 적절하게 활용한다면 창조성을 발휘시킬 수 있을 것이다. 구성원에게 충분한 시간과 정보, 자금 등의 여유를 제공하는 것이 필요하다.

그리고 신뢰 경영을 위해서는, 전략적 네트워크 관리가 필요하다. 기업과 기업, 고객, 직원간 네트워크의 가치를 인식하고, 이를 강화할 수 있는 전략적 관리 체계를 갖추어야 한다. 최고 네트워크 경영자(Chief Network Officer) 등 전략적 체계를 갖추어 네트워크의 가치를 강화할 수 있는 전략적 제휴, 아웃소싱, 인수·합병 등의 업무를 담당하게 한다.

둘째, 고객 중심 경영의 실행이다. 다른 기업, 직원, 고객, 이해 관계자를 포함한 광의의 고객을 중심으로 한 고객 중심 경영이 필요하다. 고객이 원하는 서비스를 제공하고, 나아가 고객 스스로 원하는 가치를 창출하도록 지원하는 고객 중심 경영을 실행한다. 고객에 대한 토털 서비스의 제공에서 출발하여, 고객 커뮤니티의 형성을 거쳐 궁극적으로 고객이 기업 대부분의 프로세스를 운영하는 '고객 기업'으로 나아가야 한다.

# 7 디지털 시대의 마케팅 전략

## 1. e-비즈니스 시대의 고객 확보 전략 : 클릭 행동의 유발

e-비즈니스는 전통적인 방식의 비즈니스보다 규모면에서 훨씬 빠른 속도로 성장하고 있다. 이는 인터넷의 급속한 보급에 따라 가상 공간에서 쇼핑을 하는 사람의 수와, e-비즈니스에 참여하는 기업의 수에서 쉽게 감지된다. 최근 택배 산업의 호황도 이러한 사실을 반영한다. 이와 같은 추세는 앞으로 상당 기간 지속될 것으로 전망되어, 21세기 디지털 경제의 성공은 e-비즈니스의 성패에 달려 있다고 할 수 있다.

그러나 e-비즈니스의 중요성에 비추어 제조 업체를 포함한 여러 기업들의 전략은 주로 웹 사이트의 구축, 컨텐츠 강화, 커뮤니티 형성, 이벤트 실시 등에 국한되어 왔다. 물론 이러한 노력들이 중요하지 않다고 할 수는 없으나, 중요한 것은 보다 본질적인 면을 간과해 왔다는 점이다. 즉, 위와 같은 노력들이 소비자들의 '클릭(click)' 행동을 유발하기 위함에도 불구하고, 기본적으로 클릭 행동이 무엇인가에 대해서는 무관심했던 것이다. 그러나 좀 더 깊게 생각해 보면 클릭 행동은 소비자의 주의(attention) 유발 및 관심의 반영으로서, 사이버 공간 내의 고객 확보와 고객 유지에 있어 가장 기본이 됨을 알 수 있다.

## 클릭 행동의 의미와 특징

클릭 행동은 가상 공간과 현실 세계의 경계에서 이용자의 관심에 의해 행해지는 행동으로서, 가상 세계와 현실 세계를 이어주는 기계 적 절차라고 말할 수 있다. 그러므로 디지털 경제하의 모든 e-비즈니

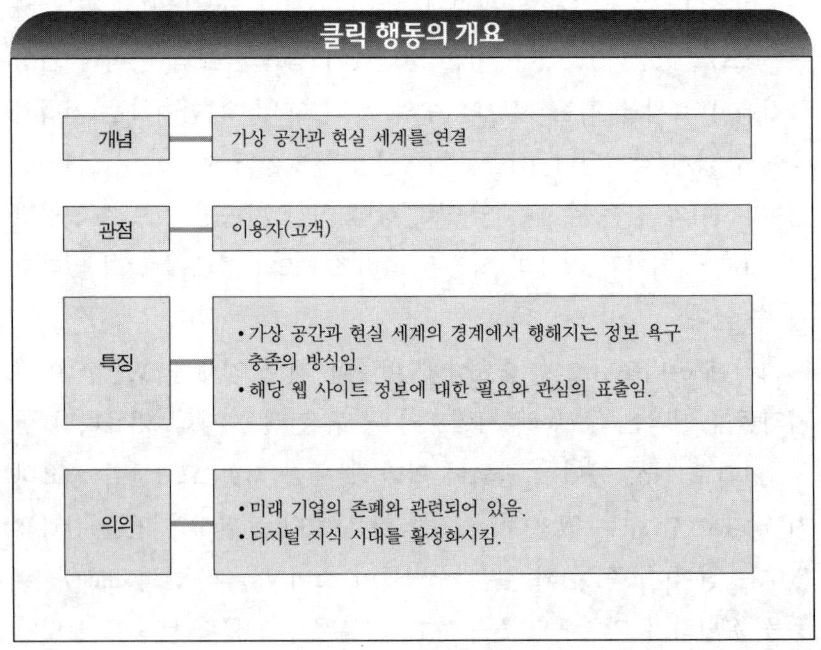

스는 클릭 행동에 의해서만이 비로소 의미를 지니게 되는 것이며, 정보 기술의 발전에 따른 가상 비즈니스 공간의 확대라는 것도 결국 클릭 행동에 의해서만이 의미를 지니게 되는 것이다.

클릭 행동은 이용자 중심이다. 이는 대부분의 e-비즈니스 상에서의 행동, 이를테면 인터넷 쇼핑몰 구축, 고객 정보 데이터 베이스 구축 등이 공급자 중심이라는 사실을 감안하면 주목할 부분이다. 일반 비즈니스의 기본이 고객(이용자) 중심 마인드인 것을 고려할 때, 클릭 행동은 e-비즈니스의 기본이 되는 것이다.

한편 클릭 행동은 이용자의 정보 욕구 충족 방식이라고 할 수 있다. 이용자가 특정 정보에 대한 동기가 생기면 언제든지 클릭에 의해 인터넷상의 정보를 획득할 수 있기 때문이다. e-비즈니스 측면에서 본다면, 클릭 행동에 의한 정보 욕구 충족은 상품의 비교, 구매, 예약과 관련되어 있다.

또한 클릭 행동은 해당 웹 사이트 정보에 대한 필요와 관심의 표출이라고 할 수 있다. 이로 인해 많은 광고 대행사들은 인터넷 광고 효과의 측정을 해당 광고에 대한 클릭의 수로 측정하기도 한다. 그러므로, e-비즈니스 기업 입장에서 볼 때, 클릭 행동은 이용자 중심의 마케팅 마인드(주의 유발, 관심 유발, 행동 유발 등)를 요구한다.

클릭 행동은 미래 기업의 존폐와 관련되어 있다. 미래 기업의 존폐는 가상 공간에서의 매출에 달려 있으며, 가상 공간에서의 매출은 소비자의 클릭과 밀접한 연관을 가지므로, 결국 클릭 행동은 미래 기업의 존폐와 관련되어 있다고 할 수 있다.

거시적으로 볼 때, 클릭 행동은 디지털 지식 시대를 활성화시킨다. 왜냐하면 클릭 행동을 가상 공간에서 행해지는 소비자의 지식 탐색

행위라고도 할 수 있기 때문이다. 결론적으로 클릭 행동은 e-비즈니스뿐만 아니라 일반 디지털 지식의 활용 측면에서도 매우 큰 의의를 지닌다고 할 수 있다.

## 클릭 행동의 유형 및 메커니즘

클릭 행동의 유형은 사전 의도가 있었느냐에 따라 의도적 클릭과 우연적 클릭으로 나눌 수 있다. 하지만 두 가지 유형 모두 마케팅에서는 의미가 있다.

의도적 클릭은 분명한 목적에 의해 의도적으로 특정 웹 사이트를 클릭하여 들어가는 행동을 의미하는 것으로 정보 탐색 욕구에 의해 발생하며, 크게 직접 경로 클릭과 간접 경로 클릭으로 나눌 수 있다. 직접 경로 클릭은 원하는 정보가 어느 웹 사이트에 있는지 알고 있을 경우, 한 번에 그 웹 사이트로 클릭하여 들어가는 행동을 일컫는다. 반면, 간접 경로 클릭은 원하는 정보가 어느 웹 사이트에 있는지 모를 경우, 정보 검색 엔진을 통하여 특정 웹 사이트로 클릭하여 들어가는 행동을 일컫는다.

우연적 클릭은 사전 의도는 없었으나, 특정 웹 사이트와 연관된 매개체에 이끌리어 우연히 그 웹 사이트로 클릭하여 들어가게 되는 행동을 의미한다. 여기서 매개체란 인터넷 광고(문구, 로고, 사진, 동영상)나 링크(link) 등을 일컫는다. 이 클릭 행동은 주로 해당 웹 사이트 관리자의 전략적 노력에 의해 발생한다. 이러한 우연적 클릭 행위를 의도적 클릭 행위로 전환시키는 노력이 고객을 확보하는 관건이 될 수 있다.

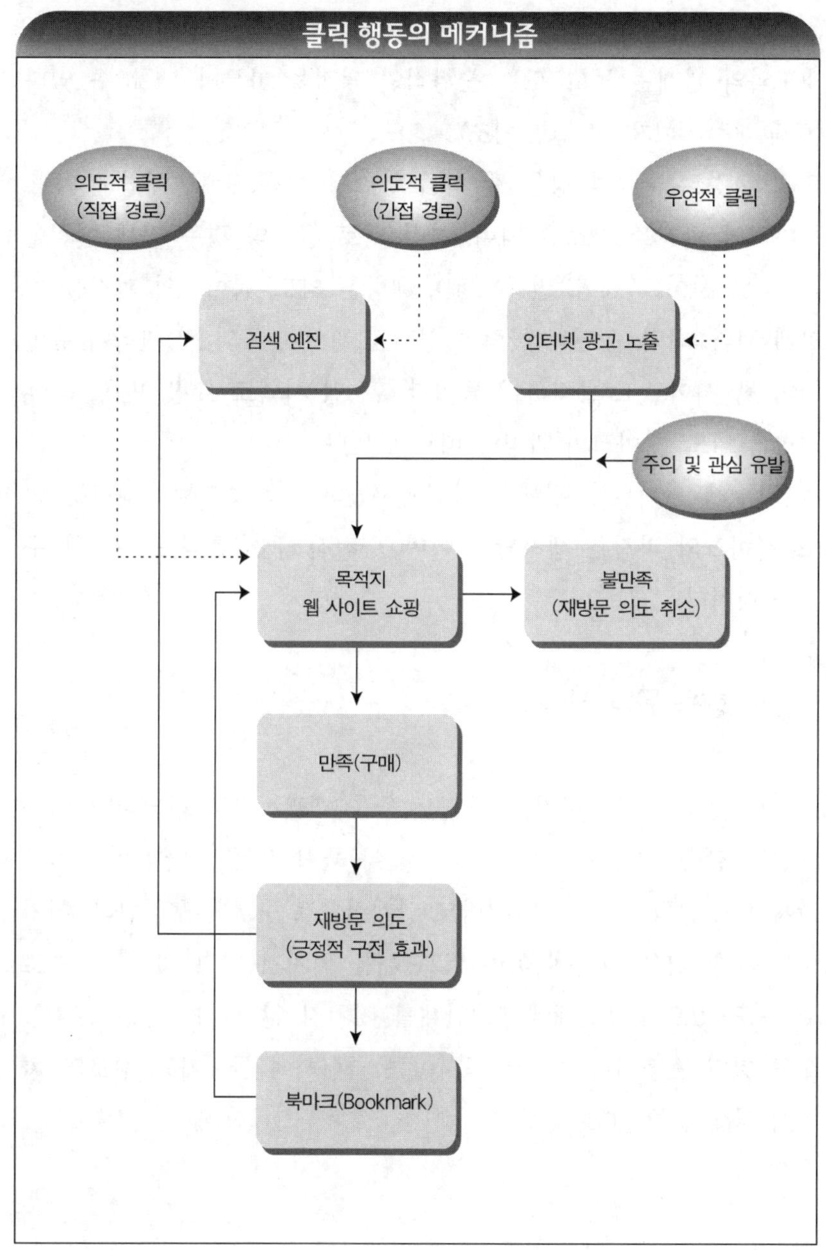

클릭 행동의 메커니즘
의도적 클릭 (직접 경로)
의도적 클릭 (간접 경로)
우연적 클릭
검색 엔진
인터넷 광고 노출
주의 및 관심 유발
목적지 웹 사이트 쇼핑
불만족 (재방문 의도 취소)
만족(구매)
재방문 의도 (긍정적 구전 효과)
북마크(Bookmark)

한편 클릭 행동과 클릭 행동의 궁극적인 목적인 구매 및 재방문 의도와의 관계는 돌고 도는 순환적인 과정을 따른다고 할 수 있다 (클릭 행동의 메커니즘 그림 참조).

직접 경로 클릭의 경우 웹 사이트 쇼핑, 만족(구매), 재방문 의도, 북마크의 과정을 따르게 되며, 간접 경로 클릭의 경우 검색 엔진을 거쳐, 웹 사이트 쇼핑, 만족(구매), 재방문 의도, 북마크의 과정을 따르게 된다. 반면, 우연적 클릭은 인터넷 광고에 주의 및 관심이 유발되어 웹 사이트로 클릭하여 들어간 후, 웹 사이트 쇼핑, 만족(구매), 재방문 의도, 북마크의 과정을 따르게 된다.

물론 웹 사이트 쇼핑에서 불만족하였다면 만족(구매), 재방문 의도, 북마크의 과정은 생략될 것이며, 긍정적 구전 효과도 기대할 수 없을 것이다.

## 클릭 행동 유발 전략

클릭 행동을 유발하기 위한 전략들을 개괄적으로 나타내면 다음 그림과 같다. 그림에서 보는 바와 같이 클릭 행동은 단계적 절차를 거치므로, 클릭 행동 유발 전략도 단계적으로 구상되어야 한다. 여기서 주의할 점은 상황에 따라 1,2단계를 거치지 않고 바로 3단계로 갈 수도 있으며, 1단계에서 2단계를 거치지 않고 바로 3단계로 갈 수도 있다는 점이다. 이 같은 차이는 클릭하여 들어가는 경로의 차이에 의해 발생한다.

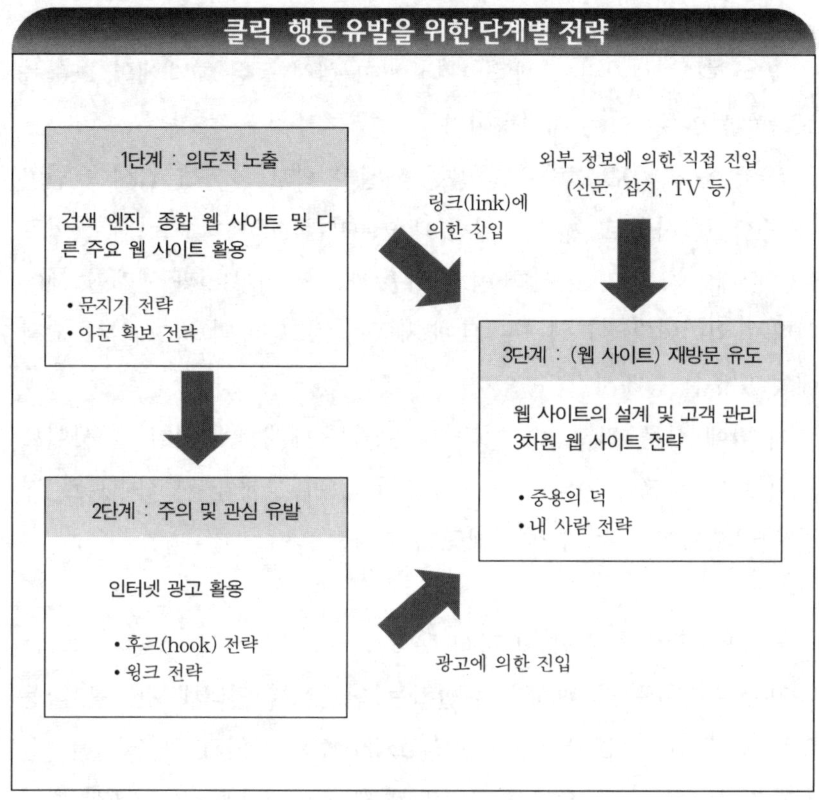


## ● 1단계 전략 : 의도적 노출

1단계는 고객들에게 의도적인 노출을 하는 단계이다. 여기에는 문지기 전략과 아군 확보 전략이 있을 수 있다. 문지기 전략이란 고객들에게 노출을 극대화하기 위하여 사이버 공간의 관문인 검색 엔진 및 포털 사이트, 메타 사이트 등을 링크와 인터넷 광고 등으로 지키고 있어야 한다는 의미이다. 일반적으로 고객들은 자신들이 모르는 정보가 있으면 이러한 사이트를 찾게 마련이기 때문에 이 전략은 노출 측면에서 유용할 수 있다. 특별히 모든 검색 엔진에의 등록, 검색을 위한 다양한 키워드 제공, 배너 광고 실시 등은 고객에의 노출을 최대한 늘일 수 있는 대안들이다.

한편, 아군 확보 전략은 다양한 채널의 확보를 위해 검색 엔진이나 종합 웹 사이트 이외에 일반 대중들이 선호하는 주요 웹 사이트들(이를테면 시사, 정보, 음악, 영화, 방송 관련 웹 사이트)과 연계를 해야 한다는 의미이다. 이 웹 사이트에 제공한 링크, 배너 광고 역시 고객에의 노출을 증대시킬 수 있다.

이 밖에 신문, 잡지, TV 등과 같은 외부 매개체에 의한 웹 사이트의 홍보도 링크나 인터넷 광고의 도움 없이 고객을 웹 사이트로 직접 찾아오게 만드는 계기를 제공해 준다.

● 2단계 전략 : 주의 및 관심 유발

2단계는 주목 및 관심을 유발하는 단계로서 인터넷 광고를 활용하는 단계이다. 이 단계에서는 '후크(hook)' 전략과 '윙크' 전략을 생각해 볼 수 있다. 후크 전략이란 경쟁 광고가 많은 상황에서 소비자의 주의 및 관심을 낚아챌 시각적 어필을 구현하거나(소위 '튄다'의 개념) 지적 호기심을 자극하여야 한다는 의미이다. 예를 들어 컬러 광고 속의 흑백 광고, 동영상 광고들 속의 정적인 광고 등은 남과 다르게 시각적 어필을 할 수 있다. 물론, 이러한 튀기 전략은 부정적 연상을 일으키지 않는 범위 내에서만 가능할 것이다.

한편, 윙크 전략은 웹 사이트를 방문함으로써 얻을 수 있는 실질적 혜택을 일종의 미끼로 넌지시 제시해 주어야 한다는 의미이다. 예를 들어, 가격 할인 정보나 세일 행사 등을 간략히 언급하는 것은 클릭 행동을 유발시킬 소지가 크다.

### ●3단계 전략 : 재방문 유도

3단계는 재방문 유도를 위한 단계로서 자신의 웹 사이트에서 구현할 수 있는 전략이다. 대표적으로 3차원 웹 사이트 전략, 중용의 덕, 내사람 전략 등이 있을 수 있다.

3차원 웹 사이트 전략이란 자사의 웹 사이트가 신문식·도서관식·문화 공간식 웹 사이트가 되어야 한다는 의미이다. 신문식 웹 사이트는 관련 정보를 신속히 제공하고 끊임없이 업데이트하여야 한다는 의미이며, 도서관식 웹 사이트는 필요 정보에 대한 소재 파악이 용이하도록 하여야 한다는 의미이다. 최근에 만들어진 웹 사이트에서 많이 보여지고 있는 내부 검색 엔진, 트리식 메뉴 구조, 웹 사이트 지도 등이 이러한 도서관식 웹 사이트를 구현하는 기본 요소가 된다. 마지막으로 문화 공간식 웹 사이트는 자사의 웹 사이트는 고객이 쉬어 갈 수 있는 공간이 되어야 한다는 의미이다.

한편, 기능과 미학의 적절한 조화가 필요하다는 의미의 중용의 덕도 매우 중요하다. 왜냐하면, 너무 많은 기능은 편리를 가져오는 대신 웹 사이트의 무미 건조함을 가져오기 쉽고, 너무 많은 미학적 요소들은 기능적 혜택의 결여를 가져오기 쉽기 때문이다.

끝으로, 내 사람을 만들기 위해 고객 데이터베이스를 바탕으로 한 일대일 마케팅, 방문 횟수만큼 추가적 혜택이 주어지도록 하는 프리퀀시(frequency) 마케팅, 웹 사이트와 고객들간의 커뮤니티(community) 형성을 위한 회원제 관리 방안도 적극 검토해 볼 필요가 있다.

## 클릭 행동을 이용한 마케팅의 중요성

공간적 제약의 소멸로 사업체간 이동이 자유로운 상황에서, 고객 확보와 확보된 고객의 유지는 e-비즈니스 성공의 필수라고 할 수 있다. 그러므로 고객 유치와 직접적인 관련이 있는 클릭 행동에 대한 전략적 접근은 매우 중요하다.

클릭 행동은 소비자 행동 측면에서 접근할 수 있다. 즉, 클릭 행동은 의도적 노출, 주의 및 관심 유발, 재방문 유도 측면에서 접근할 수 있는 것이다. 이러한 각각의 측면이 따로 분리되어 있다면 효과적으로 클릭 행동을 유발할 수 없으며, 각각의 단계가 상호 유기적으로 결합되어야만 클릭 행동을 효과적으로 자연스럽게 유발할 수 있다.

이러한 클릭 행동의 유발에 관한 논의는 비단 e-비즈니스 관점에만 국한되지는 않는다. 디지털 지식의 활용을 목적으로 하는 모든 사이버 활동에 적용될 수 있다. 예를 들어, 기업의 채용 공보 홍보, 공공 단체와 같은 비영리 단체의 홈페이지 홍보 등과 같은 목적에도 폭넓게 응용될 수 있는 것이다. 그러므로 고객의 클릭 행동은 오프라인 제조 업체이든, 온라인 업체이든, 비영리 공공 단체이든 관계없이 매우 중요한 전략적 의미를 가진다고 할 수 있다.

## 2. 오프라인 기업의 e-로열티 확보 전략

2000년 5월 말 현재 우리 나라의 인터넷 이용 인구는 1,500만 명을 넘어섰다.[33] 이는 전 인구의 30% 이상이 인터넷을 이용하고 있다는 것을 의미한다. 이러한 인터넷 인구의 폭발적 증가와 함께 정보통신 기술도 비약적인 발전을 거듭하고 있다. 이에 따라 기존의 오프라인 기업도 e-비즈니스를 추진하지 않고는 경쟁에서 살아남을 수 없게 되었다. 인터넷 혁명은 기업과 고객과의 관계에도 커다란 변화를 가져오고 있으며, 그 변화는 기업에게 새로운 고객 전략을 요구하고 있다. 먼저, 인터넷 시대의 기업과 고객의 관계 변화에 대해 살펴보자.

첫번째 특징은 거래의 중심이 생산자에서 소비자로 바뀐다는 점이다. 인터넷 시대의 고객은 방대한 정보량을 바탕으로 기업을 평가하고 이를 전파함으로써 기업의 사업 활동에 결정적인 영향을 미친다. 소비라는 한정된 역할만을 수행하는 수동적 존재가 아니라 기업의 가치 창조에 직접적으로 영향력을 행사하는 적극적 존재로 변모하고 있는 것이다. 따라서 끊임없는 부가가치의 제공으로 자사의 고정 팬을 다수 확보하지 못한 기업은 시장에서 생존하기 어렵게 된다.

두번째는 인터넷으로 말미암아 제품과 서비스 등 기업이 제공하는 상품에 대한 소비자의 정보 획득이 쉬워졌다는 점이다. 커다란 노력 없이도 상품간 비교가 가능해진 것이다. 고객은 상품 선택의 폭을 넓힐 수 있게 되고 기존 거래 기업으로부터 얻는 편익이 조금만 부족해도 쉽게 이탈해 버린다.

세번째는 고객들이 특정 기업과의 배타적인 관계를 꺼리기 때문에, 기업으로서는 고객과의 관계를 강화하기 위해 더욱 많은 노력이

---

33) 정보통신부 발표, 「2000년 국민 정보 이용 지수」, 2000. 7.

필요해진다는 사실이다. 고객들은 자신을 목표로 한 기업의 전자 우편 공세에 대해 거부감을 가지고 이를 회피하려 한다. 따라서, 온라인 고객을 확보하기 위한 초기 고객 획득 비용이 오프라인 기업에 비해 훨씬 더 많이 소요된다.

이러한 고객의 성향 변화에 대응하여 e-비즈니스를 추진하는 기업은 온라인 고객의 'e-로열티'를 높여 장기적인 관계를 유지하고 재구매를 유도하여, 기업이 고객과 거래하는 기간 동안 얻는 이익의 총합인 고객의 '생애 이익(life time value)'을 극대화하지 않으면 안 된다.

## e-로열티란 무엇인가

e-로열티(e-Loyalty)란 '인터넷 비즈니스에서 고객들이 특정 기업의 제품 및 서비스에 대해 가지는 호의적이고 강한 신뢰감'을 의미한다. 오프라인에서와 마찬가지로 e-비즈니스에서의 고객 로열티도 고객을 위한 가치 창조가 핵심이라 할 수 있다. 기업이 고객의 로열티를 유지할 수 있는 유일한 길은 고객이 원하는 우수한 가치를 제공하는 것이므로, 높은 로열티는 곧 견실한 가치 창조의 증거라 할 수 있다.

한편 e-로열티는 고객과 장기적인 관계 유지를 가능하게 하여 결과적으로 e-비즈니스의 성공을 유도한다. 인터넷 시대의 고객은 방대한 양의 정보를 직접 수집, 비교할 수 있기 때문에 타사 제품으로의 '전환 비용'이 매우 적다. 한 조사에 의하면, 제조업의 마케팅 비용은 매출액의 4% 정도인 데 비해, 인터넷 기업의 경우는 15~65%

에 달한다고 한다. 따라서 고객 로열티 향상을 통한 장기적인 관계 유지 여부가 사업 성공의 결정적 요인으로 작용하는 것이다.

e-로열티가 높은 고객과의 장기적인 관계 유지는 그 고객으로부터 얻을 수 있는 생애 이익의 확대를 유도하여 자사 수익력의 증대로 이어진다. AOL, 아마존, 야후 등 선진 인터넷 기업들은 고객으로부터 얻는 생애 이익이 최초 고객 획득 비용의 약 2배에 달한다고 한다. 이들 3사의 고객 생애 기간은 3~4년 정도인데 반해, AOL의 경쟁사인 아스링크의 고객 생애 기간은 AOL의 절반 이하인 1년 반 정도로 추정되고 있다. 결과적으로 아스링크가 한 사람의 고객으로부터 얻을 수 있는 생애 이익은 고객 획득 비용의 60% 정도에 지나지 않는다.

## e-로열티 향상을 위한 고객 전략

e-로열티의 향상은 고객 획득, 고객 접점 관리, 고객 관계 관리 등 세 가지 측면의 효율적 전략 수행을 통하여 달성할 수 있다

### ●고객 획득

기업은 e-비즈니스를 통하여 저가격, 구매 편리성, 제품 선택 폭, 개인 맞춤 등의 새로운 가치를 제공함으로써 로열티 높은 신규 고객을 획득할 수 있다. 이러한 새로운 가치를 지속적으로 제공하여 온라인 고객을 확보하고 유지하기 위해서 기업이 갖추어야 할 점은 무엇인가?

첫째, 마케팅 능력이다. 유동성 높은 인터넷 고객을 자사 고객으로

<table>
<tr><td colspan="2" align="center">e-비즈니스가 고객에게 제공하는 새로운 가치</td></tr>
<tr><td>새로운 가치</td><td align="center">내용</td></tr>
<tr><td>저가격</td><td>유통 및 고객과의 커뮤니케이션 비용 감소가 가격에 반영되어 저가격의 제품 및 서비스 제공</td></tr>
<tr><td>구매 편리성</td><td>언제 어디서나 모든 상품과 서비스에 접근할 수 있으므로 고객의 편리성 증가</td></tr>
<tr><td>제품 선택 폭</td><td>인터넷상의 무한한 전시 공간을 활용함으로써 고객의 제품 및 서비스의 선택 폭 확대</td></tr>
<tr><td>개인 맞춤</td><td>상품, 서비스, 광고 및 가격의 고객 맞춤화로 고객은 자신의 니즈에 맞는 자신만의 상품 구입이 가능</td></tr>
</table>

획득하기 위해서는 축적된 과거의 고객 데이터를 분석하는 것만으로는 부족하며, 고객이 기대하는 이상의 서비스를 한 걸음 앞서서 제공하는 마케팅 능력이 요구된다

둘째, 브랜드 파워이다. 수확 체증의 법칙이 작용하는 인터넷의 특성상 인지도가 높은 브랜드 파워를 구축하는 것이 고객을 유인할 수 있는 지름길이 된다. 그리고 이를 위해서는 온라인과 오프라인 공조를 통한 효과적 광고 전략이 요구된다

셋째, 운영 능력이다. 인터넷상에서의 쇼핑이 쾌적하고 다시 한 번 방문하고 싶다고 느낄 수 있도록 사이버 점포의 진열, 볼거리 제공, 제품 배달 및 결제에 대한 신뢰성 확보 등의 운영 능력이 중요하다

마지막으로 파트너십이 중요하다. 인터넷 비즈니스가 요구하는 모든 능력을 자사 단독으로 갖추기는 매우 힘들기 때문에 자사의 약점을 보완할 수 있는 파트너의 확보가 필수적이다. e-비즈니스의 성공 여부는 적시에 적절한 파트너를 확보할 수 있느냐에 달려 있다고 해도 과언이 아니다.

●고객 접점(채널) 관리

　기존 오프라인 기업이 e-비즈니스를 추진하여 인터넷상에 점포를 설치할 경우 반드시 부딪히는 문제가 기존 오프라인 채널과의 관계 설정을 어떻게 할 것인가 하는 문제이다. 현실 세계의 점포와 가상 세계의 점포가 동시에 고객을 상대함으로써 발생할 수 있는 갈등을 해소하지 않으면 기존의 고객 접점, 즉 유통 채널의 반발을 초래하여 큰 낭패를 볼 수 있다.

　세계적인 컴퓨터 제조 업체인 컴팩은 경쟁사인 델(Dell)을 모방하여 인터넷을 통해 저렴한 가격으로 PC를 판매하려다 기존 유통 업체들의 강력한 반발로 실패하여 큰 폭의 주가 하락을 경험하였다. 이는 기존 채널과 e-채널간의 갈등 때문에 e-비즈니스가 실패한 대표적 사례로 거론되고 있다.

　여기서 중요한 것은 기존 채널과 e-채널을 대립 관계로 파악하는 것이 아니라 상호 보완 관계로 파악하는 것이다. 즉, 소비자의 가치에 근거하여 기존 채널과 e-채널의 병존·보완 관계를 유지하는 것이 중요하다. 따라서 e-채널의 능력을 최대한 활용하면서 기존 채널도 활성화시키는 채널 병존 전략이 필요하다.

　e-채널과 기존 채널이 병존하는 고도의 채널 구조를 구축하기 위해서는 첫째, 소비자의 관점에서 가치를 파악하여 각 채널의 역할을 분담시키고, 둘째, e-채널과 기존 채널을 유기적으로 통합하며, 셋째, e-채널의 이점을 기존 채널에게 이해시키고 침투시켜야 한다.

　e-채널과 기존 채널을 효과적으로 결합시켜 운영하고 있는 사례로 미국 내 온라인 증권 시장의 40%를 점유하고 있는 찰스슈왑(Charles Schwab)의 예를 들 수 있다. 이 회사는 인터넷 채널을 중

심으로 하면서도 콜 센터와 오프라인 점포를 그대로 유지하고 있다. 단순 증권 거래 등 정보 기술의 장점을 최대한 발휘할 수 있는 분야에 대해서는 인터넷에 의존하지만, 온라인 거래 방법의 설명이나 투자 상담 등 사람이 개재하여 부가가치를 높일 수 있는 분야는 오프라인 점포에서 담당하도록 한 것이다.

찰스슈왑의 이러한 채널 전략은 극단적으로 표현하면, 오프라인 점포의 역할을 온라인으로 고객을 연결하는 연결 고리의 역할로 한정한 것이다. 즉, 오프라인 점포에서의 증권 거래는 비용의 측면에서 온라인과 경쟁이 되지 않는다고 판단하여, 양 채널간의 역할에 차별화를 꾀한 것이다. 찰스슈왑의 신규 고객 중 70% 이상이 처음에는 오프라인 점포를 방문한 후에 온라인 거래를 하는 고객이라고 한다. 슈왑은 또, 24시간 고객의 곁에 자사가 존재하게 하는 비즈니스 모델을 창출함으로써 고객의 다양한 욕구에 부응하여 큰 성공을 거두

| 찰스슈왑의 온&오프 라인 병존 채널 전략 | | |
|---|---|---|
| 채널 | 내용 | 비고 |
| 점포 | - 고객은 형식상 지점에 소속<br>- 지점을 통상적인 고객 접점 업무뿐만 아니라 고객 교육의 장소로도 활용<br>- 인터넷 이용에 대한 지원 서비스 | 기존 서비스 채널로서의 역할에 전자 상거래를 지원하는 역할을 담당 |
| 콜센터 | - 24시간 이용 가능<br>- 음성 인식에 의한 본인 확인<br>- 고객이 소속된 지점별로 배치된 담당자의 고객 응대로 지점과의 분업화를 촉진 | |
| 인터넷 | - 24시간 이용 가능<br>- 인터넷의 최대 장점은 저가격이 아니라 고객에게 저비용 고효율 정보를 제공할 수 있다는 인식에 바탕<br>- 고객의 특성에 맞춘 개별적 대응 | |

고 있다(표 참조).

여기서 우리가 눈여겨 보아야 할 점은 인터넷을 통하여 실현할 수 있는 분야에 대해서는 철저히 정보 기술을 활용하여 저비용을 실현하고, 사람이 개입됨으로써 부가가치가 창출되는 분야, 즉 온라인 거래 방법의 설명이나 지원, 투자 상담 등은 오프라인 점포에서 담당케 함으로써 조화를 이루도록 했다는 점이다.

### ●고객 관계 관리

e-비즈니스 성공의 열쇠는 고객과의 장기적인 관계 유지를 통한 고객 생애 이익의 극대화라는 점은 이미 언급하였다. 그렇다면 고객과 기업 양자간의 부가가치 창출에 영향을 미치는 양방향 관계를 지속시키기 위해서는 어떻게 해야 하는가?

첫째, 고객의 정보를 파악·분석하고, 이를 바탕으로 다양한 서비스를 제공해야 한다. 끊임없이 새로운 부가가치를 제공하고 흥미 거리를 제공함으로써 고객이 자사의 인터넷 점포를 반복적으로 방문하도록 유도하는 것이 핵심인 것이다. AOL의 케이스 회장은 장래 기업 전략의 초점을 '어떻게 고객을 평생 고객화할 것인가'에 두고 있으며, 타임워너와 합병을 추진한 것도 다양한 컨텐츠의 제공을 통하여 고객과의 관계 유지를 위한 것이라고 한다.

두번째로, 오프라인과 온라인의 고객 데이터베이스를 통합하여 상호 연계성을 강화하는 것이 바람직하다. 이를 통하여 고객 계층별로 특화된 서비스를 제공함으로써 자사의 수익에 가장 큰 공헌을 하는 상위 고객의 로열티를 높일 수 있기 때문이다. 델(Dell) 사는 고객 관계 관리(CRM : Customer Relationship Management)와 공급망 관리(SCM : Supply Chain Management)의 일환으로 인터넷상에 주요 법인(法人) 고객별로 전용 프리미엄 페이지를 설치했다. 제품 정보, 서비스 정보와 함께 고객 기업의 사내 결제 조건과 프로세스 등의 정보도 제공함으로써 고객 기업이 구매 관련 비용을 절감하는 데에도 기여하였다. 결과적으로 현재 전 세계적으로 1만9천 건 이상의 프리미엄 페이지를 제공하고 있으며, 전체 매출액의 30% 이상이 인터넷을 경유하여 이루어지고 있다.

세번째는, 소비자의 과거 구매 행동에 바탕을 둔 마케팅이 아니라 고객 제안형의 사전적 마케팅으로 관계 강화를 도모해야 한다. 과거의 구매 행태 분석을 바탕으로 한 개인 맞춤형 마케팅이 재구매를 유도하는 데 효과가 있는 것은 사실이나, 과거의 구매 패턴이 향후에도 반드시 그대로 적용되는 것은 아니기 때문이다.

인사이트 마케팅 테크놀로지(Insight Marketing Technology) 사는 디스크 드라이브의 규격, 중량, 전지의 수명 등 랩탑 컴퓨터에 대한 구매자의 필요 조건에 순위를 매기게 하여 그 정보를 바탕으로 제품을 추천함으로써 높은 매출 신장률을 기록하고 있다.

마지막으로, 인터넷을 대상으로 한 고객 관계 관리는 일단 획득한 고객으로부터 장기적으로 재구매와 추가 구매(up-sale)의 유도가 필수 조건이다. 이를 위해서는 컨텐츠, 커뮤니티, 전자 상거래 등의 3C(contents, community, commerce)가 중요한 열쇠가 되는데, 자사 단독으로 모든 것을 갖추기에는 한계가 있다. 인수·합병이나 전략적 제휴를 활용하여 인기 있는 컨텐츠나 서비스를 획득하여 제공함으로써 소비자에 의한 구전(입소문)을 촉진하도록 하는 것이 바람직하다. 그것이 인터넷상에서 커뮤니티 조성을 촉진하여 실제의 상거래로 이어지고, 결과적으로 브랜드 로열티가 높은 고객을 확보하게 되는 길이 된다.

갭(GAP)사는 온라인 고객의 재구매율을 향상시키기 위해 철저히 고객의 관점에서 불안과 불만을 해소하려고 노력하였다. 인터넷을 통하여 제품을 구입할 때 소비자가 느끼는 가장 큰 불안 요소인 실물을 직접 보고 만져 볼 수 없다는 점을 해결하기 위하여 제품을 화면상에서 입체 회전시키는 기능을 추가한 것이다. 또, 구입 후 배달된 제품이 마음에 들지 않아 반품을 원하는 고객에 대해서는 가까운 오프라인 점포에서 반환할 수 있도록 하는 등 고객 편의성을 최우선으로 고려하였다. 전자 상거래에서 고객이 가질 수 있는 불안과 불만을 적극적으로 해결하여 자사 고객의 e-로열티를 향상시킬 수 있었던 것이다.

## 3. 인터넷 마케팅의 신조류 : 바이러스 마케팅

오늘날 기업의 마케팅 활동에서 인터넷의 활용도는 점차 증대되고 있다. 즉 인터넷 이용에 따른 마케팅 비용의 절감, 고객 관리 및 수요 창출의 효율성 향상 등 긍정적인 효과에 많은 기업들이 관심을 갖기 때문이다.

또한 인터넷 마케팅은 기존의 오프라인 마케팅이 수동적인 소비자를 가정하여 일방적으로 정보를 전달하고 설득하는 것과는 달리, 고객과의 상호 작용이 가능하여 적극적인 소비자의 판단과 선택 활동을 유도하는 등 소비자의 주체적인 역할을 중요시하는 특징을 갖고 있다. 따라서 인터넷 마케팅의 활용 형태도 홈페이지를 통한 배너 광고나 포털 서비스 등 기업 주도적 형태에서 고객이 적극적으로 참여하는 형태로 변화하고 있는 추세이다.

한편 인터넷 사용자들은 인터넷상에서 특정 웹 사이트를 중심으로 커뮤니티를 형성하며, 보유하고 있는 디지털 컨텐츠를 다른 사람에게 전달하고자 하는 욕구를 가지고 있다. 또한, 인터넷 사용자들이 보유하고 있는 디지털 컨텐츠는 손쉽게 복제와 재생이 가능한 특성을 가지고 있다.

이러한 인터넷 사용자들의 전달 욕구와 디지털 제품의 특성을 최대한 활용하는 마케팅 기법으로서, 최근 부각되고 있는 것이 바로 바이러스 마케팅(viral marketing)이다.

## 고객의, 고객에 의한, 고객을 위한 바이러스 마케팅

바이러스 마케팅은 마케팅 메시지가 바이러스가 퍼지듯 자생적으로 확산되도록 하는 마케팅을 의미하는데, 기업의 마케팅 메시지를 접한 고객이 인터넷상의 여러 수단을 통해 인접한 고객에게 스스로 전달하도록 하는 기법을 말한다. 즉 흥미나 호기심을 유발하는 광고나 컨텐츠를 접한 고객은 이를 다른 고객에게 전달하고자 하는 욕구가 생기게 되며, 이러한 광고 메시지를 다른 고객에게 전달하면서 그 수가 기하급수적으로 늘어나므로 이를 바이러스 확산에 비유할 수 있는 것이다.

바이러스 마케팅과 유사한 개념으로서 전통적인 마케팅 기법인 구전(口傳 ; word-of-mouth) 마케팅이 있다. 구전은 소비자들의 입에

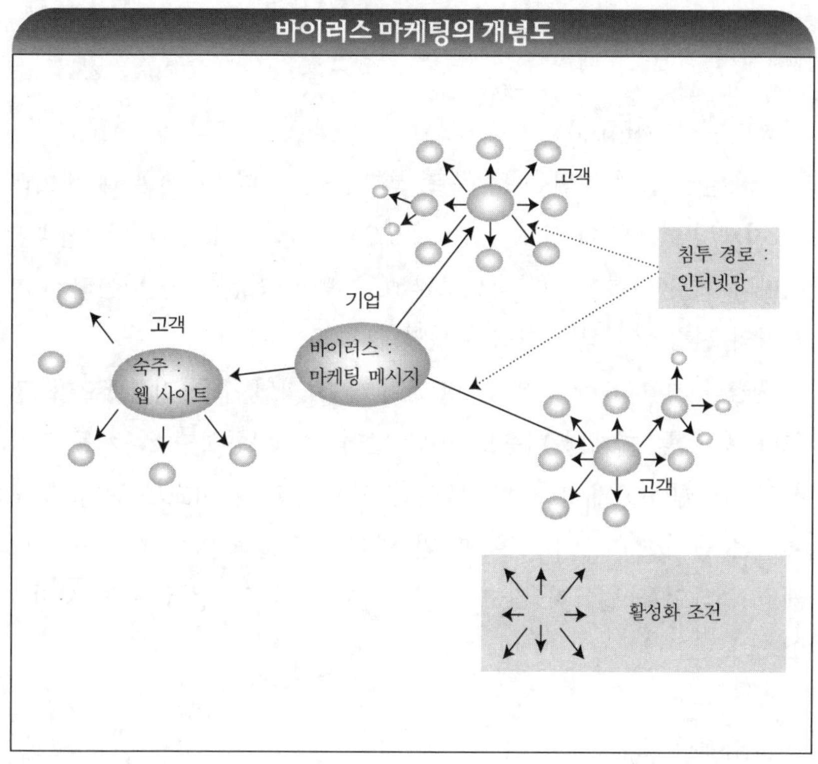



서 입으로 전해짐으로써 별다른 광고 투자 없이도 상당한 마케팅 효과를 누릴 수 있는 기법이다. 즉, 구전은 생산자인 기업이 상업적 목적을 가지고 개입하는 것이 아니라 소비자간의 자발적 의사 소통을 통해 비상업적 특성을 가지고 이루어지는 것이기 때문에, 메시지 내용에 대한 신뢰도가 높은 것이 큰 특징이다. 바이러스 마케팅도 구전과 마찬가지로 인터넷상에서 전자 우편이나 배너 등의 수단을 통해 다른 고객이나 홈페이지로 메시지가 전달되면서 높은 설득 효과를 누릴 수 있게 된다.

## 바이러스 마케팅의 활용 사례

●핫메일(Hotmail)

핫메일은 웹에 기반을 둔 무료 전자 우편 서비스로서 본래 바이러스 마케팅을 염두에 둔 것은 아니었으나, 사람들이 메시지를 전송할 때마다 회사 이름이 첨부됨으로써 아주 빨리 확산이 된 바이러스 마케팅의 전형적인 성공 사례가 되었다.

출범한 지 1년 반 만에 1,200만이 넘는 회원 수를 기록했으며, 광고나 촉진 등 마케팅 비용도 50만 달러밖에 사용하지 않는 등 경쟁사인 주노(Juno)가 2,000만 달러를 사용한 것과 비교가 된다. 인도에서는 출범한 지 3주 만에 10만 명이 가입을 하였으며, 특별한 마케팅 캠페인을 벌이지 않고도 인도에서 가장 큰 전자 우편 서비스 업체가 되었다.

●이베이(eBay)

이베이는 전자 상거래 커뮤니티로서 출발 때부터 바이러스 마케팅을 채택한 특징을 가지고 있다. 즉 이베이에서 거래를 하게 되면, 다른 사용자와의 개인적 상호 작용이 가능하고 좋은 경험을 쌓을 수 있다는 인식을 갖도록 하는 커뮤니티의 형성을 통해 고객들이 스스로 마케터가 되도록 유도하였다.

특히 바브라 스트라이샌드와 같은 유명 인사가 포춘 지와의 인터뷰에서 이베이에 대한 칭찬을 하고, 친구인 유명 디자이너 도나 카렌에게 이베이의 주식을 사도록 권유하는 등으로 더욱 알려지게 되었다.

● 아마존(Amazon)

아마존은 배너 광고를 통해 고객들을 아마존에 연결시켜 주는 웹 사이트에는 수수료를 지급하는 협력 프로그램을 실시하여 웹 사이트들이 아마존을 널리 전파시키도록 하는 전략을 수행하였다. 또한 고객들로 하여금 선물로서 책을 친구들에게 보내도록 독려하였으며, 선물용 책의 포장 속에 아마존의 서비스를 소개하는 인쇄 광고물을 첨부하였다.

● 엑스 드라이브(xdrive)

엑스 드라이브는 무료로 일정량의 저장 공간을 제공하는 한편, 100메가바이트 이상을 필요로 하는 고객에게는 유료로 서비스를 제공하였다. 그러나 회원이 다른 고객을 소개시켜 가입시킬 경우 용량을 추가로 제공하는 혜택을 부여함으로써 고객의 자발적인 회원 확산을 유도하였다.

● ICQ

ICQ는 가입 회원에게 실시간으로 채팅을 하고자 하는 사람의 로그 온 상태를 알려 주는 미라빌리스(Mirabilis)라는 소프트웨어를 제공하고, 친구나 친지에게 한 번의 클릭으로 소프트웨어를 전송하고 다운 받을 수 있도록 하였다. 이로써 전 세계적으로 3,200만의 회원을 확보하였으며, 매일 9만 명의 신규 회원이 늘어나는 효과를 얻고 있다.

# 바이러스 마케팅의 6가지 성공 조건

### 1. 가치 있는 내용의 무료 제공

무료 e-메일이나 홈페이지 공간의 제공, 다른 기업과 차별화된 뉴스 및 정보의 실시간 제공 등으로 고객들의 관심을 끌 수 있다.

### 2. 인간의 지식 확보 · 전파 욕구의 자극

다른 사람보다 앞선 지식 획득 욕구나 다른 사람으로부터의 인정, 유명해지고 싶어하는 인간의 심리를 최대한 반영해야 한다.

### 3. 전달의 용이성 확보

고객들이 별다른 노력 없이 다른 고객에게 전달할 수 있도록 해야 한다. 사용 방법이 간단하여야 하며, 그림이나 동영상 형태의 메시지나 좀 더 복잡할 경우 윈도우상의 화면 보호기 또는 소프트웨어의 형태로 만들어 퍼뜨릴 수 있다.

### 4. 현존 커뮤니케이션 채널의 활용

대다수의 인터넷 사용자들은 자신이 주로 방문하는 몇 개의 사이트 리스트를 가지고 있으며, 이를 중심으로 인터넷 활동을 수행하는 경향을 보인다. 따라서 새로운 네트워크 채널이나 커뮤니케이션 환경을 제공하기보다는 고객이 주로 활동하는 커뮤니케이션 채널을 최대한 고려해야 한다.

### 5. 충분한 시스템 자원의 구축

바이러스를 신속하고 대량으로 유포하기 위해서는 충분한 시스템 자원을 확보하고 있어야 한다. 바이러스가 증식하여 확산될 경우 숙주가 죽는 것처럼, 바이러스 마케팅을 전개할 시스템 용량이 부족하다면 결국 마케팅 전략은 실패하게 된다.

### 6. 외부 자원의 참여 유도

바이러스 마케팅은 일단 기업이 만들어 퍼뜨린 후에는 외부에서 고객의 힘으로 마케팅 활동이 전개된다. 따라서 영향력 있는 홈페이지나 뉴스 그룹, 게시판의 발굴을 통해 자사가 만든 바이러스(마케팅 메시지)가 침투할 수 있도록 해야 할 것이다.


● 지오시티(Geocities)

지오시티는 회원들에게 무료 홈페이지 구축을 위한 공간을 제공하였는데, 회원들이 만든 개인 홈페이지를 다른 사람이 방문할 때마다 자사를 소개하는 소형 팝업 메시지가 뜨게 하였다. 이를 통해 방문객이 이를 다른 사람에게 확산시키도록 하는 역할을 수행하도록 하였다.

## 바이러스 마케팅의 적극 활용으로 마케팅 효과 제고

바이러스 마케팅을 활성화하기 위해서는 생물학적인 바이러스의 생존·확산 조건과 유사한 조건이 갖추어져야 한다. 첫째, 특정 바이러스가 있어야 하는데, 이는 기업의 홍보 메시지를 함축한 배너, 소프트웨어, 프로그램, 멀티미디어 데이터 등이 될 것이다.

둘째, 바이러스가 침투할 수 있는 침투 경로가 있어야 하는데, 전 세계적으로 연결되어 있는 인터넷망이 바이러스의 침투 경로가 될 수 있다. 셋째, 바이러스가 생존하면서 번식할 수 있는 숙주로는 주로 개인이나 기업의 홈페이지, 뉴스 그룹, 파일 전송(FTP) 서버 등이 될 수 있다. 이 외에도 바이러스를 다른 곳으로 널리 확산시키기 위해서는 바이러스가 번식할 수 있는 여러 조건을 갖추어야 한다.

점점 경쟁이 심화되고 있는 인터넷 비즈니스에서 바이러스 마케팅 기법의 효과적인 활용을 통해 비용 절감뿐만 아니라 고객 확보와 영업 수익성 개선 등 보다 전략적인 마케팅 효과를 얻을 수 있을 것이다.

# 8 디지털형 인적 자본의 확보와 관리

## 1. 21세기 핵심 인적 자원 : N-Worker

기업과 개인의 고용 관계가 '관계' 중심에서 '거래' 중심으로 바뀌고 있다. 관계 지향적인 고용에서 기업은 고용 보장을 통하여 구성원들에게 신뢰감을 주고 또 구성원들로부터 애사심을 기대했으나, 거래 지향적인 고용에서는 장기적인 고용 보장보다는 구성원의 성과에 대해 기업이 평가하고 보상하는 단기적 계약이 위주가 된다. 동서양을 막론하고 회사가 일자리를 평생 보장해 줄 수 없다는 인식이 확산되는 것이다.

또한 벤처 기업이 활성화되면서 대기업의 핵심 인력이 벤처 기업으로 이탈하는 현상이 발생하고 있다. 기업간의 인력 이동이 가속화되면서 노동 시장이 유연화되고 있는 것이다.

이와 같은 변화에 따라 성실성을 강조하는 보편 타당한 인재상에서 탈피하여 창의성, 도전성, 혁신성 등을 겸비한 새로운 인재가 필요해지고 있다. 변화하는 시장 환경에 적합한 인재상 정립에 대한 요구가 커짐에 따라 새로운 인재상의 정립과 동시에 인재 요건이나 기준이 마련되어야 한다. 따라서 구성원 스스로가 자신의 경쟁력을 높여서 재고용 가능성을 확보하는 것이 중요하며, 기업의 입장에서는 N세대 인재에 적합한 다양한 인사 관리 방안을 마련하는 것이 필요해지는 시점이다.

## 디지털 시대의 인사 관리 특징

디지털 시대는 인사 관리의 방식을 변화시킨다. 주요 특징으로는 다음과 같다. 첫째, 디지털이 인사 시스템을 변화시킨다. 기업은 불확실성에 대처하기 위하여 조직의 각 단위 조직을 스스로 창조력과 혁신력을 가진 프랙탈 조직[34]으로 전환된다. 회사의 인트라넷 또는 인터넷 등의 e-비즈니스 도구를 통해 효율적으로 인사 정보 및 서비스를 제공하고 직원들과 경영진이 양방향으로 의사 소통하게 된다. 최근 인사 관리의 변화가 두드러진 분야는 인력 채용으로, 국적과 인종을 초월한 우수·특이 인력 채용을 필요로 한다.

둘째, 브레인 파워가 지배한다. 이미 미국, 일본 기업에서는 화이트 칼라의 고용 기반이 흔들리는 반면, 창업 아이디어를 발굴하는 실리콘 칼라가 각광받고 있다. 실리콘 칼라는 원래 복잡한 계산식을 순식간에 푸는 컴퓨터처럼 맹렬히 일하는 두뇌 노동자를 일컫는 말로, 무한한 상상력과 창의적 아이디어를 가진 소수 정예의 두뇌 집단을 뜻한다. 일본 소프트 뱅크의 손정의 사장은 '기업의 영업력보

---

34) 프랙탈은 분할(fracture)과 파편(fraction)에서 유래한 용어로서, 기본 원칙만 공유한 다양한 자생 조직의 집합체를 구축하여 계층간, 부서간 벽을 허문다는 의미이다.

다 그 곳에서 일하는 실리콘 칼라들의 능력이 투자의 결정적 요인'
이라고 지적하고 있다.

셋째, 지식을 나누고 활용한다. 지식과 정보의 원천을 알고, 필요
할 때 이를 활용하는 능력이 요구된다. 모든 것을 혼자서 하려는 배
타적이고 독점적인 사람들은 도태될 것이다. 언제 어디서나 누구와
도 연결될 수 있는 네트워크 사회의 특성을 최대한 활용할 수 있는
지식과 기술을 갖춘 인재 확보가 절대적으로 요구된다.

넷째, 달라야 경쟁력이 있다. 과거에는 보편 타당한 '조직인'이 인
재상으로 강조되었으나, 이제는 능력의 보유 및 발휘 정도에 따라
노동 시장에서 시장 가치가 결정된다. 따라서 '열심히 하는 사람'이
아닌 '잘 하는 사람'이 인정받는 시대가 된 것이다. 능력 구분의 잣
대는 전문성이므로, 경쟁적 노동 시장에서 살아남기 위해서는 다른
기업에서 통용 가능하면서도 자신의 전문 능력을 보유해야 한다.

## 21세기 핵심 인적 자원 : N-Worker

대량 생산 시대에는 인적 자원에게 근면과 성실 등이 요구되었다.
정해진 규정에 의해 업무를 수행하는 근로자, 주어진 정보를 업무
수행에 활용하는 근로자, 성실히 자신의 업무에 최선을 다하는 근로
자가 필요했다. 따라서 이 시기의 인적 자원에게는 자신의 업무만을
충실히 파악하는 눈(Locality), 고객의 욕구를 충실히 이행하는 발
(Follow), 환경에 순응하는 몸(Compliance), 데이터를 활용하는 머
리(Data), 돈의 가치를 중요시하는 가슴(Money), 열심히 일하는 손
(Labor)이 요구되었다.

　그러나 인터넷, 네트워크 등이 경영에서 중요한 화두가 되는 디지털 정보 시대에서는 인적 자원의 새로운 패러다임이 요구된다. 업무 수행에 컴퓨터를 이용하는 근로자, 네트워크와 인터넷을 업무 수행에 활용하는 근로자, 자신의 부가가치 제고에 노력하는 근로자 등 기존과 다른 새로운 유형의 인적 자원이 필요해지는 것이다. 이는 디지털 정보 시대로의 이행에 따라 경쟁력 원천으로서의 지식이나 네트워크가 강조되고, 이러한 지식이나 네트워크를 실제로 활용할 수 있는 인적 자원에 대한 관심이 고조되었기 때문이다.

　특히 근시안적 의사 결정을 뛰어넘을 수 있는 글로벌한 눈(World-wide), 새로운 사업 기회를 찾기 위해 뛰는 발(Opportunity), 환경에 대처하는 유연한 몸(Responsiveness), 체계적이고 호환성 있는 사고를 위한 지적인 머리(Knowledge), 사회에 기여할 수 있는 윤리적인 가슴(Ethic), 일과 놀이를 동시에 하면서 조직 활성화에 기여하는 양손(Recreation)을 가진 인적 자원이 요구된다. 디지털 정보 시대에 필요한 인적 자원의 구분에 있어서 가장 중요한 것은 기업 경쟁력 향상에 도움이 되는 이러한 '핵심 역량'의 보유 여부이다.

### 과거의 근로자와 N-Worker 비교

| 과거의 근로자 | 구분 | N-Worker |
|---|---|---|
| 대량 생산 산업 시대 | 시대 배경 | 디지털 정보 시대 |
| 국지성(Locality) | 눈 | 범세계성(World-wide) |
| 고객 욕구 충족(Follow) | 발 | 기회 포착(Opportunity) |
| 순응(Compliance) | 몸 | 유연성(Responsiveness) |
| 자료 축적(Data) | 머리 | 지식 축적(Knowledge) |
| 돈의 가치(Money) 중시 | 가슴 | 사회적 윤리(Ethic) 중시 |
| 노동 전용(Labor) | 손 | 일과 놀이(Recreation) |

## N-Worker의 핵심 역량

　N-Worker의 핵심 역량 요건은 다음과 같은 여섯 가지 차원에서 파악될 수 있다.


●글로벌한 눈(World-wide)
한 지역이나 특정 전문 영역에 치우치면 근시안적인 의사 결정에

| N-Worker의 핵심 역량 | | |
| --- | --- | --- |
| 구분 | 내용 | 측정 항목 |
| World-wide | 글로벌한 눈 | • 국제 시장 환경 이해도<br>• 글로벌 커뮤니케이션 능력 |
| Opportunity | 기회를 찾는 발 | • 고객 DB 구축 정도<br>• 현장 접점력 |
| Responsiveness | 유연한 몸 | • 인적 네트워크 구축<br>• 새로운 디지털 정보 수용 능력 |
| Knowledge | 지적인 머리 | • 지식 검색 능력<br>• 지식 확산력 |
| Ethic | 윤리적인 가슴 | • 기업 시민 정신 수준<br>• 사회 기여 정도 |
| Recreation | 일하며 놀이를 즐기는 양손 | • 컴퓨터 게임을 잘 하는 능력<br>• 팀워커(분위기 메이커) |

빠지기 쉬우므로, 글로벌 시야를 가지는 역량이 필요하다. 디지털 정보 시대에는 수백만 개의 인터넷 사이트, 방송 매체, 문자 매체 등 다양한 매체를 통해 많은 정보가 생산되고 있지만, 개인과 개별 회사는 정보 결핍을 겪고 있다. 복잡하고 전문화되는 경영 환경 속에서 효과적인 의사 결정을 내리기 위해서는 시야를 자신의 분야 세계로 돌리는 글로벌한 시각을 가져야 한다.

글로벌한 눈을 갖추기 위한 요건은 다음과 같다. 첫째, 국제 시장 환경에 대한 이해 정도이다. 국제적 표준 상거래 관행, 국제 표준 회계 기준, 국제 특허와 기술 체계 등에 익숙해야 하며, 선진 기업과의 경쟁을 위해서는 세계 경제의 시장 흐름에 능동적으로 적응해야 한다. 둘째, 글로벌 커뮤니케이션 능력이다. 양방향의 글로벌 경쟁에서는 자신의 모국어만으로는 경쟁력을 갖기 힘들며, 따라서 최소한 한 가지 이상의 외국어에 능통해야 하고 이를 바탕으로 원활한 의사 소통이 이루어져야 한다.

●기회를 찾는 발(Opportunity)

기회는 저절로 찾아오는 것은 아니므로, 발로 뛰고 정보를 찾아 분석하는 역량이 필요하다. 기존의 근로자들은 새로운 기회를 창출하겠다는 의식이 약하고 수동적으로 고객의 요구가 있으면 이를 추종하는 경향이 강하다. 무한 경쟁의 디지털 정보 시대에 앞서기 위해서는 고객이 무엇을 원하는지 미리 예측하고 분석하여 이를 새로운 사업 기회로 삼아야 한다.

이를 위한 요건으로는 첫째, 고객 DB를 구축하는 역량이다. 새로운 사업은 고객의 욕구로부터 출발하므로, 고객 정보를 데이터베이스화하고 이를 통해 새로운 기회로 포착해야 한다. 둘째, 현장과의 밀착 정도이다. 조직의 문제점이나 혁신의 계기는 조직 내부, 즉 현장에서 찾을 수 있으므로 현장과 밀접한 관계를 유지하는 것이 중요하다. 현장과의 밀착 관계를 통하여 새로운 사업 기회를 발견하는 능력이 필요하다.

●유연한 몸(Responsiveness)

유연성은 새로운 가치나 개념을 받아들이는 능력으로, 일정한 문제에 관해서 새로운 시각으로 탐색하고 수용하는 역량이다. 환경이 급변하고 불투명성이 극히 높아진 오늘날에는 기존 지식의 적용 가능성이 낮아졌기 때문에 새로운 지식을 유연하게 받아들여 변화하는 환경에 대처해야 한다.

이를 위해서는 첫째, 인적 네트워크의 구축을 들 수 있다. 인터넷 등 정보 기술뿐만 아니라 직접 대면을 통한 지식 습득도 중요하다. 업무와 관련된 지식을 보유하고 있는 사람들과의 인적 네트워크를 구축하여 새로운 지식과 기술을 받아들일 수 있는 환경을 마련한다. 새로운 것은 익숙하지 않기 때문에 쉽게 받아들이기는 어렵겠지만, 디지털 시대에 맞추어 디지털 정보에 대한 유연하고 독립적인 인지 능력을 갖추어 이를 극복해야 한다.

### ●지적인 두뇌(Knowledge)

산만하게 나열된 자료가 아니라 지식으로 무장되어야 하고, 자신의 분야 이외에서도 지식을 활용할 수 있는 역량이 필요하다. 기존 근로자의 경우, 수동적인 업무 수행 태도의 고착화로 경쟁력 있는 지식을 발굴하고 축적하는 능력이 결여되고, 그 결과 지식의 이동성이 저하된다. 유연하고 경쟁적인 노동 시장에서 살아남기 위해서는 다른 기업 조직에서도 통용될 수 있는 호환적인 전문 지식을 갖추어야 한다.

지적인 두뇌를 갖기 위한 요건은 첫째, 지식 검색 능력이다. 지식은 인터넷 등에 무한하게 존재하지만 자신이나 기업에 필요한 지식이 어느 곳에 존재하는지 모른다면 쓸모 없는 지식이 되므로 필요할 때 찾아 낼 수 있는 능력을 갖추어야 한다. 둘째, 지식 확산력이다. 특정인이 지식을 독점하게 되면 전체 조직 차원에서는 지식 생산성이 저하될 수 있으므로, 지식 공유를 통해 적극적으로 지식 정보의 확대 재생산을 해야 한다.

● 윤리로 무장한 가슴(Ethic)

과거에는 성장의 논리에 치우쳐 도덕성이 그다지 큰 문제가 아니었으며 법적 하자만 없으면 모든 것이 용인되었다. 하지만 이제 성장 제일주의가 용납되는 시대는 지나고 기업의 도덕성에 대한 관심이 증가하고 있다. 윤리 의식의 강화는 세계적인 추세이며, 디지털 시대는 기본적인 윤리 의식, 도덕성을 지닌 인적 자원을 요구한다.

이러한 능력의 요건으로는 첫째, 기업 시민 정신의 정립이다. 세계 기업 시민으로서 뚜렷한 주관을 가지되 협조와 양보의 미덕을 가져야 한다. 둘째, 사회에 대한 기여이다. 자신만을 위해서가 아니라 타인 및 사회를 위해 다양한 봉사 활동을 하는 등 세계 기업 시민으로서 역할을 해야 한다.


● 일하며 놀이를 즐기는 양손(Recreation)

과거처럼 묵묵히 일만 하는 것은 조직 전체적인 입장에서 볼 때도 바람직하지 않으며, 일을 놀이처럼 즐겁게 할 수 있고 놀이를 통해 상호 교류를 쌓을 수 있는 역량이 필요하다. 업무에 대한 능력이 뛰어나도 조직 생활은 혼자서 하는 것이 아니기 때문에 동료 및 상사와의 원활한 상호 교류가 필요하다.

첫째, 컴퓨터 게임을 잘 하는 능력이다. 다양한 여가 활동이 가능해야 하며, 특히 디지털 시대에 맞게 컴퓨터를 활용한 놀이에 능숙하다면 더욱 바람직할 것이다. 둘째, 팀워커 즉 분위기 메이커이다. 다양한 인재들이 모여 있는 조직에서 각자의 끼와 창의력을 발휘할 수 있도록 분위기 조성자의 역할이 필요하며, 이를 위해 PC 통신에서의 채팅이나 각종 동호회 활동에 대한 관심이 요구된다.

## N-Worker 육성 방안

N-Worker의 육성은 벤처 문화의 조성, 현장 경험 강조 및 지식 오너십의 활성화 등과 같은 구체적인 프로그램을 통하여 이루어진다.

### ●방안 1 : 사기 진작 프로그램을 활성화하라

그 동안 인건비를 줄이기 위해 최선을 다했던 기업들이 생산성 회복의 관건은 저하된 직원들의 사기를 올리는 것이라는 인식 아래 사기 진작을 위한 각종 제도를 고안 또는 시행하고 있다. 특히 벤처 기업으로의 인력 이탈이 가속화되고 있는 상황에서 조직 구성원의 사기를 증진시켜야 할 필요성이 커진다.

사기 진작 프로그램은 금전적 보상과 심리적 안정감을 부여하는

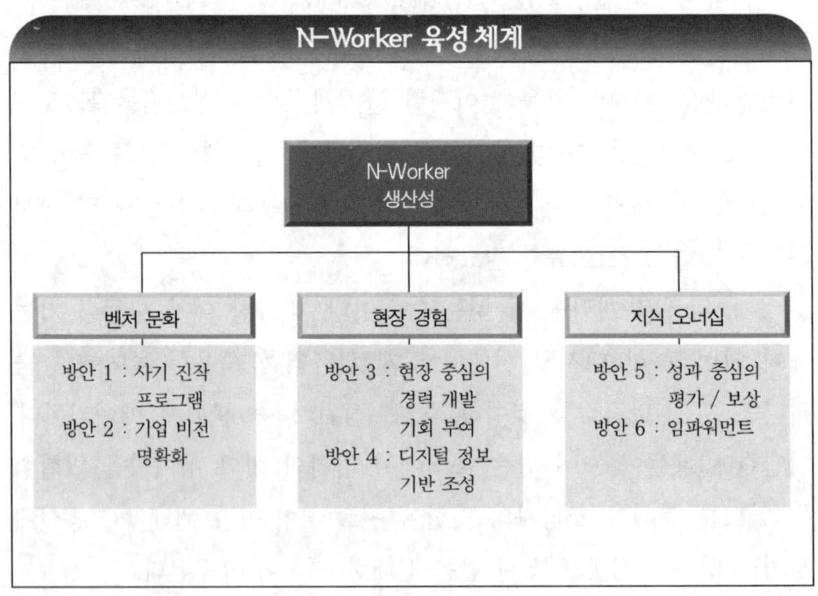

차원에서 이루어져야 한다. 금전적 보상을 위한 프로그램은 근무 성적이 뛰어난 종업원에게 일정한 규모의 특별 포상금을 지급하거나 목표치 이상을 달성한 종업원을 배려하는 방안 등이 있다. 심리적 안정감을 부여하는 프로그램은 각종 징계에 대한 대사면 조치, 칭찬 릴레이, 재충전 휴가 등이 있다.



- **Duracell** : 1989년 엔지니어 파트와 관리부서가 통폐합되면서 50%의 근로자가 해고되고, 그 후 2차 다운사이징이 3년에 걸쳐 이루어지면서 회사 분위기가 침체되었다. 남아 있는 근로자들의 능력 개발, 잠재적 이직률의 감소, 업무와 회사에 대한 몰입도의 증대 등을 골자로 하는 관리 프로그램이 도입되었다.
- **나우콤** : '도전 휴가제'와 같은 재충전 휴가 제도가 사원의 기를 살리는 프로그램으로 부활되었다. 직원 스스로 휴가 기간과 휴가 중 처리할 과제를 정해 휴가를 신청하고 사후에 이를 검증 받도록 하였다. 물론 재충전 프로그램인 도전 휴가 기간은 정상 근무로 인정되었다.

●방안 2 : 명확한 기업 비전을 제시하라

명확하게 제시된 기업 비전은 구성원이 업무의 목표와 방향을 설정하는데 필요하다. 기업의 명확한 비전은 조직 구성원의 미래 모습을 예측하고 기업에 몰입할 수 있는 기반을 제공한다.

기업 비전은 조직과 개인의 목표가 조화를 이루어야 한다. 개인의 목표와 조직의 목표가 조화될 때 창조적 노력과 의욕이 증대될 수 있다. 최고 경영진은 기업의 미래 비전을 제시하여 조직 구성원 개인이 달성하고자 하는 목표를 구체화하고 스스로 동기 부여를 하도록 해야 한다.

●방안 3 : 80 대 20 원칙에 따라 현장 중심의 경력 개발 기회를 제공하라

인재 육성은 현장에서의 직접적인 경험과 체험 학습을 가능하게 하는 개방적인 기업 조직에서 이루어진다. 회사의 기준에 따라 조직 구성원은 현장을 체험하고 이해하는 데 자신의 핵심 역량을 집중하게 하고 결과적으로 조직 구성원의 자발적인 능력 개발이 달성될 수 있다.

회사는 개인의 경력 개발을 후원하는 역할로 전환하는 것이 바람직하다. 최근 선진 기업에서 경력은 직무 수행 과정에서 80%, 공식적인 개발 과정을 통해서 20%가 개발된다는 80:20의 원칙을 적용

하고 있다. 일정 규모의 인력을 정기적으로 교체하여 종업원 스스로
자신의 직무를 평가하고 능력 개발 목표를 세우도록 하거나, 종업원
의 경력 개발 욕구를 평가에 반영하기도 한다.



- **Microsoft** : 매년 10%의 인력을 교체함으로써 사원 스스로가 자
  신의 직무를 평가하고 능력 개발 목표를 세우도록 하였다. 이로써
  직무에 대한 태도와 방식이 바뀌게 되었고 업무의 효율 또한 높아
  졌다.
- **GE** : 평가 시스템을 통하여 경력 개발을 유도함. 평가의 결과를
  단순히 급여나 승진에만 반영하는 것이 아니라 경력 개발에 반영
  하여 향후 경력 개발 초점을 찾아 내고 개발 기회를 제공하는 데
  활용하였다. 강의실 중심의 기능 교육 제도에서 탈피하고 실제 현
  장을 다니면서 문제를 해결하도록 하는 행위 학습(action learning)
  과 체험 학습을 채택, 잘 설계된 경력 개발 제도 없이도 경력 개발
  효과를 극대화하였다.

●방안 4 : 디지털 기반을 구축하라

인터넷 환경에 능동적으로 대응할 수 있는 정보 기술 기반이 필요
하다. 기업 경영의 e-비즈니스화를 통하여 조직 구성원이 인터넷 환
경을 수용하고 적극적으로 활용할 수 있도록 한다. 인터넷 환경 변
화에 능동적으로 대응할 수 있는 기반이 필요하다. 공개 가능한 경
영 자료는 기업의 정보 공유 시스템을 통해 기업 내·외부에 공개함

으로써 경영의 투명성을 제고하도록 한다.

그리고 공유 문화를 조성하여 조직 구성원이 습득한 지식은 지식 데이터베이스에 올리고 자유롭게 대화를 나누는 것을 습관화한다.



· **휴렛팩커드** : 정기적으로 워크샵을 개최하여 회사 내에 존재하는 지식에 대한 여러 가지 개념을 정립하는 기회를 마련하였다. 자유롭고 개방적인 회사 분위기 속에서 전 구성원이 자발적으로 지식 공유 활동에 참여하도록 하였다. 그 결과 사원들이 지식은 공유되어야 한다는 데 동의하고 있으며, 또 이를 신뢰하게 되었다.

· **BPX** : 직접적인 대화 방식을 통한 지식 공유 기업으로 알려져 있다. 전 세계에 퍼져 있는 유전 탐사팀의 팀원들은 네트워크를 통해 매일 자유롭게 대화하며 자신의 의사를 활발하게 교환하는 것으로 유전 현장에서 체득한 현장 경험과 기술적 사양들을 공유하였다. 이를 위해 'Virtual Teamworking Kit' 라는 지식 공유 시스템이 중요한 역할을 담당하는 것으로 알려져 있다.

· **쉐브론** : 'The Chevron Way' 라는 전략 기술서에 '벤치마킹, 베스트 프랙티스의 공유, 경험으로부터의 학습, 지속적인 학습을 통한 경쟁력 확보' 를 강조했다. 특히 베스트 프랙티스의 유형, 방법, 효과 및 분야에 대해 일종의 지식 지도를 작성하였다. 따라서 언제 어디서나 관련 문제에 대한 해법을 찾을 수 있도록 하고 있다.

●방안 5 : 보상 체제를 대대적으로 혁신하라

2000년 1월 노동부 조사에 따르면 1월 말 현재 근로자 100인 이상 국내 기업(5,116개) 가운데 능력에 따른 성과 배분제를 도입한 기업이 832개로서 18% 이상을 차지한다. 기존의 인사 평가 기준이 성실한 조직인 중심이었던 것에 반해 최근에는 성과 중심으로 변화되고 있음을 의미한다.

보상 체제의 혁신을 위해서는 시장 가치와 실적에 기초한 급여 산정과 승진 제도가 운영되어야 한다. 예를 들어, 360도 평가를 통해 평가의 객관성을 유지하도록 하는 동시에, 미래의 능력 개발 가능성과 현재의 결과 평가에 각각 50% 비중을 두는 50:50 평가를 단행한다. 업무 능력이 뛰어난 사원은 임금 인상률을 높일 뿐만 아니라 임금 인상 시기를 앞당기는 방안도 필요하다.

**사례**

- **IBM :** 기본적으로 개인의 능력과 직무를 동시에 고려한 직무 성과급제를 실시하고 있다. 업무 능력이 뛰어난 사원은 임금 인상률을 높일 뿐만 아니라 임금 인상 시기도 앞당길 수 있다. 특히 인사 관리 기본 원칙을 '직원의 전 과정 참여', '업적 평가의 공개', '업무 계획의 기대 성과와 평가 요소의 수치화'로 삼고 이를 지속적으로 추진하고 있다.
- **GE :** 인적 자원 역량 강화 모형(GE Competency Models)은 기본적으로 평가와 보상을 통하여 팀 리더십을 지닐 수 있도록 인적 자원의 변화를 유도하는 데 그 목적이 있다. 이 때 평가의 주요 수단은 360도 평가이다. 평가의 목적으로 장래 능력 개발에 50%, 현재의 결과 평가에 50% 비중을 두는 50:50의 원칙을 지키고 있다.

- **선아메리카(SunAmerica)** : 전년 말 대비 주가 수익률이 종합 주가 지수(S&P500) 수익률을 초과할 경우 최고 경영진을 대상으로 초과분의 2%를 스톡 옵션으로 지급하도록 하였다. 행사 가격을 스톡 옵션 지급시의 평균 주가로 하여 경영진으로부터 2배의 주가 상승 노력을 요구한 것이 특징이다.

●방안 6 : 임파워먼트를 강화하라

구성원들이 자신의 업무를 보다 의미 있게 느끼고 최선을 다해 일할 수 있도록 하기 위해 임파워먼트(empowerment)가 필요해진다. 이를 위해서는 조직 구성원에게 업무 몰입의 환경 조성과 책임감을 부여해야 한다. 권한의 분산을 전제로 하여 업무 수행과 관련된 의사 결정권을 현업 부서로 최대한 이관하는 것이다. 특히 기업에 따라 중간 관리자를 대상으로 하는 교육 및 훈련에 비중을 두고 있다.

**사례**

- **듀퐁** : 다양한 계층, 다양한 기능 부서의 사원으로 구성된 '자문 팀'을 운영하고 있다. 사내의 근본적인 변혁을 효과적으로 관리하는 책임을 부여받은 이 팀의 성공적인 운영이 위기 상황을 이겨낼 수 있었던 원동력으로 꼽히고 있다.
- **포드** : 중간 관리자를 대상으로 일주일간의 집중 훈련과 6개월 후 시행되는 3일간의 사후 교육으로 구성되어 있는 '리더십 교육 및 개발(LEAD)' 프로그램을 운영함. 이들에게 회사의 주요 정보를 제

공하고, 이를 토대로 참석자들은 각 사안에 대해 스스로 고민하고 심도 있게 토론하는 기회를 갖게 하고 있다.

· **메리엇(Marriott)** : '안전 구역(Safety Zones)'을 두어 사원들이 스스로 의사 결정을 할 수 있는 상황과 그렇지 못한 상황을 명확히 제시하고 있다. 그 결과 주어진 명령만 수행하는 역할에 만족하지 않고 스스로 주도권을 갖고 자기가 맡은 업무를 수행하며, 또한 위험 발생이 예상되더라도 보다 효율적인 새로운 업무 수행 방식을 고려하고 이를 실행하고 있다.

## 2. 인적 관리의 e-서비스화 : e-HRM

기업 내 다른 경영 부문과 비교하여 인사 시스템의 구축과 실행에서 인트라넷 및 인터넷 관련 기술의 도입 및 활용은 상대적으로 미약한 실정이다. 이 시점에서 정보 기술의 활용이라는 기술적 진보를 반영하지 못하는 인사 부서에 대한 역할 한계론이 제기되고 있다. 또한 디지털 시대를 맞이하여 구성원의 지식 및 행동은 디지털화되고 있으나, 인사 철학 및 업무 관행은 여전히 관료적이라는 비판이 커지고 있는 것이다.

따라서 내부 고객인 구성원의 근무 만족도를 높이고 결과적으로 조직에 잔류할 수 있도록 하기 위해서는 작업 환경의 디지털화에 대한 필요성이 제기되고 있다. 인사 서비스의 향상을 위한 첨단 기술 투자의 필요성이 인식되고 있는 것이다. 이러한 경향은 기업 내 내부 구성원 만족도 제고를 위한 인사 서비스 개선의 차원에서 논의될 수 있다.

구성원의 기대와 욕구가 다양화됨에 따라 획일적이고 표준화된 서비스를 제공하는 기존의 인사 시스템은 한계가 있다. 인재를 발굴하고 육성하는 시스템으로 전환하는 동시에 구성원 개인의 다양한 욕구를 수용하여 개별적인 인사 서비스 제공과 관리가 이루어져야 한다.

## e-HRM의 모형 및 설계 원칙

e-HRM(e-Human Resources Management)은 회사의 인트라넷 또는 인터넷 등을 통해 효과적으로 인사 서비스를 제공하고 구성원들과 양방향으로 의사 소통하는 시스템이다. 전통적인 인사 행정 업무는 축소되거나 사라지고 구성원이 직접 서비스를 찾아 내고 컨설팅을 받을 수 있게 된다.

e-HRM의 기본 모형은 웹에 기반한 검색, 양방향 상담, 컨설팅으로 구성된다. 인사와 관련하여 구성원의 요구가 발생하면, 각 구성원은 인트라넷을 통하여 1차적인 해답을 찾을 수 있다. 빈도수가 큰 질문과 답을 데이터 베이스화한 양방향 무인 상담 시스템(FAQTS : Frequently Asked Questions Tracking System)상에서 구성원 스스로 상담을 받고 전문화된 인사 담당자에게 컨설팅을 받게 된다. 이러한 전 과정은 셀프 서비스와 개인적인 상황이 고려된 전문 서비스의 차원에서 이루어진다.

일반적인 e-HRM의 설계 원칙은 다음과 같다. 첫째, 즉각적인 의

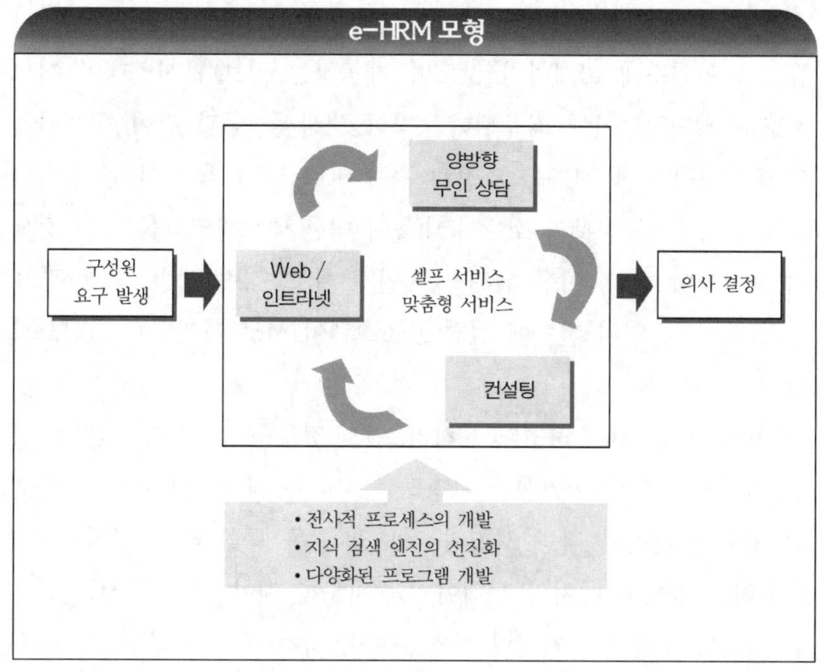



사 소통이 중요하다. 실시간 서비스 체제를 통해 구성원의 개별적 문의에 대해 시공간의 제약 없이 적은 비용으로 즉각적인 의사 소통이 가능해야 한다. 예를 들어, 넥서스(Nexus), 즉 지식 흐름의 통로를 통해 현장에서 필요한 지식을 생생하게 얻을 수 있고, 인사 관리자와 직접 의사 소통을 통해 구성원 개인의 문제점이나 요구 등을 곧바로 해결할 수 있어야 한다.

둘째, 개인의 욕구 차이를 배려하라. 기존의 획일적이고 통제 위주의 인사 관행에서 개인 차이를 반영하는 전문화된 서비스를 제공할 수 있어야 한다. 이를 위해서는 구성원 개개인의 가치를 존중하고 동기를 부여하는 것이다.

셋째, 네트워킹에 중점을 두어라. 인사 서비스의 질은 인사 부서의 규모나 인원수에 비례하지 않으며, 제공하는 정보나 시스템이 어느 정도 연계되었는가에 좌우된다. '지식 게시판' 등과 같이 구성원들의 공통적인 이해 관계를 조정해 주는 네트워크상의 지식 센터 역할을 하도록 각종 정보의 소재와 내용에 대한 네트워크화를 통해 검색이 용이해야 한다. 이를 위해서는 인재 확보, 경력 개발, 수당 관리, 퇴직 관리 등 인사 전반에 걸친 프로그램이 서로 연계되는 방향으로 설계되어야 한다.

넷째, 정보를 제공하고 공유하라. 인사 정보를 소유하고 있다는 것만으로 인사 부서의 권한을 보장하는 시대는 지나갔다. 개별 구성원의 인사에 관련된 각종 사항과 정보의 변동 등을 해당 구성원에게 공유하고 올바른 대처와 선택이 가능하도록 해야 한다. 인사 시스템은 회사와 구성원이 지식의 상호 교환을 통해 정보를 얻고 구성원의 미래를 계획하는 장이 되도록 한다.

다섯째, 새로운 변화를 주도하라. 디지털화를 비롯한 경영 환경 및 구성원의 의식 구조는 급격하게 변화하고 있기 때문에 인사 시스템도 이에 부응해야 한다. 구성원의 의사 결정에 도움이 되기 위해서 인사 부서는 새로운 변화를 주도적으로 받아들여야 하며 이를 시스템 개선에 반영하도록 한다.

## e-HRM의 도입 사례[35]

시스템 개발의 초점에 따라 e-HRM의 유형이 구분될 수 있다. 슈룸버거(Schlumberger)의 경우 완벽한 자동화를 통해 무인 인사 시스템 구축이 가능하도록 하였으며, 특히 다양한 변수를 고려하여 구성원이 자유롭게 시뮬레이션할 수 있도록 설계하였다. 뱅크원(Bank One)은 구성원에게 인적 자원의 전략적 가치를 부여하고 인사 부서는 기업 경영의 파트너라는 인식을 제고하는 데 중점을 두고 있다.

● 슈룸버거

슈룸버거는 미국 내 다국적 기술 서비스 회사로서 100여 개 국가에 사업장을 두고 6만 4천여 명의 구성원을 보유하고 있으며, 1999년 수익은 110억 달러에 달한다. 1980년대 초반에 인트라넷을 도입하여 운영하였으나, 인사 부서의 운영에는 적극적으로 활용하지 못하였다.

이러한 상황에서 '거리, 시간 및 조직 구조라는 제약 조건으로부터 해방'이라는 슬로건을 내걸고 구성원에게 양질의 서비스를 제공하려는 의도에서 시작하였다. 이를 위해 완전한 자동화를 통한 無人 시스템을 운영하였다. 1997년에 SAIL(Schlumberger Automated Benefits Link) 프로그램 개발에 착수하여 3단계의 시스템을 구축하였다. 1단계로 전자 우편 및 온라인 의사 소통의 활성화, 2단계로 퇴직 연금 및 스톡 옵션 프로그램의 선택 및 검색 프로그램 구축, 3단계로 건강·퇴직·수당에 대한 선택 및 시뮬레이션까지 가능하게 되었다.

그 결과 인사 부서의 기존 업무 중 25%를 절감하는 효과를 가져

---

35) Jennifer Arapoff의 'eHR : from high-touch to high-tech and back again (WatsonWyatt Strategy@Work, 2000. 1)'에서 사례를 발췌, 요약하였다.

왔으며, 인사 부서 직원은 전문적 정보 제공자이자 온라인으로 인사 시스템을 운영하는 컨설턴트로 변신하였다. 웹상에서의 온라인 대화로 구성원의 검색 및 문의 사항에 대한 즉각적인 해답을 얻을 수 있으며, 각종 보상 시스템의 선택이나 자율적인 경력 개발이 가능해지면서 구성원의 직무 만족도가 제고되었다.

### ●뱅크원

뱅크원의 경우는 전략적 파트너형의 시스템을 구축한 대표적 사례다. 1998년 퍼스트 시카고(First Chicago) 은행과 합병하였으며, 미국 내 4위권 은행으로 자산 규모는 2,600억 달러이다. 외부 고객은 이미 첨단 기술을 활용한 최상의 서비스를 받고 있는 반면, 구성원들은 첨단 기술의 혜택에서 배제되었다는 비판에 직면하였다.

이를 극복하기 위해 HRSC(Human Resources Service Center)를 통해 구성원이 직접 접속하여 인사 관련 업무를 처리할 수 있도록 하였다. 기본 개념은 셀프 서비스 지향과 '작은 조직' 구축이다. 단순 반복적인 행정 업무는 최소화하고, 전략적인 업무 비중을 확대함으로써 기업 경영의 파트너라는 의식을 제고하는 데 초점을 두었다. HR 인트라넷, 양방향 무인 상담 시스템(IVR ; Interactive Voice Response), 콜 센터의 3개 핵심 기술 부분을 구축하여, 개별 구성원의 요구에 맞게 전문화된 서비스를 제공하였다.

뱅크원의 경우는 기술적 첨단화와 인본주의를 동시에 달성했다는 평가를 받고 있다. 다양한 선택 프로그램을 통해 구성원들은 자신의 경력이나 급여, 퇴직에 대한 상담을 받고, 직접 선택할 수 있었으며, 결과적으로 직무 만족도가 높아졌다. 구성원의 기대나 욕구를 존중하고 의사 결정에 반영할 수 있도록 설계함으로써 보다 인본주의적 관점에서 '맞춤형' 인사 서비스를 제공하도록 한 결과이다.

## e-HRM 도입의 의의

e-HRM은 인적 자원의 전략적 관리의 중요성을 강조한다. 디지털 시대에 적합한 인재를 발굴하고 육성하는 시스템으로 전환하는 동시에 구성원 개인의 신상 변동에 따라 개별적인 인사 관리를 수행할 수 있기 때문이다. 구성원들은 기술적 첨단화의 이기를 접할 수 있으며, 또한 전략적 자원으로서의 가치를 부여받게 된다. 시공간에 구애받지 않는 네트워크상의 의사 소통이 가능하다면 각자 습득한 지식을 공유하여 지식 이용의 시너지 효과는 극대화될 것이다.

인사 시스템의 변화는 인사 부서의 역할 변화를 전제로 한다. 인사 부서는 컨설턴트로서 역할을 수행해야 하는 것이다. 전략적 정책 제안을 위하여 인사 부서 직원들은 전사적 전략이나 경영 방침 등을 이해해야 하며, 의식 구조의 개선과 자질 향상이 필요하다.

대부분의 미국 기업은 이미 행정 지원의 인사 부서 역할에서 탈피하여 기업의 목표 달성과 조직 구성원의 자기 발전을 연계하는 전략적 파트너로서 거듭나기 위한 노력을 기울여야 한다. 구성원의 다양한 욕구와 기대에 맞추어 상담하고 인사 서비스를 제공할 수 있는 컨설턴트로서의 역할이 더욱 중요해지기 때문이다.

# 9   새로운 운영 시스템의 모색

## 1. N세대형 인사 · 조직 운영 시스템

시장의 변화에 따른 빈번한 인력 이동에 대처하기 위하여 기업의 운영 시스템을 개선해야 할 필요성이 증대되고 있다. 우선, 정부 정책이나 사회 분위기 등 시장 환경이 벤처 기업의 설립에 호조건으로 작용하여 벤처 창업이 활성화되고 있다는 것과, 경제 위기 후 평생 직장의 개념이 사라져가는 상황에서 신성장 산업과 벤처 기업의 등장으로 직장 이동의 기회가 대폭 확대되었다는 것이 그 주요 요인이 된다. 이로 인해 기업간 인력 유치를 위한 경쟁이 일어나게 되고, 실제 대기업과 벤처 기업 사이에서 경력 직원의 이동도 빈번해지고 있다.

한편 영업 부진과 자금난 등으로 벤처 기업의 위기설이 확산되고 있음에도 불구하고 2000년 6월 말까지 벤처 기업의 수는 7,110개로 1999년에 비하여 44.1% 증가하였고 최근 수개월간 매달 500~600개 업체가 새로 생겨날 만큼 벤처의 열기는 식지 않고 있다. 정보 통신을 중심으로 하는 신산업과 벤처 기업의 출현은 부존 자원이 빈약한 반면 인적 자원과 지적 자산이 풍부한 우리 경제의 활력소이자 돌파구임에 분명한 만큼, 새로운 경영 환경과 인력 구성으로 인한 조직·인력 운영 시스템의 새로운 설계가 필요하다.

## 인력과 기존 운영 시스템 사이의 부조화

먼저 주목할 것은 인적 자원 자체의 속성이 변화한다는 것이다. 구세대, X세대, Y세대, N세대 등 독특한 문화적 특성을 지닌 다양한 인력이 기업 내에 교차하고 있기 때문에 여러 가치관이 혼재되어 뚜렷한 핵심 가치가 나타나지 않는다. 다시 말하면 각 세대의 다양한 가치관이 조직 내부에 혼재되어 있으나, 인적 자원 전체의 시너지를 위한 구심점이 상실된 상태라고 할 수 있다.

다원적 집단들이 조직 내부에 자연 발생적으로 형성됨에 따라 능력·실적을 중시하는 정보화 세대가 연공·서열을 존중하는 산업화 세대를 추월하는 등 이른바 소익부·노익빈(少益富老益貧) 현상이 발생하게 되었다. 전통적 의미의 위계 질서가 붕괴되어 기존 조직 질서가 와해되었으나, 새로운 질서의 기반이 구축되지 못하고 있는 실정이다. 대부분의 기업들이 성과주의를 지향하면서도 호봉과 직급에 의한 연공 서열형 급여 체계를 여전히 기반으로 삼고 있기 때문에 직급 파괴 현상에 대한 적절한 대안이 없다는 것이 그 한 예가 될 것이다.

경제를 주도할 수 있는 힘의 근원이 전통적 산업 사회의 '노동과 자본의 소유'에서 '지식과 기술의 확보'로 전환됨에 따라 인력의 형태도 노동을 제공하는 일반 근로자의 형태에서 지식을 재생산하는

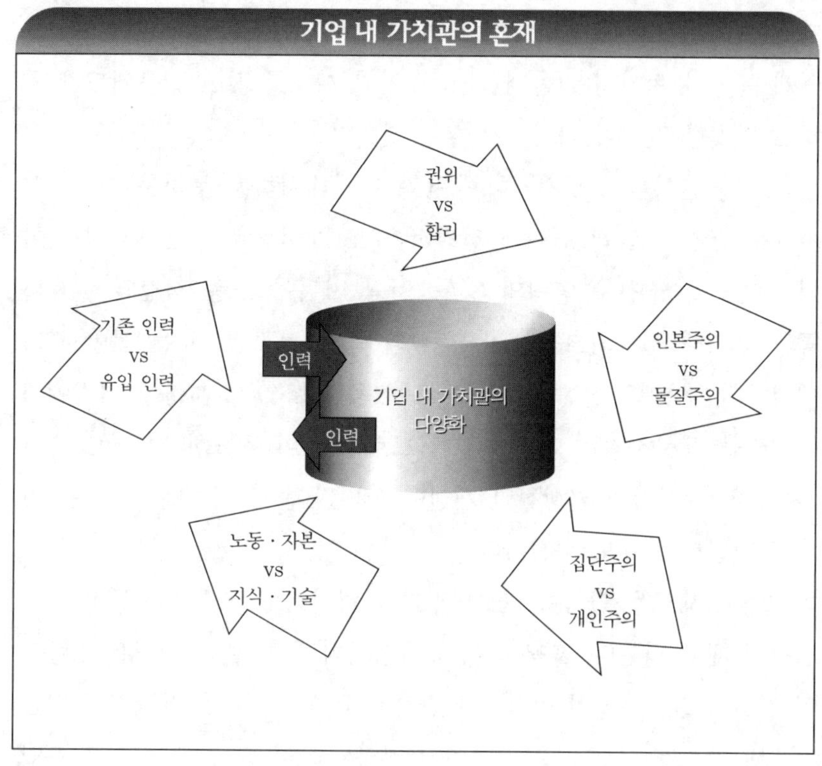


지식 근로자의 모습으로 바뀌게 된다. 그러나 인력의 지식 활용이
조직 경쟁력 형성의 주요 요소로 각광을 받게 된 과정, 즉 물적 자본
에서 지적 자본으로의 패러다임 변화 과정이 점진적인 발전 단계를
거치지 않고 급격히 도래하여 사고의 혼돈이 일어나고 있는 것이다.

그런데 급격한 변화로 인하여 기존 운영 시스템으로는 환경이 요
구하는 노동 시장의 유연화에 적절하게 대응할 수 없기 때문에 기업
으로서는 인력 운영의 효율화에서 큰 어려움을 겪게 된다. 그래서
구직난이 지속되는 중에도 기업에는 인재난과 인력 부족 현상이 나

타나는 기현상이 발생하고 있으며, 기업이 기존 운영 시스템하에서 인재 유인과 동기 유발을 위하여 다양한 시도를 하고 있음에도 불구하고 뚜렷한 결실이 나타나지 않는 것이다.

기업이 변화를 선도하거나 능동적으로 대처하지 못하는 근본적인 이유는 급진적 인력 변화에 점진적 제도 개선으로 접근하기 때문이다. 예를 들어 전문 인력의 경우, 인력 가치가 노동 시장의 수요와 공급에 의해 결정되고 있으나 현실의 운영 시스템으로는 선발 관리에서부터 부분적, 점진적 개선으로 대응하고 있기 때문에 시장에서 주도권을 행사하기는 어렵다. 그러므로 기업이 필요한 것은 '노동과 자본' 위주 전략의 일상적인 개선이 아니라 운영 시스템의 근본적이고도 전반적인 궤도 수정이다.

그리고 새로운 인력이 확보되었다고 하더라도 조화로운 통합은 여전히 문제로 남는다. 조직 내에서 육성되어 온 기존의 인력은 역동적인 인재 유출·유입의 변화에 동참하지 못하고 있다는 무력감과 상대적 박탈감으로 근로 의욕과 사기가 저하된다. 한편, 새로 기업에 유입된 인력은 강한 금전 유인의 영향으로 기업이나 직무에 몰입하기보다는 보상 수준에 집착하는 금전 만능주의 경향을 보이게 된다.

## N세대형 운영 시스템의 설계

상이한 특성을 지닌 다양한 인력에 대한 통합된 시스템을 마련해야 하는 기업의 문제를 해결하기 위해서는 운영 시스템에 대한 전반적 쇄신이 필요하다. 우선, 기업이 인적 자원에 대한 새로운 관점에서 제도와 의식을 혁신해야 할 것이다. 인사·조직 운영 시스템은 전체 인적 자원의 시너지를 확보하고 개발하는 데 초점이 맞추어져야 하며, 정보를 이용하여 직무를 혁신하고 부가가치를 창출해 내는 능력을 위주로 재설계되어야 한다.

그 다음으로는 조직과 개인 사이의 무너진 신뢰 관계를 구축하는 작업이 필요하다. 기업이 제도적으로 신뢰 구축에 나서서 최근 2~3년간 급격한 변화 속에서 나타난 인적 자원의 극단적 개인주의를 극복할 수 있도록 유도해야 한다. 운영 시스템의 쇄신을 통하여 기업이 가진 인력관과 조직관을 구성원에게 명확하게 전달하고 비전과 의미를 부여해야 한다.

N세대형 운영 시스템 설계의 첫 단계는, 조직 구조를 간소화하는 것이다. 기업 내 인력간의 파트너십을 강조하여 계층을 최소화해야 한다. 이것은 기업 내 상하 관계의 변화를 조직에 반영한다는 의미이다. 현실적으로 기업의 발전은 인적 자원의 역량 개발에 달렸다는 전제하에 조직이나 상급자에 대한 충성심 대신 자발적 능력 향상으로 직무 수행의 효율성을 높이려는 '거래적' 사고가 일반화된 실정이다. 이런 상황에서 연공 서열적 요소를 타파하려면 조직 계층을 최대한 간소화하여 전통적인 '상명하복' 문화를 '동반자' 문화로 전환하는 것이 필수적이다. 기존 기업의 시스템이 위계 질서로 움직이는 '상사와 부하의 조직'이었다면 벤처 기업형 시스템은 지식 공유로 운영되는 '동료의 조직'으로 볼 수 있다. 실제 벤처 기업은 임직원 전체가 파트너십의 정체성을 갖고 있어 복장이나 호칭이 자유롭고 때로 직책 호칭이 생략되기도 하는 수평화된 계층 구조를 이루고 있는 것이 특징이다.

두번째 단계는 고정된 근무 형태를 탈피하여 직무 수행 방식에 다양성을 가미하는 것이다. 정보 통신 기술의 발달로 공간의 제약이 극복되므로 대면 접촉이 필수가 아닌 직무에서는 재택 근무 등 새로운 근무 방식이 도입되고 통제 방식도 테일러식 직접 통제에서 간접적인 성과 통제로 전환된다. 유연 근무 시간 제도 등 근무 시간의 변화와 병행하여 기존 직무 내용의 변화를 유도하는 이유는 근무 형태의 변화에 의해 위계적 통제를 극복하려는 것이다.

실리콘 밸리에서는 1994년 7개 기업에서 300명이 재택 근무 형태로 직무를 수행하고 있었으나 갈수록 확산되어 최근에는 전국적으로 무려 1천만 명에 이르는 것으로 조사되고 있다. 물론, 원격 근무가 노동의 지배적 형태는 아니지만 컴퓨터를 이용한 독립 작업의 경우, 성과 통제와 노동 유연화의 용이성으로 인하여 전체 노동력의 20% 수준까지 이르게 될 것으로 추정된다.

세번째 단계는 의사 결정 과정에서 창의적 분위기가 형성되도록 직무에서 최대한 권한을 위임하는 것이다. 직무의 자율적 수행을 통해 구성원들에게 보람을 찾게 하려면 자유를 추구하는 개인의 욕구에 부응하여 필수적인 최소한의 총괄 기능 이외에는 자율적인 의사 결정권을 보장해 주어야 한다. 권한의 분산으로 인하여 일어나는 자연스러운 조직 구조의 변화를 통하여 인력의 근로 의욕을 높이고, 나아가 사내 벤처와 분사화에 대비함으로써 기존 조직 시스템의 관료화 경향을 예방할 수 있다.

매리엇(Marriott Hotels)에서는 호텔 업계의 객실 공급 초과와 경제 여건 악화 등 어려운 상황에 직면하여, 고객 서비스 개선을 위하여 실무 수준에서 직무의 권한을 대폭 확대하였다. 그 결과 자율적인 문제 해결 과정에서 구성원의 성과와 창의력이 향상되었으며, 고객에 대한 창조적인 기업 문화가 대내외적으로 인정받아 업계에서 경쟁력을 확보하게 되었다.

네번째는 동기 부여에서 장단기적 균형을 이루도록 보상 형태를 다각화하는 것이다. 기존의 표준화된 획일적 운영 시스템에서 탈피하여 구성원들의 다양한 욕구를 충족시키기 위하여 카페테리아식 복리 후생 제도를 도입함으로써 개별 필요에 따른 보상 시스템을 운영하고 동기 유발을 최적화할 수 있다. 그리고 이익 분배 제도(profit sharing plan)와 같은 성과급 제도와 스톡 옵션을 도입하여 보상 프로그램의 장단기적인 균형을 이룸으로써 시장 중심의 급여 관리로 경쟁력을 확보할 수 있을 것이다.

벤처 기업에서는 인력 규모가 상대적으로 작기 때문에 대기업이 쉽게 시행하기 힘든 이색적이고 파격적인 복지 프로그램과 인센티브 제도를 도입하여 구성원의 동기를 유발하고 있다.

인재의 중요성이 강조되는 추세에 맞추어 별도의 안식 휴가와 휴가비 지급, 회사 건물 내 편의 시설의 24시간 무료 이용, 무상 주식 부여 등으로 인력의 근로 의욕과 생산성 제고를 유도하는 것 등이 그 예이다.

현 상황에서는 기업 내부의 인력 구성을 더 이상 과거와 같은 동질적인 집단으로 유지, 운영할 수 없게 되었다. 따라서 다양한 인적 자원의 상이한 요구를 수용해야 할 필요성이 대두된다. 실제로 기업 내부 전반적으로 획일적인 구속보다는 자유로움을 추구하며 구성원 간의 상이한 개성을 용인하는 분위기가 형성되고 있기 때문에, 인력의 다양한 요구에 부응하기 위해서는 기업이 제공하던 기존의 표준화된 각종 시스템에 파격적인 변화가 요구되는 것이다.

# 2. 전략적 커뮤니티를 통한 조직 활성화

정보 통신 기술의 놀라운 진보와 확산으로 기업의 글로벌 경영에 있어 기반이 되는 IT 인프라는 날로 새롭게 진보되고 있다. 그러나 이러한 인프라를 활용하는 내부 조직 구성원간에 효과적인 커뮤니케이션 및 운용 역량이 갖춰지지 않아 실질적인 기업 가치를 높이지 못하는 사례가 많이 나타난다.

이렇듯 첨단의 IT 인프라를 갖추고도 효과적인 글로벌 경영을 수행하지 못하는 기업이 많다.

이에 기업의 글로벌 경영이 성공적으로 수행되기 위해서는 전체 조직을 활성화시킬 수 있는 새로운 변화가 필요하다. 기업이 성장함에 따라 전 세계로 활동 영역을 넓히게 되면 보다 다양한 종류의 문제에 부딪히게 된다.

만약 기업이 기존의 정형화되고 관료적 형태의 조직 구조를 그대로 답습할 경우, 이와 같은 새로운 환경의 도전에 효과적으로 대응할 수 없음은 주지의 사실이다. 이렇듯 글로벌 경영의 성공적인 수행을 위해서는 탄력적이고 활성화된 조직으로의 변신이 요구된다. 이러한 환경하에서 '전략적 커뮤니티'[36]는 기존 조직이 갖던 단점을 줄이고 강점을 확대함으로써 새로운 조직 활성화를 이룰 수 있는 하나의 대안으로 활용 가능할 것이다.

---

36) 본문에서 논의되는 전략적 커뮤니티의 주요 내용과 제록스 사의 트랜지션 얼라이언스 사례는 John Storck, "Knowledge diffusion through strategic communities", *Sloan Management Review*, Winter 2000을 참조하였다.

## 전략적 커뮤니티의 필요성과 특징

'전략적 커뮤니티(strategic community)'는 기업의 전략적 목표 하에 인위적으로 형성되어 운영되는 인적 공동체이다. 이는 기업이 필요에 따라 의도적으로 구축하는 비공식적 성격의 팀 조직으로, 일반적 커뮤니티와 태스크포스팀의 중간 형태라고 할 수 있다. 커뮤니티는 각 사업부 및 지역에서 모인 멤버로 구성되고, 직접적인 대면 접촉을 통해 상호간의 비공식적 채널을 형성하게 된다.

일단 전략적 커뮤니티의 운영이 본격화되면 본사는 공식 채널의 관여를 최소화하고 후원자로서의 역할만 담당하여 그 영향력을 최소화한다. 이렇듯 전략적 커뮤니티는 기업의 전략적 필요에 의해 구성되었지만, 그 운영과 활동이 내부 커뮤니티 구성원의 자율적인 판단에 따라 이루어지는 조직이라고 볼 수 있다.

전략적 커뮤니티가 가진 가장 큰 특징은 공식적/비공식적 조직의 특징을 동시에 내포하고 있다는 점이다. 기업의 전략적 목표하에 인위적으로 구성된다는 점에서 공식적 조직의 특성을 가지면서도, 실질적인 보고 및 의사 소통 방식, 자율성 등에서는 비공식적 조직의 특성을 보인다.

또한 일반적인 태스크포스팀과 비교하면, 목표가 좀 더 광범위하고 구성원의 규모도 40~50명 정도로 크며, 존속 기간도 상대적으로 중장기이다. 반면, 일반적인 동호회나 모임과는 달리 형성 과정에 있어 전략적 의도가 명백하고, 궁극적인 목표를 위해 구성된다는 차별성을 가지고 있기 때문에 '전략적'이라는 수식어가 사용되는 것이다.

## 전략적 커뮤니티의 역할과 효과

전략적 커뮤니티의 주요 역할은 전체 글로벌 조직의 유연성을 높이고, 보다 원활한 의사 소통이 가능하도록 하는 것이다. 글로벌 조직의 운영에서 일반적으로 발생하기 쉬운 의사 소통 장애나 갈등을 비공식적 채널에 의한 커뮤니케이션을 통해 최소화한다. 실제 운용에 있어서도 커뮤니티 구성원 자신의 지식을 전파하기보다는 필요한 지식이 어디에 있는가에 관한 정보를 서로 교류하고, 다양한 학습을 통해 습득한 지식을 마찰 없이 현장에서 활용하고 확산시키는 데 도움을 준다.

전략적 커뮤니티를 통해 얻을 수 있는 운영 효과는 대개 다음의 몇 가지로 구분될 수 있다. 첫째, 보다 효과적으로 지식을 창출하고 공유할 수 있게 된다. 기존 위계 질서의 부담에서 벗어나 다양한 경력을 가진 구성원과의 의사 소통은 보다 높은 수준의 지식을 창출하는 기반이 될 수 있다. 또한 공식적인 보고의 틀에서 벗어나 자유스러운 운영이 가능하게 됨에 따라 평소보다 좀 더 획기적이고 기발한 '브레인 스토밍'이 가능하게 된다.

둘째, 다양한 측면에서 조직의 유연성을 높일 수 있다. 전략적 커뮤니티가 형성된 조직은 정형화된 구조로 이루어진 조직에 비해 돌발적인 상황에 대처하는 역량을 증진시킬 수 있다. 이는 전략적 커뮤니티가 완충 역할을 담당함으로써 전략의 실행 과정에서 발생하는 갈등과 문제 발생의 우려를 줄일 수 있기 때문이다.

셋째, 전략적 커뮤니티는 조직 구성원의 학습 역량을 효과적으로 강화시킨다. 즉 개인으로 존재하기보다 커뮤니티의 일원으로서 역할을 수행하기 때문에, 학습에 대한 동기 부여가 훨씬 잘 이루어진다. 또한 즉각적인 피드백과 학습 목표에 대한 공감대 형성 등을 통해 조직 구성원의 학습 역량을 효과적으로 향상시킨다.

## 제록스의 '트랜지션 얼라이언스' 사례

제록스 사의 전략적 커뮤니티인 '트랜지션 얼라이언스' 사례를 보면, 전략적 커뮤니티의 특성이 잘 드러난다. 1994년 제록스는 다국적 기업으로서 기존의 성공에 만족하지 않고 향후 심화될 것으로 보

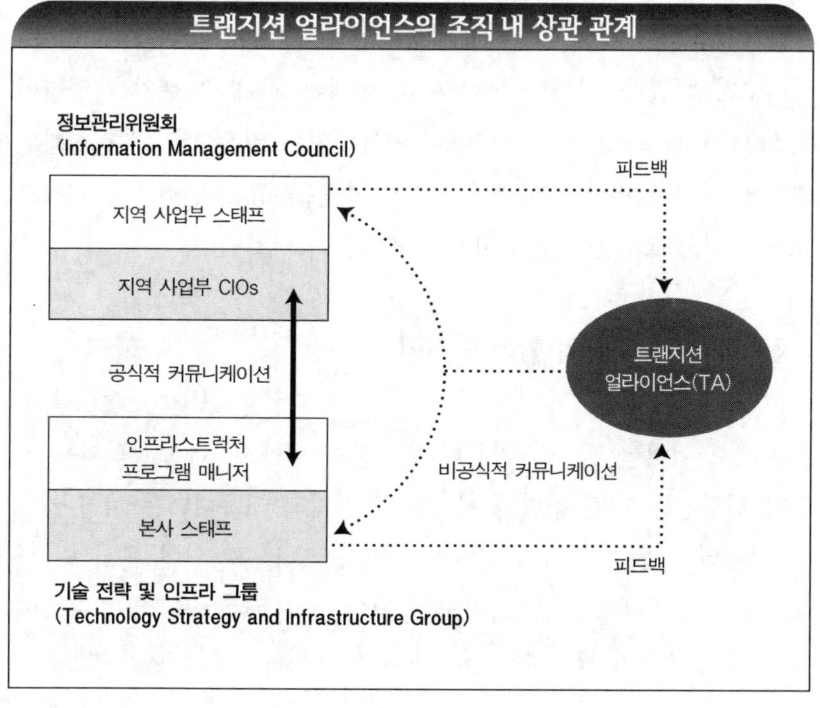

이는 경쟁 환경에 적절히 대처하기 위해 새로운 기술과 경쟁 역량을 확보하고자 하였다.

이를 위해 제록스의 CEO는 전 세계에 걸쳐 구축되어 있는 자사의 IT 인프라가 새롭게 개발된 자사의 최신 기술을 충분히 활용할 수 있도록 재구성되어야 한다고 판단하였다. 특히 이러한 작업이 단순히 하드웨어적 측면의 변화에 그치지 않고 이를 활용하는 조직 구성원의 혁신을 함께 동반하는 변화로 이어지도록 하는 데 중점을 두어야 한다고 생각하였다.

그러나 IT 기반의 전반적 교체 및 이에 따른 구조 변화는 자칫 내부 구성원의 강한 반발과 혼란을 야기할 수 있는 문제였다. 제록스는 실제 작업상의 문제와 오류를 최소화하기 위해 세계 각지의 사업 부문에서 파견된 인력과 본사 인력이 포함된 새로운 커뮤니티를 조성하고자 하였다. 이러한 목적 아래 탄생된 것이 '트랜지션 얼라이언스(Transition Alliance)' 이다. 이 커뮤니티는 기존 조직의 정형화된 명령 체계에서 벗어나 비공식적 의사 소통을 통해 변화를 효과적으로 수행하고 조직을 활성화시키는 역할을 담당하였다.

## 전략적 커뮤니티의 활성화 조건

실제로 이러한 전략적 커뮤니티가 조직 내에서 소기의 성과를 거두기 위해서는 어떤 노력이 필요할까? 전략적 커뮤니티는 여러 가지 조직 단위 가운데 하나로 볼 수 있지만, 조직 구성원의 문화 및 태도, 가치관 등에 변화를 가져오는 것이기 때문에 실질적인 운용에 있어 많은 주의가 필요하다.

전략적 커뮤니티가 실질적인 글로벌 조직 활성화에 기여할 수 있기 위해서는 몇 가지 방안을 생각할 수 있다.

첫째, 공식적 보고를 위한 토론보다는 자유스러운 의견 교환이 가능한 풍토를 마련해야 한다. 커뮤니티 구성원들이 직접 대면을 통해 대화할 수 있는 기회를 정례적으로 마련하고, 솔직하고 허심탄회한 대화가 이루어질 수 있는 분위기를 조성해야 한다. 한편, 형식적이고 불필요한 보고서를 요구함으로써 토론 및 대화가 형식적으로 흐르는 않도록 하고, 가능한 간략하고 비공식적인 채널을 통해 의사 소통이 이뤄져야 한다.

둘째, 공통의 화제와 관심사를 지속적으로 이끌어 낼 수 있어야 한다. 이를 위해서는 우선 조직 내 공통의 경험, 표현 방식, 훈련을 통해 구성원 상호간에 공유 가능한 커뮤니케이션 수단을 갖추도록 해야 한다. 이와 함께 공통의 목적을 위한 조직의 변화 및 성과를 작은 것이라도 가시적으로 드러냄으로써 커뮤니티 구성원의 관심을 지속적으로 유지해야 한다.

셋째, 실제 현장에서 체화되어 활용될 수 있는 지식을 중심으로 커뮤니티 내의 학습이 이루어지도록 유도해야 한다. 실용적 지식과 이론적 지식간의 격차를 두고 기업의 실질적인 가치 증진에 도움이 되는 지식 학습에 대해서는 지식 보유자 및 습득자 상호간에 모두 보상을 실시하는 방안을 생각할 수 있다. 또한 학습의 성과가 현장에서 어떻게 나타나는가를 즉각적이고 효과적인 방법으로 피드백 해 주어야 한다.

마지막으로, 커뮤니티가 전체 조직 내에서 독자적인 운영 프로세스를 갖출 수 있도록 간섭을 최소화해야 한다. 별도의 '안전 지대'를 설정하여 커뮤니티 구성원들이 의사 결정할 수 있는 영역을 명확히 제시함으로써 스스로 주도권을 갖고 업무를 수행할 수 있도록 유도해야 한다. 또한 공식적인 조직 구조와의 연계를 최소화하고, 커뮤니티가 자율적인 지배 구조를 갖출 수 있도록 배려해야 할 것이다.

# 10 디지털 CEO의 요건

## 1. e-비즈니스 시대의 7가지 CEO 유형[37]

e-비즈니스가 확산되면서 새로운 CEO의 자질이 요구되고 있다. 정보 기술(IT)의 급속한 발전과 인터넷 비즈니스의 확산은 기업 경쟁의 패러다임을 바꾸고 있다. 이와 함께 기업의 전략도 IT와 불가분의 관계를 맺게 된다. 따라서 기업 전략 수립의 수뇌부에 있는 CEO도 IT를 등한시해서는 생존할 수 없는 시대가 도래하고 있다. e-비즈니스 시대를 주도할 능력 있는 e-CEO의 필요성이 크게 부각되고 있는 것이다.

많은 CEO들이 자사의 e-비즈니스를 강조하고 있지만 실제로 CEO 자신이 그러한 자질과 신념을 보유하고 있지는 못한 경우가 많다. IT의 위력을 과소 평가하고 있거나 반대로 이를 맹신하는 오류를 범하고 있는 CEO들이 많은 까닭이다. e-비즈니스의 중요성이 특

---

37) 이 글은 Sloan Management Review(Winter 2000)에 게재된 'How to be a CEO for the information age'를 요약·재구성한 것이다.

히 강조되고 있는 시점에서 이를 선두에서 지휘하는 CEO들의 여러 유형과 진정으로 필요한 CEO의 자질을 찾아본다.

## 7가지 CEO의 유형

CEO를 그 특성에 따라 분류하면 위선자, 우유부단자, 무신론자, 광신자, 회의론자, 독재자, 신봉자 등 일곱 가지 유형으로 분류할 수 있다.

### ●위선자(Hypocrite)형

조직원들이나 이사회 앞에서 연설할 때는 IT의 중요성을 역설하면서 실제로는 전혀 관심을 가지지 않는다. 예를 들어, 인터넷 비즈니스와 관련된 세미나에 참석해서 개막 연사로 초빙되어 IT의 중요성을 역설한다. 하지만 다른 일로 바쁘다는 핑계로 이후 세미나에는 얼굴 한 번 비추지 않는다. 실제 업무를 수행함에 있어서도 그가 주장한 바와는 상반된 행동을 한다.

### ●우유부단자(Waverer)형

기업 활동에 있어 IT의 중요성은 마지못해 인정하지만, 이를 최우선의 과제로 삼지 않는다. 자금이 소요되며 실패 위험이 있는 IT 프로젝트를 추진하려 하지 않으며, 만약 추진한다 해도 다른 사람에게 책임을 떠맡긴다.

●무신론자(Atheist)형

IT의 활용은 기업 경쟁력과는 무관하다고 주장하면서 전략 자원으로서 IT의 역할을 과소 평가하고 공개적으로 반대한다. IT에 대한 투자 비용을 낭비라고 생각하고, 정보 시스템의 역할을 조소하며 과거의 전통적인 기업 경영 원칙으로 돌아가자고 주장한다.

●광신자(Zealot)형

IT가 기업의 모든 문제를 해결해 준다고 믿고 끊임없이 새로운 기술을 도입하고 시스템을 교체한다. IT에 대한 자신의 장미빛 환상을 결코 바꾸려 하지 않으며, 다른 사람의 의견을 받아들이지 않는다.

●회의론자(Agnostic)형

IT의 중요성은 점차 높아질 것이라고 인정하지만, 적극적인 투자나 활용 의지를 보이지 않는다. 또한 기업 경영에의 실질적인 접목 가능성에 대해 회의를 가지며 성공적인 IT 활용 사례를 직접 눈으로 확인하고자 한다.

●독재자(Monarch)형

IT의 중요성을 인식하여 최고의 인재를 담당자로 임명하고 많은 자금을 투자한다. 또한 CIO의 역할을 매우 중시하면서 정보 시스템과 관련된 모든 권한과 책임을 CIO에게 떠넘기고 정작 자신은 관망한다. 항상 최고의 인력을 얻고자 하여 수시로 IT 담당 부서의 직원과 CIO를 교체한다.

<table>
<tr><th colspan="2">7가지 CEO 유형</th></tr>
<tr><th>유형</th><th>특징</th></tr>
<tr><td>위선자(hypocrite)</td><td>IT의 중요성을 역설하지만 실제 행동은 반대</td></tr>
<tr><td>우유부단자(waverer)</td><td>IT의 중요성을 인정하지만 적극적인 투자는 실행 않음.</td></tr>
<tr><td>무신자(atheist)</td><td>IT의 중요성을 인정하지 않을 뿐더러, 이를 공개적으로 주장함.</td></tr>
<tr><td>광신자(zealot)</td><td>IT에 대해 장미빛 환상을 갖고 있으며, 늘 신기술과 시스템을 구축하려 함.</td></tr>
<tr><td>회의론자(agnostic)</td><td>IT의 중요성은 인식하지만, 기업 경영에 미치는 영향에 대해서는 회의적임.</td></tr>
<tr><td>독재자(monarch)</td><td>IT가 중요하다는 것은 인식하지만, CIO에게 모든 권한과 책임을 부여하고 자신은 관망하고 수시로 CIO와 IT 인력 교체</td></tr>
<tr><td>신봉자(believer)</td><td>IT의 장단점을 동시에 인식하고, 이를 적극적으로 기업 경영에 활용함.</td></tr>
</table>

## ●신봉자(Believer)형

IT가 가져다 줄 기회와 위협을 모두 인식하고 이를 기업 전략에 효율적으로 접목시킬 수 있는 능력을 가진 CEO의 모습이다. 그는 IT를 무시하지 않으며, 그렇다고 이를 맹신하지도 않는다. 단지 기업 전략적 관점에서 활용 가능성을 끊임없이 탐구한다. IT를 경쟁 업체와 차별화 하는 원천으로 삼고 이를 활용해 기업의 새로운 전략을 개발하는 e-비즈니스 시대에 진정한 e-CEO의 모습이다.

## 신봉자의 행동 방식

e-비즈니스 시대에 필요한 e-CEO의 모습인 신봉자의 행동 방식을 살펴보자. 첫째, 이들은 뚜렷한 비전과 이를 달성하고자 하는 열정을 가지고 있어야 한다. 미래에 대한 뚜렷한 비전과 목표를 가져야 하며, 이를 달성하기 위해 요구되는 변화를 수용할 자세도 필요하다. 델 컴퓨터의 CEO인 마이클 델은 사업 초창기 이미 인터넷 판

매량의 목표를 설정해 두었으며, 이를 달성하기 위해 모든 역량을 집중했다.

둘째, 실행 과정에서 우선 순위를 선정해야 한다. 즉, 기업 전략과 IT를 효율적으로 접목시키기 위해서는 모든 것을 한꺼번에 추진하는 것이 아니라 우선 순위를 두어 차례로 추진해야 한다. 예를 들어 일본 세븐일레븐의 CEO인 스즈키는 '편리성', '품질', '서비스'에 IT를 도입하는 데 가장 우선 순위를 두었다.

셋째, 자신의 의지를 끊임없이 전파하고 행동해야 한다. CEO가 IT를 신뢰하고 기업 전략에 적극 활용하고 있다는 메시지를 조직원들과 이해 관계자들에게 지속적으로 전달할 필요가 있다. 제조업으로의 지식 정보화를 강조하고 있는 BP 사의 존브라운(John Brown)은 학습의 중요성과 지식 경영, 그리고 IT의 활용을 끊임없이 연설하고 직접 행동으로 이를 실천하였다.

넷째, IT의 학습에 많은 시간을 할애해야 한다. IT 기술의 발전 동향과 기업 경영 전략과의 관계에 대해 많은 시간을 투자하여 새로운 비즈니스 모델을 개발하거나 전략 수립에 반영할 필요가 있다.

## 디지털 시대 CEO의 조건

디지털 시대에 있어서 CEO는 직접 행동으로 실천하는 신봉자가 되어야 한다. 지식 정보화 시대에 진정으로 필요한 CEO의 모습은 연설이나 세미나에서 IT를 주창하는 CEO가 아니라 몸으로 실천하는 CEO인 것이다. 특히, 대기업이나 기업 역사가 오래된 기업의 경우, 조직 특성상 정보화를 직접 실천하는 CEO는 얼마 되지 않은 편이다. 결국, 말로 하는 CEO가 아닌 몸소 실천하는 CEO, 또는 직접 활용하는 CEO의 모습인 신봉자가 되어야 한다.

또한 IT에 대해 끊임없이 학습하고 이를 경영 전략과 연계시킬 수 있어야 한다. 급변하는 IT 환경에 뒤처지지 않고 살아남기 위해서는 끊임없이 학습하고 연구해야 하며, 중요한 것은 정보 기술을 이해해야 할 뿐만 아니라 이를 기업 경영과 접목시켜 새로운 전략이나 사업 모델을 개발할 능력을 갖추는 것이다.

## 2. 나는 몇 점짜리 CEO인가

뉴브리지 캐피탈(Newbridge Capital)은 제일은행 인수시 호리에 (Wilfred Horie)를 신임 행장으로 임명하면서 약 34억 원의 연봉을 제시하였다.

국내에서도 유능한 CEO를 영입하기 위해 고연봉 제도가 확산되고 있다는 단적인 사례로 꼽힌다. 미국에서는 이미 억대 연봉을 받는 디지털 CEO의 시대가 열렸다. 포브스(Forbes) 지의 조사에 의하면, 미국 500대 기업 중 10위에 오른 고액 연봉자 중에는 정보 통신 기업의 CEO가 7명이다. 이는 디지털 사회로의 전환이 CEO의 연봉 수준에도 반영되는 것을 의미한다.

이러한 현상은 CEO와 해당 기업의 이미지가 동일시되고 있기 때문에 발생한다. 잭 웰치와 GE, 빌 게이츠와 MS, 손정의와 소프트뱅크 등 해당 기업의 CEO와 기업의 이미지는 밀접한 관계를 맺고 있다. CEO의 역량에 따라 기업의 시장 가치가 좌우되는 것을 보면 쉽게 알 수 있다. 이른바 스타급 CEO를 영입하는 경우 투자자의 관심 유도, 기업 이미지 개선, 기업의 시장 가치 상승으로 이어진다. 휴렛 패커드는 피오리나(Carleton Fiorina)의 영입 발표로 주가가 급등했다. 인터넷 업체인 란테(Lante)는 전(前) 앤더슨컨설팅 사장인 페이어(Fayer)를 CEO로 영입하면서 EDS, IBM 등으로부터 10명의 전문 경영진을 순조롭게 확보했다.

## CEO의 자가 진단 모델

외환 위기 이후 국내 기업에서 CEO의 역할이 보다 중요해졌다. 경쟁 심화, 디지털화, 대기업 체제의 변화, 투명 경영에 대한 요구 등 기업 환경이 변화되면서 CEO의 역량이 어느 때 보다 중요하게 인식되고 있다. 이러한 배경하에서 디지털 시대의 CEO로서 자신의 역량을 진단할 수 있는 지표가 있다면 매우 유용할 것이다.

디지털 시대에 적합한 CEO로서 갖추어야 할 핵심 역량은 휴먼 네트워킹, 이미지 메이킹, 디지털 마인드, 개척 정신, 리얼타임력 등 5개 차원이다. 이런 다섯 가지 핵심 역량을 바탕으로 디지털 CEO를 점수화하여 시장 가치를 결정할 수 있다. 다섯 개의 각 차원은 2개 씩의 하위 차원으로, 하위 차원은 다시 각각 2개의 설문 문항으로 구성이 필요하다. 각 문항별로 평가하여 최대 5점을 부여하면, 총 100점 만점으로 CEO의 역량을 점수화하고 스스로 시장 가치를 진단할 수 있다.

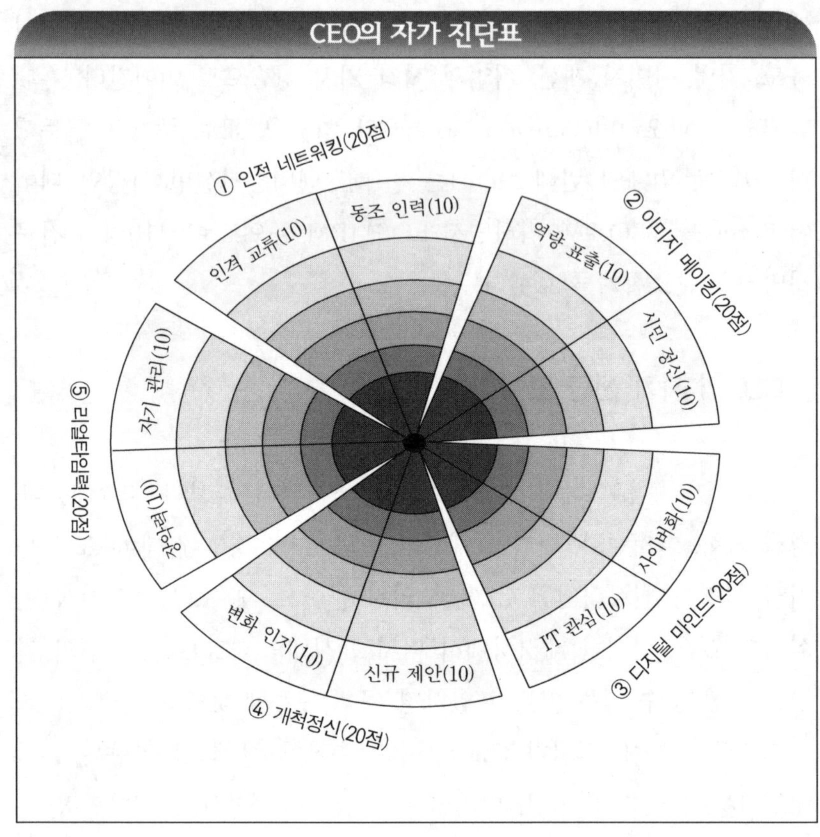



## CEO 자가 진단의 차원

### ① 인적 네트워킹(20점)

인적 네트워킹을 위해서는 첫째, 사회 각계 각층에서 다양한 정보를 습득하고 경영에 활용할 수 있어야 하는 인적 교류(10점)를 측정해야 한다.

> ・사회 각계의 주요 전문가와 얼마나 자주 교류하는가(5점)
> ① 한 달에 1회 미만     ② 한 달에 1회     ③ 한 달에 2~3회
> ④ 일주일에 1회     ⑤ 일주일에 2~3회
>
> ・스스럼없이 대화할 수 있는 저명 인사의 수는 몇 명인가(5점)
> ① 5명 이하  ② 6~10명  ③ 11~15명  ④ 16~20명  ⑤ 21명 이상

둘째, 유능한 CEO는 자신의 역량을 최대한 발휘하기 위해 업무에 필요한 핵심 인력들을 충분히 유인 또는 활용할 수 있는 동조 인력(10점)을 측정해야 한다.

> ・이직한다면 몇 명의 핵심 인력이 뒤따르겠는가(5점)
> ① 2명 이하     ② 3~4명   ③ 5~6명   ④ 7~8명   ⑤ 9명 이상
>
> ・경영 현황에 대해 조직 구성원과 어느 정도 공유하는가(5점)
> ① 1년에 1회 이하     ② 반기에 1회     ③ 분기에 1회
> ④ 한 달에 1회     ⑤ 한 달에 2~3회

### ② 이미지 메이킹(20점)

이미지 메이킹을 위해서는 첫째, 자신의 능력이 시장에 충분히 공시되도록 경영 실적의 달성도를 제시할 수 있는 역량 표출(10점)을 측정해야 한다.

• 해당 기업의 주가를 어느 정도 상승시켰나(올해 업종 평균 기준)
(5점)
① 업종 평균 미만 　② 0~+10%　③ +11%~+30%
④ +31~+50%　　⑤ +51% 이상


• 해당 기업의 매출 이익률을 어느 정도 상승시켰나(5점)
① 업종 평균 미만 　② 0~+5%　③ +6%~+10%
④ +11~+15%　　⑤ +16% 이상


둘째, 사회가 발전될수록 기업의 사회적 책임에 대한 논의가 많아지므로, 선진 기업일수록 사회 봉사를 많이 해야 하고 자신을 알릴 수 있는 시민 정신(10점)을 측정해야 한다.


• 사회 봉사(예: 기부 등)를 얼마나 자주 하는가(5점)
① 일년 1회 이하 　② 일년 2~5회　③ 일년 6~10회
④ 일년 11~15회　⑤ 일년 15회 이상


• 언론(방송, 주요 일간지 등)에 얼마나 자주 언급되는가(5점)
① 두 달 1회 이하 　② 한 달 1회　③ 한 달 2~3회
④ 일주일 1회　　⑤ 일주일 2회 이상


### ③ 디지털 마인드(20점)

디지털 마인드를 위해서는 첫째, 기업의 모든 환경에 디지털화가

진행됨에 따라 조직 내 구축된 디지털 기반을 잘 활용할 수 있는지에 대한 사이버화 정도(10점)를 측정해야 한다.

- 하루에 전자 우편(e-mail)을 얼마나 보내는가(5점)
  ① 한 달 1통 이하　　② 한 달 2~3통　　③ 일주일 1통
  ④ 일주일 2~3통　　⑤ 하루 1통 이상

- 인터넷에 얼마나 자주 접속하는가(5점)
  ① 한 달 1회 이하　　② 한 달 2~3회　　③ 일주일 1회
  ④ 일주일 2~3회　　⑤ 하루 1회 이상

둘째, 사회 전반적으로 디지털화됨에 따라 새로운 기술이나 문화적 차이를 충분히 이해하고 있어야 시대에 뒤떨어지지 않을 수 있으므로 IT 관심(10점)을 측정해야 한다.

- 디지털 관련 세미나에서 정보를 수집하는가(5점)
  ① 관심 없다　　　　② 관련 세미나를 체크한다
  ③ 관련 세미나 등의 자료를 수집 분석한다
  ④ 관련 세미나 등에 직접 참석했다
  ⑤ 관련 세미나 등을 주관하고 개최했다

- 스타크래프트, DDR 등을 할 수 있는가(5점)
  ① 흥미 없다　　② 흥미는 있지만 두렵다　③ 시도하려고 하였다
  ④ 직접 해보았다　⑤ 게임이 가능하다

④ 개척 정신(20점)

개척 정신을 위해서는 새로운 사업을 위한 아이디어를 스스로 제시하거나 받아들이는 혁신 노력인 신규 아이디어 제안(10점)을 측정해야 한다.

- 신간 서적을 얼마나 자주 접하는가(5점)
① 분기 1권 이하        ② 2달 1권        ③ 한 달 1권
④ 한 달 2~3권        ⑤ 일주일 1권 이상

- 어떤 일을 시작할 때 어느 정도 모험적인가(5점)
① 실패 가능성 때문에 일을 포기한다
② 일을 시작하기 전에 실패 가능성부터 떠오른다
③ 실패 가능성을 염두에 두고 일을 추진한다
④ 실패보다는 성공 가능성을 먼저 생각한다
⑤ 일을 시작하면 일단 추진한다

둘째, 고객과 자주 접촉함으로써 고객의 욕구를 쉽게 인지할 수 있고 이를 신규 사업 등에 활용하는 변화 인지(10점)를 측정해야 한다.

- 고객의 욕구 파악을 위해 고객과 얼마나 자주 접촉하는가(5점)
① 분기 1회 미만        ② 분기 1회        ③ 한 달 1회
④ 한 달 2~3회        ⑤ 일주일 1회 이상

· 고객의 불평·불만 처리를 어느 정도 수용하는가(5점)

① 관심 없다          ② 조직 내 고객 만족 부서가 있다

③ 고객 만족에 대한 보고를 듣는다

④ 고객 만족을 평가 수단으로 활용한다

⑤ 고객과의 이벤트에 직접 참여한다

### ⑤ 리얼타임력(20점)

리얼타임력을 위해서는 경영 환경이 빠르게 변화됨에 따라 얼마나 신속하게 의사 결정을 할 수 있으며, 조직을 잘 장악하는가에 대한 장악력(10점)을 측정해야 한다.

· 제안된 아이디어를 얼마나 잘 실행하는가(5점)

① 0~5%   ② 6~10%   ③ 11~20%   ④ 21~30%   ⑤ 30% 초과

· 나의 부재시 어느 기간까지 조직이 무리 없이 운영되는가(5점)

① 내가 없으면 업무가 진행되지 않는다    ② 2~3일은 염려 없다

③ 1주 정도는 염려 없다                ④ 2~3주까지는 염려 없다

⑤ 전혀 염려되지 않는다

둘째, CEO 자체가 상품이므로 자기 발전을 위해 시간을 투자하고 재충전을 위해 휴식을 갖는 것이 중요하므로 자기 관리(10점)를 측정해야 한다.

・자기 발전을 위해 어느 정도 시간을 투자하는가(5점)

① 한 달 1회 이하　　　② 한 달 2~3회　　　③ 일주일 1회

④ 일주일 2~3회　　　⑤ 매일


・재충전을 위해 어느 정도 휴식 시간을 갖는가(1년 동안)(5점)

① 없다　② 1주 이하　③ 2주 이하　④ 3주 이하　⑤ 3주 초과

디지털 CEO로서의 역량에 대한 진단 결과는 점수에 따라 해석될 수 있다. 아래 표에서 볼 수 있듯이 총점 91점 이상이면 이상적인 디지털 CEO라고 할 수 있다. 총점 60점 이하는 디지털 CEO로서 자질이 부족하므로 디지털 시대에 적응하려면 부단한 자기 노력이 필요하다.

### 점수별 CEO 자가 진단

| 점수 | 평가 | 비고 |
| --- | --- | --- |
| 91점 이상 | 디지털형 CEO | 이상적인 디지털 CEO임. |
| 81~90점 | | 디지털 CEO로서 자격을 갖춤. |
| 71~80점 | ↑ | 디지털 CEO로서 가능성 보임. |
| 61~70점 | | 자기 혁신이 필요함. |
| 60점 이하 | 아날로그형 CEO | 디지털 CEO로서 자질 부족 |

## 지표 활용 및 시사점

디지털 CEO에 대한 자가 진단 모델은 여러 가지 측면에서 활용

될 수 있다. 우선 CEO의 강점을 강화하고 단점을 보완할 수 있다. 디지털 사회로의 전환 및 새로운 CEO의 급부상 추세를 감안할 때, 기존의 사고와 태도를 보유한 CEO들은 위기에 직면하게 될 것이다. 디지털화에 적응하지 못하는 기업이 도태되듯이 CEO의 디지털화도 필연적이다. 자가 진단 과정을 통해 자신의 강점과 개선되어야 할 부분을 쉽게 발견할 수 있으므로, 이를 통해 자신의 강점을 강화하고 단점을 보완하여 경쟁력 있는 CEO로 끊임없는 자기 변신을 해야 한다.

또한 자가 진단 모델은 새로운 CEO의 영입이나 평가 시스템과 연계할 수 있다. 자가 진단에 의해 CEO의 점수가 결정되므로, 이를 통해 CEO의 핵심 역량을 시장 가치로 환산하고 영입이나 보상에 활용할 수 있는 것이다. 기존의 재무적 경영성과 위주의 평가 시스템을 보완하여 비재무적 평가 요소로서 CEO의 자가 진단 결과를 활용할 수 있다. CEO 영입이나 보상시 경영자의 시장 가치를 반영할 수 있는 것이다.

기업의 특성(산업 특성)에 따라 각 항목의 가중치를 달리하여 적용하는 것도 바람직하다. 예를 들어 첨단 산업의 경우 디지털 마인드 항목에 좀 더 높은 가중치를 주는 것도 고려할 수 있다. 변화되는 사회에 적응하려는 CEO의 자세와 노력을 평가 요소로서 반영하는 것이 바람직하다.

KI신서 379

## 제조업의 디지털 경영전략

지은이 / 현대경제연구원

1판 1쇄 인쇄 / 2000. 11. 6
1판 2쇄 발행 / 2000. 5. 21

펴낸곳 / (주)북21
펴낸이 / 김영곤
책임편집 / 김기옥·권정희

등록번호 / 제10-314호
등록일자 / 1989. 4. 4.

서울시 마포구 서교동 464-41 미진빌딩 4층 (121-210)
전화 / (02)336-2100(대표)
팩시밀리 / (02)336-2151
E-mail / book21@book21.co.kr

http://www.book21.co.kr

값 12,000원
ISBN 89-509-0445-4 13320

※ 잘못 만들어진 책은 구입하신 서점에서 교환해 드립니다.